Michaël Jérém[illegible] ue



# Tant d'histoires pour un fauteuil

Michel Lafon

7-13 boulevard Paul-Émile-Victor, Ile de la Jatte
92521 Neuilly-sur-Seine.

www.michel-lafon.com

*Dédicace (Marc)*

*Pour Isabelle, Lucile, Léo.*

*Dédicace (Michaël)*

*À mes parents, Michèle et Richard Jérémiasz, tout d'abord, pour m'avoir mis au monde. Mais aussi pour m'avoir posé sur des skis dès l'âge de deux ans et mis une raquette entre les mains moins de trois ans plus tard. Pour avoir aussi toujours montré un désintérêt particulier quand je racontais des histoires, ce qui m'a, entre autres choses, poussé à écrire. Pour cet amour inconditionnel qu'ils me transmettent chaque jour.*

*À mon grand frère Jonathan pour m'avoir guidé depuis ma naissance et repoussé sans relâche dans mes retranchements. Mais aussi pour m'avoir « encouragé » à aller toujours plus haut toujours plus loin, même sur des skis.*

*À mon petit frère Benjamin pour avoir été le meilleur colocataire que je puisse espérer pendant tant d'années. Pour m'avoir rappelé en permanence que je n'étais que champion « paralympique », pas olympique.*

*À Carolyn, ma fiancée, ma complice, qui me rend chaque jour plus heureux.*

*À Florence Alix, mon amie, qui m'a, depuis plus de dix ans maintenant, toujours soutenu dans mes projets les plus fous. Notamment celui de reprendre mes études à Sciences Po.*
*À ma famille et à mes proches qui m'ont aidé et m'aident encore à me construire chaque jour.*

*À Aryan, Gigi, Ginu, Maxwel, Ionion, Cyril B, Moschino, Azma.*
*À tous ceux qui me diront « Sympa, Gros, de m'avoir dédicacé ton livre ! ».*

*À mes futurs enfants.*

*À tous les différents.*

## *Michaël Jérémiasz, un barbu à roulettes*

*En 2007, Sciences Po et la fondation Lagardère se sont associés pour offrir une formation à des sportifs de haut niveau. J'ai immédiatement été emballé par l'idée de donner des cours à des champions. C'est ainsi que j'ai rencontré Michaël, champion de tennis en fauteuil roulant. Je suis devenu son « tuteur ». Par la suite, plusieurs fois, Michaël m'a demandé si son handicap m'avait fait hésiter. J'ai toujours répondu par la négative. Et je n'ai pas menti. Je n'avais pas d'a priori sur les personnes en fauteuil... juste une parfaite ignorance de leur situation. J'avais probablement plus d'idées reçues sur les performances académiques des sportifs de haut niveau...*

*Notre première entrevue a eu lieu en octobre, chez les parents de Michaël où il vivait encore la douce vie d'un Tanguy. J'ai été introduit dans un grand salon encombré de trophées, de raquettes et de roues de fauteuil. Il m'a fallu patienter une bonne dizaine de minutes avant que la star daigne se montrer.*

*J'ai tout de suite été frappé par la maturité de ce jeune barbu en fauteuil, la pertinence de ses questions sur la formation proposée et son apparente volonté de s'y engager. Soufflé surtout par son énergie, son appétit pour le monde et la vie. Épaté aussi par sa dextérité, par son aisance à me préparer un café alors que tous les ustensiles nécessaires semblaient hors de sa portée. Impressionné, j'ai peut-être placé la barre trop haut : Michaël s'engagea à réaliser un premier devoir assez complexe… que j'attends encore !*

*Début 2008, après ce faux départ, une vilaine blessure nous a permis d'installer une relation de travail, très vite amicale. Éloigné des courts pendant plusieurs mois alors qu'approchait l'échéance capitale des Jeux olympiques, Michaël a relevé le défi. Un peu par désœuvrement, un peu pour éviter de « gamberger », et beaucoup par curiosité. Parallèlement aux études qu'il suivait à Sciences Po, je venais à son nouveau domicile – Michaël habitant depuis peu son propre appartement – pour des cours particuliers. Il progressait vite, surtout à l'oral, il rechignait cependant à écrire.*

*Au printemps, nous avons pris l'habitude de travailler aux terrasses des cafés de Belleville. De travailler, mais aussi (et peut-être surtout) de bavarder. Le handicap, les relations entre « valides » et « handicapés », les fragilités de la frontière entre ces deux statuts étaient au centre de nos échanges. C'est ainsi que l'idée d'un livre a vu le jour. J'y voyais un moyen ludique de faire écrire Michaël, qui se prit vite au jeu.*

*Dans ce livre, écrit à quatre mains, quatre pieds et quelques roulettes, Michaël raconte des moments forts de sa vie de champion en fauteuil, de sa vie d'homme. En contrepoint, mes textes sont de pures fictions, mais ils mettent en scène, sur un mode assez réaliste, les gens que Michaël croise, ceux avec qui il vit.*

*Nous n'imaginions pas au départ pouvoir écrire tant d'histoires pour un fauteuil. Notre espoir, c'est que ce livre contribue à ne plus en faire tout un plat.*

Dans les pages qui suivent, les textes de Michaël apparaissent en caractères romains, *ceux de Marc sont en italique*.

# L'envol

Lundi 7 février 2000. En soi, une date banale si on estime que peu de gens se souviendront des vingt-deux ans de mon cousin David. Pas de fête nationale connue, pas d'armistice à célébrer, même pas un dimanche où on pourrait se reposer. C'était quand même le jour où Carole, ma tante, devait accoucher d'une jolie Marianne.

Lundi 7 février 2000. Avoriaz. Comme chaque année, vacances au ski avec mes parents, Michèle et Richard, mes frères, Jon et Ben. Mon oncle, ma tante et mes cousins, David, Titoune, Boubou sont là aussi, ainsi que Stan, notre ami d'enfance.

Lundi 7 février 2000. Nous skions tous ensemble. La matinée se passe bien, les sensations sont bonnes. Ma technique n'est pas parfaite, mais je passe partout et mon tempérament casse-cou m'entraîne vers les sauts acrobatiques. Les autres ne sont pas aussi téméraires. À l'exception de Stan, expert en la matière. Pause-déjeuner en terrasse. Le temps se couvre. Les parents décident de rentrer. Nous nous donnons rendez-vous vers 17 heures pour aller au cinéma tous ensemble. Ma mère nous demande probablement d'être prudents.

Lundi 7 février 2000. Jon, Ben, Boubou, Stan et moi repartons skier. Du fait des conditions météo, nous squattons le snowpark, pourtant réservé aux surfeurs. Stan et moi, en compétition permanente, tentons de belles envolées. Après plusieurs descentes, Jon nous propose un concours de saut, dont il sera l'arbitre, sur les deux Big Air.

Lundi 7 février 2000. Jon, Ben et Boubou attendent au pied du deuxième tremplin. Stan s'élance le premier, prend de la vitesse, décolle de quelques mètres sur le premier jump et vraiment haut sur le second.

Lundi 7 février 2000. Je prends une grande inspiration, visualise les sauts. Je veux impressionner mes potes et me faire plaisir. Je m'élance en poussant sur mes bâtons. Dès le premier saut, je manque perdre l'équilibre, je me désunis en l'air et ma réception est approximative. Lancé à pleine vitesse, je n'esquisse pas le moindre virage pour ralentir. Une petite voix me dit que c'est le seul moyen de dépasser Stan. Une autre voix, bien plus fluette, me souffle de ralentir. Cette voix m'a toujours évité de passer de l'autre côté. Le point de non-retour, le risque de trop... Je suis déjà au pied du deuxième saut, certain de m'envoler plus haut et plus loin que Stan. Je veux prouver à tous que je suis meilleur que le meilleur ami de mon grand frère.

Lundi 7 février 2000. Un grand mur blanc, infranchissable. Je sens que mes frères, mes amis sont derrière, qu'ils me tendent les bras. Je les imagine déjà vanner Stan parce que j'ai sauté mille fois mieux que lui. Je serai désormais la référence de notre bande en « ski extrême ».

Lundi 7 février 2000. Je n'atterris jamais. Un coup de poing dans le ventre me coupe la respiration. Une sensation violente et effrayante. Je perds conscience. Un blanc dans ma mémoire.

## *Mauvaise chute*

*Une voix résonne dans la petite cabane des sauveteurs, rendue légèrement métallique par le talkie-walkie : « Un accident dans le snowpark. » Encore un. C'est en fin de journée que la plupart des accidents se produisent. Ça n'a pas manqué.*

*Nous sommes prêts en quelques secondes. J'attrape les poignées du traîneau, nous nous élançons. On a vite fait d'atteindre le bas du park. Sous le deuxième Big Air, comme d'habitude. Ils sont trois autour d'un copain étendu dans la neige, méchamment tordu, le quatrième, je le vois tout de suite. Ils lui ont dégagé le visage qui s'était enfoncé dans la neige. Il respire, semble conscient. C'est déjà ça.*

*Nous opérons avec un maximum de précautions. Pas facile de glisser la civière sous son corps inerte. Ça y est. Je le sangle solidement dans le traîneau. Je tire, derrière, un autre sauveteur retient. Façon de parler. On dévale la piste à toute allure, vers le centre de secours de la station, en prenant quand même soin de ne pas trop le secouer.*

*Je suis sûr, déjà, que ses deux jambes sont fracturées. J'ai peur aussi pour sa colonne. Mauvaise chute.*

# Nouvelle donne

Quatre jours blancs. Amnésie totale. Mais voici la reconstitution de ce qui s'est passé et qui m'a été raconté par mes proches.

Jon, Ben et Stan me guettent derrière le tremplin. Tel un pantin désarticulé, je m'envole à sept ou huit mètres de hauteur. Jon court vers moi avant même que je m'écrase. L'impact est violent, produit un bruit sourd. Je reste allongé sur le ventre, inanimé. Jon creuse la neige sous ma tête pour que je puisse respirer. Je m'agite, me plains du dos, demande qu'on m'aide à me relever. Mon front ensanglanté ne les effraie pas plus que ça. Ce sont mes jambes qui leur paraissent bizarres. Instinctivement, Boubou me pince les cuisses. Je ne réagis pas. Ils comprennent aussitôt que c'est grave. Les secours arrivent, me descendent en traîneau jusqu'au centre médical de la station. Mes frères ne parviennent pas à les suivre, tétanisés par la peur.

Lorsque mes parents arrivent, on m'a déjà fait des radios : fracture des deux fémurs et de la douzième dorsale. Mon père s'effondre. Médecin, il sait ce que peut impliquer un tel diagnostic.

La nuit est tombée. Il neige et le brouillard s'épaissit. Impossible de me transférer à l'hôpital en hélicoptère. J'y suis donc conduit en ambulance, escorté par la gendarmerie. La route est dégagée par les chasse-neige. Ma famille n'est pas autorisée à m'accompagner. Trop dangereux. Mes parents et mes frères, inquiets, regardent s'éloigner la lumière bleue qui clignote dans la montagne.

Hôpital de Genève. Salle d'opération. Neuf heures de « reconstruction ». Un chirurgien soude, à l'aide de plaques et de vis, ma onzième et ma douzième vertèbre dorsale. Vers 3 heures du matin, il passe le relais aux autres orthopédistes qui s'attaquent à mes fémurs : double fracture du gauche et fracture simple côté droit. Même technique que pour le dos : ils ouvrent, soudent des plaques, serrent des vis, referment avec des agrafes.

Le lendemain, en soins intensifs, perfusé de partout. Étrange : je ne me souviens que de la couleur des rideaux, orange foncé, moche. Doses massives de morphine. Mes proches me regardent, me caressent, me disent que tout ira bien. Je n'ai pas l'air de souffrir. Je suis bien. Quand j'ouvre les yeux, ils sont toujours là, avec leurs sourires tristes. Toujours stone, je me lance dans une imitation de Marlon Brando dans *Le Parrain*, convoque un à un mes proches pour les rassurer, donne des consignes afin de me venger de ce maudit saut, ordonne à Stan de liquider le concepteur de ce foutu tremplin, à Boubou de détruire cette bosse, répète à mes frères de ne pas s'inquiéter. Je suis solide, indestructible. Ils rient tous, de bon cœur. Putain d'amnésie, j'aimerais avoir mon propre souvenir de cette scène.

Quatre jours en soins intensifs. Pour mes proches, le temps s'est arrêté. Le jeu consiste à parler d'autre chose. De la rentrée, des études, des contraintes des uns et des autres, de tout sauf de mon état. Ma mère organise mon rapatriement dans un hôpital parisien. Notre voisin de palier en dirige un, promet une place dans le service d'orthopédie d'un excellent médecin.

Quatre jours après l'accident. Ma tante n'a toujours pas accouché. Le stress l'a bloquée. On dit « une mort pour une vie ». Mais je ne suis pas mort. Je vais me reconstruire. Ça prendra le temps qu'il faut, mais j'y arriverai. La fracture de la colonne vertébrale a provoqué un œdème qui comprime la moelle épinière, mais par chance elle n'est pas sectionnée. Je peux espérer récupérer un peu de mobilité et de sensibilité des membres inférieurs. Pourtant, je sais que même si je parviens un jour à faire quelques pas, mon fauteuil roulant sera désormais mon plus fidèle compagnon.

Transfert à Paris. Je recouvre enfin la mémoire. Je me souviens du trajet en ambulance, de ma mère qui me tient la main, de l'arrivée à l'hôpital, quatrième étage, chambre 425. Ma chambre. J'y ai passé un mois, jusqu'à ce qu'une place se libère en centre de rééducation. On me laisse seul. Je m'endors, épuisé. Dans la maternité de ce même hôpital, deux étages en dessous, ma tante accouche enfin.

## *Brisé*

*Michaël s'est complètement loupé. J'ai vu la chute. J'ai eu peur. J'ai peur. Je revois son saut, sa chute. J'entends encore ce bruit. Le bruit de son corps qui s'écrase dans la neige.*

*Les sauveteurs l'ont emmené et je n'arrivais pas à suivre le traîneau. Je ne pouvais plus skier, les jambes coupées. Ses jambes à lui, je n'ose même pas y penser...*

*Je sais que c'est grave. Au centre de secours de la station, mon père s'est décomposé quand on lui a montré les radios. Et là, dans le couloir de l'hôpital de Genève, je viens de le voir pleurer. J'évite de croiser son regard.*

*Même cloué sur un lit d'hôpital et malgré ses blessures, Michaël fait le clown et fait rire tout le monde en imitant le Parrain. Mais nous avons tous peur. Derrière son sourire de façade, chacun se demande ce qui va se passer.*

*On ne m'a rien expliqué. Mais je ne suis pas con. J'ai treize ans. J'ai bien compris que Michaël a, en plus de ses deux jambes, la colonne fracturée.*

*Est-ce que mon grand frère pourra remarcher ? Est-ce que nous pourrons encore faire les cons ensemble ? Nous bastonner comme avant ?*

## Sensations

On me demande souvent comment j'ai réagi quand j'ai appris que j'étais paraplégique, que je ne remarcherais plus jamais comme avant. J'essaie de me rappeler – cela fait maintenant onze ans – ce que j'ai pu ressentir. La mémoire est versatile, difficile de distinguer mes propres souvenirs de ce qu'on m'a raconté.

Mon premier réveil « conscient » post-accident est très particulier. Je me rappelle une sensation jamais vécue auparavant, l'impression d'avoir les jambes lourdes et qui brûlent alors même que je ne sens rien. Du nombril jusqu'à la plante des pieds, je ne sens rien. Je soulève les draps. Mes jambes sont couvertes de pansements, mes pieds emballés dans de ridicules chaussons en peau de mouton – afin de prévenir les escarres, me dira-t-on.

Je fixe mes orteils, me concentre, essaie de les bouger. En vain. J'essaie encore. Ce jour-là j'ai essayé de faire ce qu'un nourrisson fait naturellement. La première fois qu'ils ont bougé – peu de temps après l'accident –, j'ai demandé au médecin du service si c'était bon signe. Il m'a répondu que c'était très fréquent chez les patients ayant une atteinte médullaire mais que ça ne signifiait en rien une récupération possible. C'est seulement une sorte de décharge électrique spontanée qui stimule les muscles et les extrémités.

À propos d'extrémités, comment ne pas évoquer ce qui fut alors, à dix-huit ans, bien plus important que le souci de remarcher ? Après avoir observé mes orteils inertes, mon regard est lentement remonté jusqu'à mon pénis. Pendant plusieurs semaines, j'ai vécu dans l'espoir d'une érection.

L'œdème qui comprimait la moelle épinière s'est progressivement résorbé. Je prenais plaisir à montrer à mes proches mes progrès du jour : contraction volontaire de la cuisse droite puis de la gauche. Je me souviens du regard ému de ma tante Marie-Jo le jour ou j'ai plié ma jambe droite devant elle, au prix d'un énorme effort. Mais, plus que tout, j'attendais le retour d'une belle et rude « gaule du matin ».

Trois semaines après l'accident. Il fait très chaud dans ma chambre. Je ne peux pas me lever pour ouvrir la fenêtre. J'ai encore et toujours mal au dos. Mes pieds me brûlent, mes jambes sont lourdes. Comme chaque matin, je lève le drap. Mes yeux n'ont pas le temps de descendre jusqu'à mes pieds. Un pénis fier et joyeux se dresse, insolent. Je souris, le regarde, le touche. Une sensation désagréable, des fourmillements. Peu importe. Je profite du spectacle.

## *Voyeurisme ?*

*Pour son cours de lettres, Michaël doit écrire un texte à caractère autobiographique. Puisque je suis son tuteur, il m'a montré son travail avant de le rendre à sa prof : il raconte son accident. Évidemment !*

*Il est fort, son récit. J'aime les titres qu'il a choisis, « L'envol », « Nouvelle donne », qui transforment et positivent sa situation. Il a fait des efforts pour le construire, s'est appliqué à trouver un ton, un rythme, en martelant la date de son accident. Il laisse de la place à l'émotion, sans tomber dans le pathos ou la victimisation.*

*Pourquoi alors cette frustration, cette impression d'être floué ? Cette histoire, Michaël me l'a déjà racontée. Je l'ai entendue avant de la lire. Est-ce pour cela que je reste sur ma faim ?*

*Car je voudrais en lire plus. J'aimerais qu'il aborde une dimension plus personnelle, plus introspective. J'aimerais connaître, au-delà de l'accident, les peurs, les angoisses que Michaël a traversées. Les douloureuses questions qu'il n'a pu manquer de se poser.*

*Lorsque je le lui dis, il semble accepter mes suggestions. Quelques jours plus tard, il me remet une deuxième version…*

*Ce sagouin a biaisé ! Au récit de sa chute il a ajouté la description du retour de ses sensations après l'accident. Il n'a pas écrit, comme je l'y avais poussé, sur les affres qu'il a dû traverser dans les jours, les semaines et les mois qui ont suivi son accident. Il a trouvé un stratagème, une pirouette, une histoire de quéquette : sa crainte de ne plus avoir d'érection et le retour joyeux de ses priapées matinales.*

*Mais pouvait-il écrire ce que j'espérais ? Ne voulais-je pas lui faire dire ce que je crois qu'il a pu penser, ce dont je pense qu'il a pu souffrir ? Ce que je crois que je ressentirais dans de telles circonstances ? Mes attentes ne sont-elles pas malsaines, voyeuristes, égoïstes ?*

# À la douche

Premières semaines au centre de rééducation. Je suis très dépendant. Un corset protège mes fractures dorsales et me cloue au lit. Chaque matin, les aides-soignantes me réveillent, ouvrent les volets, m'apportent le petit déjeuner. Ensuite viennent les infirmières, leurs lots de soins et de médicaments. Tous les deux jours, j'ai droit à une toilette. Je ne peux vraiment rien faire. Enfin, on m'enlève ce foutu corset. Non seulement je gagne en mobilité, mais je vais pouvoir prendre une douche !

Je suis encore alité, toujours alité, mais c'est le grand jour. Impatient, un vrai gosse, je guette l'arrivée des aides-soignants. Les voici, habillés comme des poissonniers – ciré, bottes et gants. Le plus costaud me soulève comme une princesse, m'emporte jusqu'à une grande cabine de douche et me couche sur un grand matelas pneumatique.

L'eau commence à couler, elle frappe le carrelage, ma main, éclabousse mon visage, ruisselle sur mon corps. Encastré dans le matelas protecteur, je profite à fond de ce moment agréable. Je voudrais que ça ne s'arrête jamais. L'eau est presque brûlante. Ils me lavent, me savonnent, me shampooinent. Je me laisse faire, m'abandonne. Un bébé comblé.

Il est temps de me rincer. Un temps mort. Je commence à avoir froid. Leur demande ce qu'ils attendent. L'un d'eux me répond qu'il n'y a plus d'eau chaude. Putain ! Je gèle. Ils n'ont pas le choix. Rinçage à froid !

## *J'aurais voulu être plombier*

*Je n'ai pas vraiment choisi mon métier, mais je ne regrette rien. Je ne suis pas un aide-soignant ordinaire. Je bosse dans un centre de rééducation pour les « accidentés de la vie ». Les relations avec les patients, mes patients, sont extraordinaires. Le drame qu'ils affrontent, les tensions qu'ils subissent créent d'emblée des rapports humains, très humains, beaucoup plus humains qu'avec les autres, le reste de l'humanité. Pas ou peu de place pour les banalités, la superficialité, l'hypocrisie. Bas les masques. Pas possible de tricher. Un peu quand même, pendant les visites. Mais quand la famille est repartie, que la porte s'est refermée, fini de jouer. Après l'accident, il faut tout réapprendre. S'accepter diminué, amputé, paralysé. Ils craquent. Tous. Pleurent, chialent, gémissent ou hurlent.*

*Mais ils se relèvent, se redressent, et on est là pour les aider même si ça n'est jamais gagné. Il y a les bons moments, les progrès, les sourires, la complicité. Et les effondrements, les crises, l'envie de tout laisser tomber. Face à eux, face à chacun d'eux, il faut trouver les mots, les gestes justes, rester pro. Montrer son empathie, mais écarter pitié ou compassion, respecter leur dignité, même dans l'impudeur.*

*Il y a des moments durs et des petits bonheurs. Le réveil des désirs. La première douche après l'accident est un moment magique pour de nombreux patients. Après des semaines, parfois des mois de toilette dans un lit, effectuée par des mains habiles et délicates mais autres que les siennes, se retrouver sous la douche, même assis dans un fauteuil ou allongé sur un matelas, même sous le regard des brancardiers, est toujours un moment très apprécié.*

*Pour Michaël, ç'avait bien commencé, il riait de bonheur, s'abandonnait à la chaleur… La fin, hélas, a tout gâché : douche écossaise. Ce jour-là, j'aurais voulu être plombier !*

# Transfert

Déjà deux mois que je suis alité. Déjà un mois en centre de rééducation. Un mois dans la chambre au fond à gauche du couloir, « côté aigu », celui des nouveaux entrants, celui des pathologies lourdes. Je suis seul dans ma chambre. Le personnel soignant essaie, depuis quelques jours, de me convaincre de partager celle d'un autre accidenté. Je trouve toujours une excuse. Je ne suis pas prêt. Je n'ai pas envie. J'aime être seul.

Je fais part à l'infirmière-chef de mes réticences, lui pose un tas de questions sur mon futur compagnon de chambrée. Finalement, j'accepte. On me transfère très vite dans ce qui sera ma chambre pour les huit mois suivants. Notre chambre. Mon nom est déjà écrit sur la porte. Un autre nom figure sur la porte, Philippe. Il est là. Assis dans un fauteuil électrique.

Philippe s'est fracturé les cervicales dans un accident de moto. Depuis, il est tétraplégique. Bouc bien taillé, casquette baissée sur les yeux, mais je perçois un regard noir et fermé. On se présente. Je lui serre la main. Il ne peut pas serrer la mienne. Je lui pose des questions. Il n'est pas très bavard. Il doit partir, séance d'ergothérapie.

On se reverra le soir. L'infirmière me dit qu'il faut un peu de temps pour l'apprivoiser. En plus, il a une sinusite et c'est particulièrement gênant pour lui. Il a du mal à respirer. La journée passe lentement. J'appréhende la soirée. Est-ce qu'on va bien s'entendre ? Est-il intéressant, drôle, sympa ? Philippe revient. Je lui demande s'il a passé une bonne journée. Vu sa tête, j'en déduis que non. Très bref échange. Il est fatigué, demande qu'on l'installe dans son lit pour la nuit, puis s'endort. Ça va être sympa, ces longs mois avec lui. Je m'endors à mon tour.

Je suis réveillé en pleine nuit. Philippe peine à respirer. Il ne peut pas déglutir pour éliminer l'afflux de glaires. Je ne sais pas quoi faire. Impression qu'il est en train de s'étouffer. J'appuie sur la sonnette d'alarme. Un aide-soignant arrive. Pour le désencombrer. Lui fait du clapping, une sorte de massage cardiaque. Philippe semble mieux.

Cela se répète toute la nuit. L'aide-soignant vient chaque fois que je sonne. Je n'ai pas dormi. J'ai veillé Philippe. Je me sentais investi d'une mission. Le lendemain, il me remercie. Me dit que sans moi il aurait passé une nuit encore plus difficile. Me pose des questions. Il reporte sa séance de kiné. On ne s'arrête plus de parler. Je peux enfin envisager cette colocation forcée avec sérénité.

## *Prisonnier de mon corps*

*Des mois que je suis là. Des mois d'enfer. Prisonnier de mon corps. Mais avec toute ma tête.*

*Journée de merde en enfer : on va installer aujourd'hui un nouvel « accidenté de la vie » dans ma chambre. Aucune envie de la partager. Aucune envie d'être vu dans un tel état, même par un « compagnon de souffrance ». Mais je n'ai pas le choix. On m'assure que cela me fera du bien, que cela lui fera du bien. On me rappelle les contraintes budgétaires. J'espère qu'il sera un peu plus dégourdi que le précédent.*

*Son nom est déjà sur ma porte. Et en plus, au-dessus du mien ! Entouré de l'habituelle cohorte des soignants, il débarque. Je n'arrive pas à faire des efforts. Je fais la gueule : dans mon état, cela ne change pas grand-chose. Ce Michaël est un gamin. Dix-sept ou dix-huit ans, et bien plus chanceux que moi : il n'est que paraplégique.*

*J'envisage déjà tout ce que je vais pouvoir faire avec ses mains, avec ses bras. Quand on n'a plus l'usage de ses membres, on pense très vite à la façon d'utiliser ceux des autres. Mais pour le moment je n'ai vraiment pas envie d'engager la conversation. Il le sent, ne la ramène pas, ne cherche pas à me raconter sa vie d'avant, son accident, ses projets d'avenir. S'il en a. Sans doute pas ravi non plus de partager une chambre. Surtout avec un ours de mon espèce.*

*Les heures passent. Nous n'avons pas échangé trois mots. Nuit de merde en perspective : j'ai chopé un gros rhume qui se transforme en bronchite. Tétraplégique, je suis incapable de tousser, de dégager mes bronches pour respirer.*

*Incapable même d'appeler à l'aide. Et les soignants ont tant à faire. C'est sûr, je vais m'étouffer. Mon nouveau voisin va peut-être me servir à quelque chose. Mais pas question de lui demander quoi que ce soit. Plutôt crever !*

## Encore mieux que la morphine

Ça fait quelques semaines que Philippe et moi partageons la même chambre. On s'entend bien. Moins atteint que lui, je l'aide dès qu'il en a besoin. Je comprends mieux pourquoi on m'a installé avec lui. Je me sens utile. Enfermés dans ce centre pour longtemps, on partage plein de choses, même si nos horaires diffèrent. Mais on se croise régulièrement, entre deux séances de kiné, dans les couloirs. Nous déjeunons et dînons à la même table. Un soir, Philippe me propose de le suivre. Je l'interroge, il me demande d'être patient. On sort du bâtiment principal, je m'accroche au dossier de son fauteuil électrique. Il me tracte, ça me repose les bras. Le centre est en pleine forêt, on s'engage sous les arbres, quelques mètres dans les bois. Une table, un banc, des chaises et… des fauteuils roulants. Une dizaine de patients, amputés, grands brûlés couverts de bandages, paralysés.

Je suis le plus jeune. Je n'ai jamais fumé. Philippe me propose donc de m'initier. Dans sa sacoche, je trouve du shit, des clopes et sa pipe. Il m'explique quelle quantité de tabac et de shit je dois mettre dedans. Ça y est. Faute de pouvoir tenir un joint entre ses doigts, il tire sur sa pipe de grosses bouffées. Je regarde les autres. Ils fument tous, font tourner les joints, se passent du shit. Certains ont le regard vide, d'autres semblent apaisés ou rigolent.

Philippe me dit alors de prendre une clope, des feuilles et une boulette de shit, il va m'apprendre à rouler. Je ne suis pas maladroit, mais ça a l'air assez technique. Il m'explique la marche à suivre, sans pouvoir me montrer. Il n'a plus le contrôle complet de ses membres supérieurs. Il essaie quand même d'illustrer ses conseils par des gestes, lents et approximatifs. Sa frustration est palpable. Je parviens enfin à rouler un joint fumable. Il me revient de l'éclater : celui qui roule fume le premier. J'allume le joint, tire quelques taffes. Philippe semble fier de son élève. Je le fais fumer, lui porte le joint aux lèvres et le lui retire après chaque bouffée.

Il faut rentrer au centre avant l'arrivée de l'équipe de nuit. Je m'accroche de nouveau au fauteuil de Philippe, complètement défoncé. L'aide-soignante qui m'aide à me coucher me glisse, complice, « J'en connais un qui vient de fumer du shit ». Je suis bien. Philippe regarde la télé. Je m'endors en souriant.

## *Slam pour les corps malades*

*Je deale. Pour ma propre consommation et pour me faire des ronds. Facile. C'est pas épuisant. J'achète et je revends. Mon grand-père aussi était commerçant. Mais moi je fais dans le social ! Avec la complicité du corps médical...*

*Mes meilleurs clients ne sont pas du quartier. Ce qui prouve que je sais prospecter. Mes meilleurs clients ne représentent aucun danger pour la société. Pas comme les autres, toujours à m'agresser. Mes meilleurs clients sont tous un peu cassés et, grâce à moi, souvent défoncés. Mes meilleurs clients m'attendent sagement dans le bois. Je livre quelques cachets, de l'herbe surtout, en petits paquets.*

*Cela dure depuis des années. Des abîmés de la vie, j'en ai vu passer. Certains restent, plus amochés. Comme Philippe, calé dans son fauteuil, qui ne peut même plus rouler une feuille. Ce soir je l'ai vu arriver, traînant derrière lui un jeune esquinté. Un nouveau client : je fais mon beurre sur les accidents.*

*Après mes petites affaires, je rentre tranquillement. Contrôle de police, pas d'affolement. De l'intérêt d'être bien lisse, de conduire sagement. Les dealers comme les agents secrets se doivent d'être discrets. Pas de voiture ni de fringues m'as-tu-vu, une allure banale, un air de chien battu. Les « papiers du véhicule » ? Ils sont en règle, bon matricule. « Je reviens du centre de rééducation, mon frère a eu un accident, il est paralysé, c'est con. »*

## *Fantasmes*

*Je le savais avant d'entrer à l'école d'infirmières, et cela n'a en rien influencé ma vocation : les femmes en blouse blanche suscitent des fantasmes. Comme les hôtesses de l'air. Peut-être plus encore. La blouse, sans doute : elle cache et dévoile, exhibe et dissimule. Nos connaissances anatomiques et médicales, les soins apportés aux malades laissent également espérer une expertise physique ; de la douleur au plaisir.*

*À l'hôpital ou en centre de rééducation, la proximité et la longue durée des séjours démultiplient les fantasmes, font monter la pression, les tensions. Certains malades nous draguent, me draguent, ouvertement, parfois jusqu'au harcèlement. Ils demandent des attentions, des faveurs… parfois très particulières.*

*En centre de rééducation, les hommes s'interrogent sur le regard qu'on porte sur eux, sur leur capacité à séduire après l'accident. Ils doutent de leurs capacités physiques et sexuelles. Et ce n'est pas toujours simple de les rassurer…*

*Il y a ceux qui touchent et ceux qui me touchent, ceux qui font naître des sentiments. J'ai un amoureux à l'extérieur, mais il m'arrive parfois de m'attacher à un patient du centre. C'est le cas avec Michaël. Il le sait. Tout le monde le sait. Les autres soignants me vannent gentiment à ce sujet.*

*J'aime jouer à le séduire. Le soir, avant d'entrer dans sa chambre, je défais deux boutons de ma blanche blouse…*

## Démuni

Ça fait des semaines que je suis allongé. Il faudra encore des semaines de patience avant qu'on me retire ce fichu corset et que je puisse sortir de mon lit. Cet après-midi, mes frères et quelques potes viennent me voir. On passe un bon moment. Même allongé, je fais le con. Ça les rassure, leur permet à leur tour de faire les cons. Le rire évacue nos angoisses. On s'en donne tous à cœur joie. Je leur raconte mes journées palpitantes à attendre qu'on vienne me laver, me nourrir, m'habiller. Leur parle de l'équipe du soir, de cette infirmière super jolie avec qui j'ai bien accroché. Ils m'encouragent à sortir avec elle. Presque 20 heures, fin des visites. Ils tirent de leurs sacs à dos des magazines pornos et du Scotch. Stan et Jon en affichent partout dans la chambre. Une fois leur forfait accompli, très fiers d'eux, ils n'oublient pas d'appuyer sur la sonnette pour appeler l'infirmière. Ils partent en riant. Impossible pour moi de désactiver la sonnette, je suis trop loin. Démuni. On frappe à ma porte. Mon infirmière préférée entre, rigole : « Ah, bravo, monsieur Jérémiasz ! »

## Je suis un animal ?

Quelques mois après l'accident, toujours en centre de rééducation, j'ai enfin des permissions, du vendredi au dimanche soir. Je passe des week-ends en famille dans notre chaleureuse maison de campagne, malheureusement pas très accessible en fauteuil roulant, ou dans l'appartement parisien de mes parents. Détente avec mes frères. Nous discutons, regardons la télé, mangeons et buvons bien. Je leur raconte ma semaine, mes progrès, mes projets aussi.

Dimanche matin. J'attends l'infirmière pour me laver, m'habiller et refaire mes pansements. Ben observe comment elle s'occupe de moi. Il apprend, sait qu'il devra m'aider un jour. Après le déjeuner, on se pose dans le salon. Jon semble préoccupé. Il me regarde, se décide : « Il faudra bien que tu sortes un jour. De toutes tes permes, tu n'es pas sorti une seule fois. »

J'hésite. Comment les gens vont-ils me regarder ? Jon me motive. Je ne vais pas passer ma vie cloîtré. J'accepte. Avec mon grand frère, il ne peut rien m'arriver.

Nous voilà partis. On se dirige tranquillement vers la porte Dorée. Je ne suis pas encore très autonome en fauteuil roulant. Jon me pousse. Nous bavardons, regardons les filles et nous remémorons nos aventures dans le quartier. Souvenirs des quinze dernières années.

On croise une femme, la quarantaine. Elle me fixe. Ses yeux sont remplis de pitié, de tristesse. J'affronte son regard. Être dévisagé ainsi me rend agressif. Jon continue de me pousser sans rien remarquer. Elle avance vers moi en me fixant ouvertement, me croise sans baisser les yeux. C'en est trop. Je bloque les roues de mon fauteuil. Jon, surpris, me demande ce que je fais. Je lui dis de m'attendre un instant. L'autonomie en fauteuil est soudainement acquise.

Je rattrape la femme, l'interpelle, lui demande de s'arrêter. Elle cherche à fuir. Je l'attrape par le bras. Je serre fort et lui demande pourquoi elle me regarde comme ça. Je hurle, lui redemande pourquoi elle me dévisage. « Je suis un animal pour que vous me regardiez comme ça ? J'ai un truc sur le visage qui vous dégoûte ? » Elle se met à hurler : « Mais lâchez-moi, au secours, au secours ! » Je la laisse partir en l'insultant.

Jon me calme. Ajoute en rigolant qu'il aurait mieux fait de me laisser regarder un bon film à la maison. Il se trompe : après ce premier contact violent avec le monde extérieur, je serai mieux armé.

## *Compassion*

*Je quitte ce quartier. Je ne peux pas prendre le risque de le croiser de nouveau. Ce qui s'est passé m'a brisée, anéantie. Ma « relation » avec lui était folie, depuis le début. Je devrais consulter un psy. J'aurais dû le faire depuis longtemps. Mon horloge biologique ne doit pas fonctionner comme celle des autres femmes. Très tôt j'ai eu envie d'un enfant, d'un môme à moi, d'un petit gars. Mais je n'ai jamais su attraper l'homme qui pourrait me le faire. Dès que j'ai vu ce bébé, il y a plus de vingt ans, j'ai craqué. Impossible à expliquer. Je n'ai jamais parlé à sa mère, jamais fait attention à son père ni à ses frères, jamais été attirée par un autre gamin. Celui-là, c'était le mien. Je l'ai suivi, observé, épié. Pendant des années. Je ne lui ai jamais adressé la parole, mais je pourrais vous raconter mille anecdotes de sa vie. Je connais par cœur ses chemins vers l'école, ses copains de collège et de lycée. J'ai suivi sa croissance, acheté pour lui des vêtements de toutes ses tailles d'enfant. Il a sa chambre dans mon appartement.*

*Je suis quelconque, transparente. Quarante ans dans le quartier et les commerçants s'adressent à moi comme s'ils me voyaient pour la première fois. Personne n'a rien remarqué. Ni ses parents, ni ses frères, ni lui, surtout, que je chérissais du regard. Il était en train de devenir un homme, mes sentiments pour lui changeaient. Je ne rêvais plus de lui donner le sein, de le consoler après une chute ou une dispute, de lui lire une histoire et de le border dans son lit. J'avais envie de lui, de ses mains sur mon corps, de son sexe dans le mien.*

*Cela faisait des mois que je ne l'avais pas croisé dans le quartier. Je l'imaginais avec effroi parti à l'étranger pour ses études. J'ai même craint sa mort, sa famille me semblait bouleversée. Mais je n'avais pas imaginé ça.*

*Quand je l'ai reconnu, dans son fauteuil roulant, mon cœur s'est arrêté. Une boule énorme a envahi mon ventre, est remontée vers ma gorge, a bloqué ma respiration, ouvert ma bouche. Je ne pouvais détourner les yeux. Et lui, pour la première fois, il m'a vue. Lui, qui avait toujours ignoré mes regards pleins d'amour, a immédiatement senti ma détresse, mon immense compassion. Et il a réagi. Mal. Il m'a saisi le bras, m'a insultée, rejetée. Pétrifiée, je n'ai pu m'expliquer. Qu'aurais-je bien pu dire ?*

## Trempette

Enfin les vacances. Il est temps pour moi de quitter le centre de rééducation. De toute façon, l'été au centre, c'est mort. Très peu de personnel, moins de visites, moins de patients. Ma rééducation est au ralenti, mes progrès moins significatifs qu'au début et puis… il est difficile de se procurer du shit à cette période. Même les dealers prennent des vacances. Mon voisin de chambre me dépanne pour mes deux semaines au bord de la mer.

Vacances en famille. Mes parents, dans l'urgence, ont loué une maison à Saint-Jean-de-Luz. Une petite vingtaine de marches pour accéder au rez-de-chaussée. Je ne peux pas leur en vouloir, eux aussi débutent dans le métier. Les bons réflexes viendront, petit à petit. Toute la famille défile pendant cette quinzaine. C'est le retour du blessé de guerre à la vie civile.

Ce matin-là, on décide d'aller à la plage. Activité banale pour les vacanciers valides. En fauteuil roulant, c'est une autre histoire. Se déplacer dans le sable est déjà une performance. Seul, c'est tout simplement impossible. On tombe par hasard sur des pancartes qui annoncent des plages « accessibles aux handicapés ». Aucun d'entre nous n'en a entendu parler. On hésite, ça fait tout de même six mois que je ne vis qu'avec des déglingués. Et, là, il risque d'y en avoir un paquet. Finalement, on décide d'y aller quand même. Ce sera sûrement plus simple pour une première baignade. On se gare. On sort l'attirail du parfait plagiste : serviettes, glacières, parasols, crèmes solaires, musique et même un peu de shit.

Un chemin en bois va du bord de la route jusqu'au milieu de la plage. On s'installe. Les petits sont priés d'aller courir plus loin, pas question de manger les grains de sable qu'ils font voler. Posé sur ma serviette, je discute de choses et d'autres. Mes proches font des allers-retours jusqu'à la mer. Je regarde l'horizon. Moi aussi, je voudrais aller et venir librement. Ne pas être le seul con à crever de chaud, incapable d'aller se rafraîchir de temps en temps.

Mes frères décident qu'il est temps de me jeter à l'eau. Ce n'est pas gagné : le médecin a interdit de me porter tant que mes fractures aux jambes ne sont pas consolidées. Ils ont trouvé la solution : cette plage, en plus d'être accessible aux personnes en fauteuil roulant, leur permet de se baigner facilement. Une sorte de tricycle est à ma disposition. Entre les roues, énormes pour ne pas s'enliser dans le sable, une grande toile où je peux m'allonger, derrière, un long manche pour pousser l'engin. Pas très envie d'être baladé là-dedans, mais si je veux me baigner je n'ai pas le choix. La mer est à bonne température. Ça fait du bien. En plus, cette machine flotte ! Je me libère de mes chaînes. Je m'échappe. Je peux enfin mettre à profit les longues séances d'entraînement à la piscine du centre. Je nage. Seul. Je n'ai besoin de personne. Mes jambes sont légères. Ma mère sourit, mes frères, protecteurs, nagent à mes côtés. Ça y est, c'est les vacances.

## *Sables émouvants*

*Six mois que mon fils Michaël a eu son accident. Six mois en centre de rééducation. Je suis allée le voir presque chaque jour. Il récupère, progresse. Ses fractures aux jambes sont presque complètement consolidées. Mais depuis quelques semaines il semble nous fuir, son père et moi. Alors que nous sommes l'un et l'autre très bavards, nos échanges tournent court, je le sens loin, ailleurs. Le centre et les ami(e)s qu'il s'y est faits deviennent toute sa vie. Je sais qu'il fume beaucoup, du shit.*

*Mais, maintenant, c'est l'été. Michaël va pouvoir sortir quelques jours. Deux semaines de vacances devraient faire du bien à toute la famille. J'espère qu'il va continuer à récupérer. J'espère aussi le récupérer.*

*On n'y a pas pensé, on n'a rien demandé. On a loué une villa totalement inadaptée : vingt marches au moins pour y entrer ! Michaël ne pourra jamais le faire seul. Il devra toujours se faire aider, nous demander de l'assister. Le choix de vacances en bord de mer n'est pas non plus judicieux : les fines roues du fauteuil s'enfoncent dans le sable, impossible de se balader seul sur la plage, même avec des bras vigoureux.*

*Michaël a la délicatesse de ne rien me reprocher. Il n'a de toute façon pas une seconde à lui, prend à peine le temps de s'occuper de sa petite amie, une kiné du centre, qui est venue avec lui. Tous ses copains lui rendent visite, l'entraînent, l'emmènent, un va-et-vient incessant. Ils boivent, fument, parlent fort. Michaël semble ravi d'être au centre de ce brouhaha. Trop de monde, d'agitation. Trop peu d'intimité. Sa copine semble s'en lasser. Je commence à comprendre que ce n'est pas cet été qu'on va enfin se retrouver.*

*Jon et Ben ont repéré une plage « accessible aux handicapés » – et je commence aussi à comprendre que notre vie sera désormais conditionnée par l'accessibilité ou la non-accessibilité, hélas bien plus fréquente que la première. L'équipement « handicapés » reste discret : une sorte de ponton permet d'accéder à la plage en fauteuil. Allongé sur le sable, Michaël semble apprécier la chaleur du soleil et la vue sur la mer.*

*Jon et Ben vont et viennent, se baignent. Michaël en meurt d'envie, à l'évidence. Ses frères reviennent avec une poussette géante. Michaël s'y installe, en jouant au pacha pour dépasser le ridicule. Jon et Ben le poussent, mettent l'engin à l'eau. Très vite, Michaël se laisse glisser dans la mer.*

*Mes trois fils s'éloignent de la plage, leur père et moi ne les quittons pas des yeux, émus. Michaël nage. Il nage avec ses frères. Comme ses frères.*

## Baptême du feu

J'ai fait beaucoup de compétitions, et connu des moments de folie. Mais il y a deux matchs que je n'oublierai jamais : le premier et le dernier. Mon rêve serait de jouer mon dernier match en finale du simple des Jeux paralympiques de Londres 2012 et… de gagner !

Quant à mon premier match officiel de tennis en fauteuil, je l'ai joué un an à peine après mon accident, à l'occasion des championnats de France par équipes.

Ce jour-là, les choses ne se présentent pas au mieux : je n'ai pas encore de fauteuil de sport. Le prix exorbitant d'un tel engin, 4 000 euros, est pour moi prohibitif. Mon coéquipier me propose de me prêter le sien… après son propre match. Il joue en effet contre le numéro un de l'équipe adverse, j'affronterai le numéro deux.

C'est compter sans la « sportivité » de mon adversaire du jour, Daniel, qui refuse d'attendre la fin du match de nos partenaires et exige de m'affronter immédiatement. Je tente de le convaincre, en vain. Pour ne pas risquer d'être disqualifié je dois me résoudre à jouer contre lui… dans mon fauteuil de ville ! Un peu comme si vous deviez prendre le départ d'une course de formule 1 au volant d'une 4 L !

Si son attitude est révélatrice de l'ambiance du tennis handisport, je vais sans tarder m'orienter vers le tennis de table ou la natation… Peut-être pris de remords, Daniel propose, grand seigneur, de me prêter son fauteuil de ville, bien plus léger que le mien. J'accepte. Et si mon premier souci est de ne pas me blesser en jouant avec un tel engin, j'ai quand même très envie de montrer mes talents à ce mauvais joueur…

Moins de quarante minutes plus tard, je remporte mon premier vrai match en fauteuil, sur le score « un peu » sévère de 6-0, 6-0 ! C'est décidé, je serai joueur de tennis professionnel.

## *Attention, talent !*

*Directeur technique fédéral du tennis handisport, je profite des championnats de France par équipes pour repérer de nouveaux joueurs qui ont du potentiel. Aujourd'hui, j'observe avec une attention particulière un gamin qui fait ses premiers tours de roues sur le circuit.*

*C'est le prof de sport de son centre de rééducation qui m'a alerté. D'après lui, Michaël, dix-huit ans, paraplégique incomplet, présente de belles dispositions. Il jouait déjà au tennis, avant, avec un bon niveau, sans doute pas un futur numéro un mondial mais accrocheur… C'est lui qui a eu l'idée de taper des balles dans son fauteuil roulant, quelques mois à peine après son accident. Son prof lui a rapidement trouvé un fauteuil de basket et a remarqué sa dextérité, sa vitesse et… son envie de gagner !*

*Mais aujourd'hui Michaël semble bien mal parti : pour son premier match, il n'a pas de fauteuil de sport et affronte un vieux briscard ! Cet escroc de Daniel lui impose de jouer immédiatement, le privant du fauteuil de son coéquipier. Michaël risque d'être à jamais dégoûté du tennis handisport. J'hésite à intervenir. Je me ravise devant sa rage très visible. Je sens que même en fauteuil de ville il va donner du fil à retordre à Daniel…*

*À peine plus d'une demi-heure pour l'emporter ! Et dans ces conditions ! Et de quelle manière ! Quelle raclée ! Deux roues de bicyclette ! Daniel n'a plus qu'à aller se rhabiller… Place aux jeunes, à ce jeune, à Michaël Jérémiasz, un nom à retenir, ce gamin vaut de l'or !*

# C’est la rentrée

Mon accident est survenu quelques jours après la fin de mon premier semestre à la fac. Au retour du ski, j’étais supposé retourner étudier les langues étrangères appliquées (LEA). Ce fut évidemment impossible. J’ai tout de même travaillé par correspondance, depuis mon centre de rééducation, pour valider mes travaux dirigés. L’année suivante, je suis retourné à l’université.

C’est la rentrée, le grand jour. J’ai un nouveau fauteuil roulant, sur mesure, léger et avec une bonne gueule. J’ai aussi passé le permis de conduire. Une voiture et l’autonomie qu’elle procure, ce ne sera pas un luxe : je vais essayer de mener de front études, rééducation et apprentissage du tennis en fauteuil. Je suis superexcité à l’idée de reprendre les cours, mais j’appréhende le regard des autres. Comment mes anciens camarades vont-ils me regarder ? Et les nouveaux ? Sans parler des filles… est-ce que je vais encore plaire ?

Privilégié, je me gare dans le parking des profs, sors mon fauteuil de la voiture, attache mon sac à dos au dossier et me dirige vers l’ascenseur. Il débouche sur la dalle centrale de l'université de Créteil, presque déserte. J'ai fait exprès d'arriver tôt, avant la masse des étudiants, pour être tranquille. Je traverse la dalle en direction du bâtiment LEA. Je roule tranquillement, décontracté. Trop. J'oublie les bases. En fauteuil, il est conseillé de regarder au loin pour anticiper les obstacles, mais il est également indispensable de regarder juste devant soi afin d'éviter une crotte de chien, du verre cassé ou, pire encore, un trou. Putain, il fallait que ça m'arrive aujourd'hui ! Ma roue avant droite s'enfonce soudain. Déséquilibré, j'essaie en vain de ne pas chuter. La scène se passe au ralenti : je tombe comme une merde, le cul par terre, les quatre fers en l'air. Mon fauteuil s'est échoué à deux mètres de moi. Je n'ai pas mal, mais honte ! Je regarde immédiatement si des gens m'ont vu. Personne. Je tourne la tête de l'autre côté, un étudiant me fixe. Je l'interroge du regard. Pourquoi ne me vient-il pas en aide ? Pourquoi reste-t-il planté là ? Ce chien, il se barre ! Deux filles arrivent, affolées, m'aident maladroitement à me remettre en selle. Je veux retrouver ce connard égoïste, l'injurier. Hélas, il a disparu.

Je ne l'ai jamais recroisé à la fac. Je l'aurais reconnu. J'ai longtemps rêvé d'une explication entre lui et moi. Aujourd'hui encore, je m'interroge sur sa réaction.

## *Fallait que ça tombe sur moi !*

*C'est ma rentrée. Mon premier jour à l'université. J'angoisse. Je suis venu très en avance. Je sais qu'une bonne partie de ceux qui échouent à la fac se plantent parce qu'ils sont incapables de se repérer, de maîtriser les lieux autant que les savoirs et les méthodes. Mais je n'ai pas voulu qu'on m'accompagne. Ça arrive déjà bien assez.*

*Ce type en fauteuil a probablement fait le même calcul que moi. Peut-être a-t-il, lui aussi, refusé la compagnie d'un père ou d'un grand frère, soucieux d'affirmer son autonomie, de leur montrer qu'il peut y arriver. Pas de chance pour lui : ça a mal commencé. Je le suivais depuis l'ascenseur, faisant bien attention de ne pas le rattraper. S'il y en a bien un que je ne voulais pas approcher ce jour-là, c'était celui-là, cette espèce-là.*

*Quand il s'est planté, j'ai d'abord eu envie de rire. C'était trop con. L'accident classique, celui qu'on lui a justement appris à éviter. Il est là, comme un hanneton sur le dos, incapable de se redresser. Son fauteuil, dont une roue tourne encore, a valsé à deux pas de lui. Instinctivement, je recule. Je ne peux pas l'aider. Je n'y arriverai pas. Et je ne veux pas non plus lui montrer les deux prothèses qui, depuis mon accident, ont si mal remplacé mes bras. Je tourne le dos et pars très vite. Il trouvera, j'en suis sûr, de bonnes âmes pour le redresser…*

## Ça porte bonheur

Comme chaque matin, je pars m'entraîner. La radio de la voiture annonce mon horoscope du jour, me prédit une rencontre amoureuse, une promotion professionnelle et, bien évidemment, beaucoup de chance.

L'entraînement se déroule bien, mais, étrangement, je ne reçois aucun coup de fils de sponsors me proposant une augmentation ou un poste très bien payé au sein de leur entreprise. Une ex ou deux semblent partantes pour une soirée crapuleuse, mais pas de coup de foudre en perspective. Je dois provoquer la chance ! Ce soir, je vais festoyer dans un bar où j'ai l'habitude de faire des rencontres.

Jean, baskets, T-shirt col en V, petit pull à capuche. Je passe chercher mes frères. Une place GIG-GIC à quelques dizaines de mètres de notre point de chute. Tout va bien. Trop bien. Par excès de confiance ou par excitation démesurée, j'oublie une règle de base : toujours regarder où on met les roues de son fauteuil. Et c'est le drame ! La prophétie de l'astrologue de Skyrock se réalise. Trop de chance !

« Putain de sale clébard de merde ! », j'en ai plein la main, et elle est encore chaude ! Mes frères se foutent de ma gueule, me rappellent que ça porte bonheur. La compassion, très peu pour eux !

## *Sale chien*

*J'aurais dû demander un chat. Dire que j'ai pleuré, supplié, négocié, argumenté, fait chanter même pour qu'on m'offre ce monstre. J'avais tellement envie d'un animal de compagnie. Tellement envie d'un truc à moi, d'un vrai truc vraiment à moi. Et il était si mignon.*

*Je me souviens du jour où mes parents ont enfin craqué. Nous sommes allés au cœur de Paris, au bord de la Seine, quai de la Mégisserie. Il était là, seul dans une vitrine chauffée, son poil presque de la couleur de la sciure sur laquelle il était allongé, ses yeux immenses, doux, tristes et déjà complices. Sans doute nous a-t-on mis en garde, parlé de sa taille adulte et même de la SPA… On aurait pu me dire n'importe quoi. Même mes parents, conquis, n'écoutaient pas.*

*Ce soir, qui va encore sortir le chien ? Qui va se geler sous la pluie ? C'est moi. J'ai fait semblant d'avoir des devoirs, inventant un contrôle de maths à réviser. Mon père n'a pas eu pitié. Il m'a tendu la laisse et un sac. Il veut que je ramasse, en plus. Il peut toujours courir. Sentir, même à travers le plastique, la merde chaude de l'animal, je ne peux pas, ça me débecte !*

## *Et si c'était trop tôt ?*

*Et si c'était trop tôt ? J'ai proposé à Michaël, mon neveu, de venir parler devant la classe de mon fils, Julien, qui est en CE 2. Son maître souhaite les sensibiliser au handicap et je suis convaincue que cette rencontre est une opportunité formidable pour de jeunes enfants, qu'elle transformera pour toujours leur regard sur les handicapés. Je crois que, deux ans après son accident, cela peut faire beaucoup de bien à Michaël de se confronter au regard d'un groupe d'enfants, d'échanger avec eux, de répondre à leur sincère curiosité, à la franchise de leurs questions.*

*Je crois, ou plutôt… je croyais. La visite de Michaël est prévue pour demain, et, ce soir, j'angoisse ! N'ai-je pas fait une connerie ? Cela fait à peine deux ans qu'il a eu ce terrible accident, à peine deux ans qu'il a été condamné à passer sa vie dans un fauteuil… Bien sûr, il a incroyablement rebondi, bien sûr, il semble incroyablement fort, bien sûr, le tennis, avec déjà des résultats extraordinaires en compétition, semble changer sa vie. Mais les premiers mois ont été durs. Il a beaucoup fumé, et pas que du tabac, sans doute pour échapper à la réalité. Je sais aussi qu'il voit un psy.*

*Qui suis-je pour lui demander ça ? Lui imposer ça ? Que sais-je de ce qu'il ressent vraiment ? Que sais-je de ses doutes, de ses peurs ? Pourra-t-il affronter le regard d'une classe de CE 2, le regard et les questions de gamins de huit ans ? Et si cela se passait mal ? Les enfants peuvent être cruels.*

*Je n'en ai pas assez parlé avec lui, ne lui ai pas vraiment laissé le choix. J'ai surtout pensé à Julien, mon fils, à son plaisir et à sa fierté de voir son champion de cousin épater ses camarades de classe.*

*Et j'impose aussi à Michaël un long voyage : Paris-Montpellier en train ce n'est pas rien, surtout pour une personne en fauteuil. Pas question de se dégourdir les jambes en faisant un tour au wagon-restaurant...*

*Je vais appeler Michaël. Lui proposer de tout annuler. À la place, Julien pourra faire un exposé sur son cousin champion, montrer des photos en classe, peut-être même une petite vidéo, un trophée, une raquette...*

*23 heures, trop tard ! Trop tard pour appeler. Trop tard pour annuler. Le sort en est jeté !*

## Vous êtes né en fauteuil, monsieur ?

Seul dans un train pour Montpellier, deux ans après mon accident, je gamberge : qu'est-ce que je vais bien pouvoir leur raconter ? Quelles questions vont-ils me poser ? Je n'aurais jamais dû accepter ! Ma tante Cathy m'a proposé de parler de ma vie en fauteuil roulant à l'école primaire de son fils. J'ai dit oui, il est trop tard pour reculer…

Les élèves ont à l'évidence été prévenus de mon arrivée et ils sont impatients. Tandis que leur instit m'accueille, ils me dévisagent, me sourient, examinent mon fauteuil de ville et mon fauteuil de sport… Je me présente, leur explique rapidement mon parcours et leur donne très vite la parole. Depuis mon accident, je me suis habitué à la gêne et aux maladresses que le fauteuil et le handicap suscitent… chez les adultes. Mais c'est la première fois que je suis confronté à un public si jeune. Je suis très vite émerveillé par la fraîcheur, le naturel et la spontanéité des questions de ces gamins :

– Vous êtes né en fauteuil roulant ?
– Vous avez mal aux jambes ?
– Pourquoi vous avez deux fauteuils ?
– Vous allez remarcher un jour ?
– Vous avez froid aux pieds l'hiver ?
– Vous avez une amoureuse, monsieur ?
– Vous pouvez avoir des enfants ?
– Comment vous ferez pour les rattraper dans la rue ?

Après deux heures de discussion, une récréation s'impose !

Dans la cour de l'école, j'improvise une petite démonstration de tennis en fauteuil. Je propose aux enfants d'échanger à tour de rôle quelques balles avec moi. J'en profite pour leur montrer comment je me déplace en fauteuil, comment j'anticipe la trajectoire de la balle pour pouvoir la renvoyer avec aisance. En pleine partie, je remarque qu'un des élèves se tient en retrait. Sa jambe gauche est plâtrée, il s'appuie sur ses béquilles. Je lui propose de jouer aussi.

Les gamins s'esclaffent :

– Il ne peut pas jouer, monsieur, il s'est cassé la jambe !

– Eh bien, je vais vous montrer que c'est possible !

Je me dirige vers l'élève blessé, lui donne ma raquette et lui dis de s'asseoir sur mes genoux. Interloqué, il lâche ses béquilles et se laisse guider.

Je lui explique que la seule chose qu'il a à faire, c'est taper dans la balle :

– Je suis tes jambes !

# Brave petit

Les adultes passent leur temps à caresser les bébés, à les embrasser, à souffler leur haleine fétide sur leurs petits visages, à leur faire gouzi-gouzi, à bêtifier… Je me surprends parfois à me comporter de la sorte mais lutte contre ces réflexes. Les adultes agissent un peu de même avec les animaux, notamment les chiens et les chats. Sans cesse en train de les caresser, de les embrasser… Mon aversion pour les chiens m'épargne ce genre de comportement ridicule.

Je n'ai pas toujours eu le crâne rasé. Dans le passé, comme beaucoup de jeunes, j'ai abusé de gels et autres laques pour parfaire ma coupe de cheveux. Demandez à n'importe quelle personne qui a mis du gel ce que ça fait de se faire passer la main dans les cheveux. Le désagrément est tel que le geste affectueux devient agression.

Depuis que je suis en fauteuil roulant et que je mesure moins de 1,40 mètre, des tas de gens ont le réflexe de me caresser le crâne. Je ne parviens pas toujours à les éviter.

Je me souviens d'une des dernières fois où un inconnu m'a caressé les cheveux, en boîte de nuit. Ce soir-là, j'avais réussi à esquiver les tentatives affectueuses de clients trop tactiles. Mais le chemin entre l'entrée de la boîte et le bar est semé d'embûches. Au moins une centaine de possibilités de se faire mettre la main au crâne. Et ça ne manque pas !

Je sens une main parcourir ma tête, accompagnée d'un « C'est cool que tu t'amuses, mon pote ». Le geste est déjà énervant, mais la réflexion me fige. Je sens monter ma colère contre ce pauvre type. Je saisis son poignet, lui fais une clé de bras, le plie pour mettre sa tête à mon niveau et le traite de tous les noms.

– Je ne suis pas un enfant de trois ans, et encore moins un chien qu'on caresse ! Tu ne te permettrais jamais de faire ça à une personne valide, non ?

À regret je le lâche, en espérant qu'il ne me prend pas pour un handicapé aigri, qu'il a compris que son geste est déplacé, peu importent les sentiments qui l'animent.

## *C'est ma soirée*

*C'est ma soirée. Je me sens bien. Pas plus de trois verres, je maîtrise. Les meufs n'ont qu'à bien se tenir. J'en ai déjà repéré une ou deux. Ce soir, j'emballe. Ça fait trop longtemps que ça n'est pas arrivé. Faut pas que je me rouille. Encore un petit verre. Le dernier. Faudrait pas que je termine dans les chiottes, allongé dans mon vomi.*

*C'est quoi, ce grabuge ? Putain, un handicapé, pauvre mec… Courageux quand même de venir en boîte en fau-*

*teuil roulant. Ça doit pas être facile. Et aucune chance pour baiser… Quelle fille en voudrait ? L'horreur au pieu, il peut sans doute même pas bander…*

*Il assure quand même, le mec, tout juste s'il ne se met pas à danser… Et il est à la bonne hauteur pour mater les fesses des filles, ça doit l'exciter.*

*Je décolle du bar, je vais en profiter pour leur montrer que j'ai du cœur…*

*– C'est cool que tu t'amuses, mon pote !*

*Aïe, le con, il m'a niqué le bras… Putain de connard à roulettes. Il a de la chance de mesurer 1,20 mètre et que je ne frappe ni les filles, ni les gosses, ni les handicapés…*

*Et, bien sûr, les gonzesses ont tout vu : certaines se foutent de ma gueule, d'autres me regardent comme si j'avais violé Mère Teresa… Plus qu'à me murger ! Putain, c'est ma soirée.*

## *Le Transporteur*

Le genre de film que j'aime : suspense, jolies filles, voitures clinquantes, héros impeccable. Jason Statham. Une super gueule et des films à chaque fois au top. Le genre de mec que j'aimerais être. Je rentre chez moi en repensant aux scènes de poursuite. Ma Clio est loin de la BMW série 7 qu'il conduit dans le film, mais je me dis que j'aurais pu jouer son rôle… à l'exception peut-être des combats : mon *high kick* laisse à désirer depuis quelques années.

Je roule un peu vite. Feu rouge. Le genre qui dure des heures. Coups d'œil à gauche, à droite, dans le rétro : ni piéton, ni voiture, ni flics en vue. Je grille doucement le feu, sans risque. Aucune place libre dans le parking de mon immeuble, tout le monde est rentré. Je commence à tourner dans les rues alentour. Sans succès.

Une voiture blanche me suit depuis quelques minutes. Parano ? Coïncidence ? Pour vérifier, je ralentis et reprends deux fois la même rue. C'est clair, je suis suivi ! Ils attendent sans doute que je me gare pour me braquer… En fauteuil roulant, le combat risque d'être inégal. Je dois les semer ! Je grille un autre feu, accélère encore et encore, traverse Saint-Mandé en un éclair. La voiture blanche me colle au train. Bois de Vincennes, à cette heure tardive, peu de risques de croiser un piéton, à part peut-être une âme perdue en quête d'amour. À 140 km/h à l'approche du musée des Arts africains et océaniens, ils sont toujours derrière moi ! Le feu est rouge, une voiture arrive, je lui coupe la route…

Ils ne me lâchent pas. Qu'est-ce que je fais ? Je m'arrête et j'essaie de leur retourner le cerveau en leur expliquant que c'est mal d'agresser un handicapé ? Je rejoins l'autoroute pour les semer ? J'appelle mon frère pour qu'il m'attende avec une barre de fer en bas de chez lui et qu'on les défonce ? Je file au commissariat demander de l'aide ? Aucune de ces options ne me plaît. Je suis un grand garçon, Jason Statham aurait déjà trouvé une solution.

J'opte pour la ruse. Je passe devant le parking de mon immeuble, déclenche l'ouverture à distance. Cent mètres plus loin, je tire le frein à main, brusque demi-tour. Jason n'a qu'à bien se tenir. Hélas, la porte du parking est trop lente à s'ouvrir. Je suis coincé. Quatre hommes bondissent de la voiture blanche, leurs armes pointées sur moi.

– Coupez le contact, sortez du véhicule.

Putain, des flics en civil ! Je mets mes mains en évidence.

– Je ne peux pas sortir, mon fauteuil roulant est dans le coffre.

Le ton change, instantanément.

– Pourquoi ne vous êtes-vous pas arrêté, monsieur ?

– Vous êtes malades ou quoi ? J'ai cru que des malfrats me suivaient. Si j'avais su que vous étiez des policiers, je me serais arrêté.

Rapide contrôle de mes papiers, ils se disent sans doute que me coffrer leur posera plein de problèmes et me laissent repartir en me souhaitant une bonne nuit.

Je trouve enfin une place libre, sors de ma Clio avec un petit sourire aux lèvres. Très excitante, cette fin de soirée. Jason peut aller dormir tranquille…

## *Maraude au coin du bois*

*Soirée de merde. Nous sommes de service, maraude en voiture, secteur porte Dorée. Match de foot à la télé, encore un qu'on va rater. Soirée tranquille, trop tranquille. Pas un connard sur les boulevards. Au bois, les belles de nuit s'ennuient aussi.*

*Je suis au volant, les autres échangent les blagues douteuses habituelles. Soudain, j'aperçois une voiture qui brûle un feu, j'accélère pour me rapprocher du contrevenant. D'instinct, le silence se fait dans la bagnole.*

*Le quidam tourne, il cherche une place pour garer sa caisse. Crevé, il en oublie son code de la route. Absence de clignotant, franchissement de ligne blanche, feux grillés… de quoi perdre tous ses points de permis d'un coup. Il ne semble pas bourré, mais certains cachent bien leur jeu.*

*Ça y est, il nous a vus… mais qu'est-ce qu'il fout ? Il essaie de se barrer, ce con ! Il croit qu'il va nous semer avec sa Clio ? Encore un qui va trop souvent au cinéma. Un vrai malade : plus de 120 boulevard Soult, traversée déjantée de Saint-Mandé. Au bois, les michetons ont intérêt à se planquer. Porte Dorée il manque emplafonner une voiture arrêtée. C'est sûr, il doit avoir au moins une tonne de poudre dans son coffre, et à peu près autant dans le pif pour prendre des risques aussi insensés.*

*Demi-tour au frein à main, presque réussi, ce crétin se prend pour Starsky ! Il cherche à se planquer dans un parking souterrain. Mais la porte est trop lente, on l'a coincé avant qu'il s'y engouffre. Les gars ont jailli, braqué leurs armes sur lui. Je lui ordonne de montrer ses mains et de sortir, sans faire le con.*

*Il hurle ! Nous accuse d'avoir mis sa vie en danger. Nous menace de nous poursuivre en justice pour n'avoir pas signalé que nous étions des flics. Dans d'autres circonstances, je me serais fait un plaisir de le faire taire un peu brutalement. Pas de chance, ce cinglé est handicapé. On laisse tomber. Pas envie de nous coltiner un gus en fauteuil toute la nuit…*

## « Tu crois que c'est une solution ? »

Minuit. Favela Chic, le QG des frères Jérémiasz depuis trois ans. Un restaurant-bar brésilien. On y est comme à la maison, trois fois par semaine. J'adore faire mon entrée, traverser la foule en saluant toutes nos connaissances. Au bar je me mets debout et commande des caïpirinhas. Jon part chasser. Il est rare que nous rentrions seuls. Je me rassois dans mon fauteuil, déguste un premier cocktail. Je me sens bien. L'ambiance est chaude. Soudain, je perçois une présence à côté de moi. Une prochaine « victime » ?

Une jeune femme s'accroupit pour se mettre à mon niveau. Je tourne la tête. On se regarde. Elle me jette : « Tu crois que c'est une solution ? » Je ne suis pas sûr d'avoir bien entendu, bien compris. Je lui demande de répéter. Elle me dit à nouveau, fixant mon verre, et sur le même ton moralisateur : « Tu crois vraiment que c'est une solution ? »

Je ne peux pas y croire ! Sans doute pense-t-elle qu'une personne en fauteuil roulant avec un verre d'alcool à la main boit forcément pour oublier son malheur. Je suis furieux. J'ai rarement ressenti autant de haine, si vite, envers quelqu'un. Comment elle ose porter un tel jugement ? Comment elle ose même m'adresser la parole ? Je la traite de tous les noms. « Connasse », « frustrée », « grosse merde »…

Elle me demande de me calmer, ajoute qu'elle n'y est pour rien si je suis handicapé, qu'elle ne mérite pas que je déverse mon aigreur sur elle !

C'est la phrase de trop ! Après m'avoir fait passer pour un handicapé alcoolique, elle m'enferme dans le rôle du handicapé aigri. Je l'attrape par le bras en continuant de l'insulter. Je serre, pour lui faire un peu mal. Elle a mal. Me demande de la lâcher. Je ne lâche pas. Son mec arrive, me somme d'arrêter, de la laisser tranquille. Je lui réponds que sa grosse connasse de copine aurait dû réfléchir à deux fois avant de venir me casser les couilles. Il m'attrape le bras, me répète de la lâcher. Je le menace, lâche sa pétasse et la pousse violemment vers lui. Jon arrive, leur conseille vivement de partir. Ils quittent le bar sous les huées. Je peux enfin commander une deuxième caïpirinha.

## *Ne vous disputez jamais en public avec un handicapé !*

*Favela Chic, entre Bastille et Brésil, un métissage réussi. Nous en avions fait notre repaire.*

*Lui aussi était un habitué. Difficile de ne pas le remarquer. Des airs de star dans son fauteuil, une façon trop bling-bling d'assurer, d'assumer. Toujours très entouré, mais à l'évidence très seul.*

*Qu'est-ce que j'ai bien pu lui dire ? Qu'est-ce qui a provoqué sa folie, son délire ? Sans doute avait-il déjà trop bu. C'est contre cela que je voulais le mettre en garde. Des soirs et des soirs que je le voyais écluser de l'alcool, des verres en quantité. Des soirs à draguer des filles faciles, des soirs à tenter de noyer son désespoir dans la pénombre de ce bar.*

*À peine lui ai-je adressé la parole qu'il s'est mis à m'injurier, m'a saisi par le bras, molestée. Je n'ai jamais été traitée de cette manière. J'ai eu peur. Soudain incapable de me défendre, de crier, de le gifler. Peut-être aurait-il dessoûlé ? Mon copain a vainement tenté de s'interposer. Impossible de calmer sa fureur, de le raisonner.*

*Une dispute en public avec un handicapé… je ne pouvais pas gagner. Agressée par ce connard aigri et bourré, j'ai compris très vite que personne ne viendrait m'aider, que j'avais forcément tort, que je l'avais bien cherché. Sous les regards réprobateurs, j'ai dû capituler. Pour un peu, j'aurais dû m'excuser !*

# GIG-GIC

Comme chaque jour après mon entraînement, je vais chez mon kiné. Impossible de trouver une place, je suis obligé de me garer assez loin de son cabinet, j'arrive en retard. Pendant qu'il me masse, nous discutons des moyens d'inciter les gens à respecter les places GIG-GIC. On évoque d'abord les techniques hard : du coup de marteau dans le rétroviseur, voire le pare-brise, au pneu crevé, en passant par le crachat sur la poignée du conducteur… Les solutions soft – le petit mot d'information sous l'essuie-glace : « Si vous prenez ma place, prenez mon handicap » – ou militantes : coller en plein milieu du pare-brise, avec un adhésif puissant, une affiche dénonçant ce comportement anticivique.

Après cette séance très relaxante, je rentre chez moi, à moins de 400 mètres de là. Ces 400 mètres, je confesse préférer les faire en voiture plutôt qu'en fauteuil, en tout cas quand je suis seul, car la rue est en forte pente. Comme d'habitude, je coupe par la rue du Colonel-Oudot où j'ai passé une grande partie de mon enfance. En haut de cette rue, il y a une place GIG-GIC. *Ma* place GIG-GIC : elle a été spécialement balisée après une demande de ma mère à la Mairie de Paris. Car toute personne handicapée peut obtenir une place GIG-GIC à proximité de son domicile.

Une fois de plus, *ma* place est occupée. Par bonheur, la propriétaire se trouve encore à côté de sa voiture. Je m'arrête à son niveau. Elle semble valide – aucun macaron n'orne le pare-brise de son véhicule – et décharge sur le trottoir son coffre rempli de courses. D'humeur taquine, je baisse ma vitre et lui lance :

– Bonjour, madame, vous êtes garée sur une place « handicapé ». Vous avez le macaron ?

– Non, mais j'en ai pour pas longtemps.

– Je suis handicapé et cette place m'est réservée, pouvez-vous déplacer votre voiture pour que je puisse me garer ?

Elle se justifie et tente de m'amadouer :

– J'en ai pour quelques minutes, le temps de remonter mes courses chez moi.

Je rétorque :

– Si j'étais arrivé cinq minutes plus tard, j'aurais trouvé cet emplacement occupé et j'aurais dû me garer loin. Les places « handicapés » sont rares dans le quartier, d'ailleurs, vous ne seriez sûrement pas redescendue pour déplacer votre voiture.

Je manœuvre pour lui montrer que je suis prêt à me garer. Elle considère ses sacs de courses échoués sur le macadam, les repose un par un dans son coffre, me lance un dernier regard, désabusé et irrité. Pourtant, franchement, ce désagrément n'est rien comparé à ce qui aurait pu lui arriver : j'aurais pu appeler la fourrière ou utiliser une technique hard…

## *Putain de handicapé !*

*C'est fou ce qu'on peut entasser dans un Caddie. Où ai-je entendu que les emballages représenteraient près de la moitié du poids total des courses de la semaine ? Quel gâchis ! Marre de ce marathon dans les rayons encombrés. Marre de ce chariot qui avance de biais, de cette roulette bloquée qui le déséquilibre. Où donc est ma liste ? C'est sûr, je vais encore oublier un truc que les enfants ont réclamé. Ils vont faire la gueule. Vraiment pas besoin de ça après cette journée. Et ça ne les empêchera pas de vider le frigo !*

*Comme d'habitude j'ai choisi la mauvaise caisse : la personne qui me précède a oublié de peser ses fruits. Vous croyez que la caissière en profiterait pour me dire bonsoir ? Elle doit avoir peur de me le dire deux fois. Je m'empresse de décharger mes achats sur le tapis roulant, puis me précipite de l'autre côté de la caisse pour les mettre en sacs. En faisant attention aux bouteilles et en veillant à ce que les conserves n'écrasent pas les fruits. Avec les marges qu'ils prennent, les supermarchés pourraient bien embaucher des RMistes pour nous aider !*

*Parcours du combattant à travers le parking, je n'ai évidemment pas pensé à changer de Caddie. Et bien sûr un crétin s'est garé juste derrière ma voiture. Je dois l'avancer d'un mètre afin d'ouvrir le coffre. Nouveau transfert des marchandises. J'en ai plein le dos. Et, j'en suis sûre, je vais me taper un bouchon pour rentrer.*

*Ouf, j'ai enfin de la chance : une place libre en bas de chez moi ! Au moins je n'aurai pas à faire plusieurs voyages. Pourquoi ce mec attend-il ? Je lui ai pourtant fait signe que j'allais rester. Il croit peut-être que je vais repartir ? Dans ses rêves ! Il peut me mettre la pression aussi longtemps qu'il veut en restant en double file et en faisant ronfler son moteur, je ne bougerai pas. Et je prends mon temps. De toute façon, je suis crevée. Personne n'est là pour m'aider, comme d'habitude, les gosses rentreront pour mettre les pieds sous la table. Et pas un n'aura pensé à mon anniversaire…*

*Le coffre est enfin vide. Une bonne douzaine de sacs sur le trottoir, que je dois encore emporter jusque dans le hall. Pourvu que l'ascenseur fonctionne.*

*Il klaxonne, ce con ! Pourquoi insiste-t-il ? Il baisse sa vitre, m'ordonne de partir,* sa *place est réservée. Je dois tout recharger. Putain de handicapé !*

## *Embauche au Latina*

*C'est un pote de la salle de boxe d'Aubervilliers qui m'a pistonné. J'ai le profil : beau gosse, noir, balèze. Comme d'habitude je maquille mon vrai CV, dissimule mon master de socio : faut bien manger.*

*L'entretien n'est qu'une formalité. Deux autres videurs, mes clones, sont recrutés en même temps que moi. La formation est vite expédiée, le patron s'en charge lui-même en aboyant quelques phrases, façon sergent-chef devant de jeunes appelés.*

*« Vous êtes des profileurs ! C'est pour ça que je vous paie. »*

*« Je ne veux pas voir de racaille dans ma boîte. »*

*« Ici c'est plein de people, alors la plèbe, les culs-terreux, les moches, les emmerdeurs, les bourrés, les mal fringués, les handicapés, vous les écartez. »*

*« À vous de faire le ménage, vous savez ce que je veux dire, je veux une boîte clean, et la propreté ça commence à l'entrée. »*

*« Les branleurs, les bandes, les psychopathes, à vous de les repérer et de leur refuser l'entrée. »*

*« Faites quand même gaffe aux testings, je ne veux pas d'un procès pour discrimination. »*

*« Dernière consigne : soyez polis, mais fermes. N'entrez pas dans la discussion. Jamais. Ne donnez pas d'explications, non, c'est non. »*

*« C'est votre boulot, je ne veux pas être emmerdé. Si vous foirez, la porte, c'est vous qui la prenez. »*

## Ça va pas être possible

Qui n'a jamais appréhendé de se faire recaler à l'entrée d'une discothèque ? Notamment à l'adolescence ? Parce que vous êtes trop jeune, « mal habillé », pas accompagné, pas sur la liste, ou encore parce que vous avez une sale gueule... Mais avez-vous déjà imaginé ne pas pouvoir entrer en discothèque parce qu'il y a un escalier à l'entrée ou parce que vous risquez de vous faire bousculer ?

Samedi soir. J'arrive au Latina avec un ami, habitué des lieux. Nous sommes bien habillés, plutôt beaux gosses ; et, à deux, pas forcément besoin d'être accompagnés de filles pour entrer. À l'entrée, trois videurs très costauds. Patrice m'a averti qu'il y a un escalier. Ça ne me pose pas de problème. Je peux me débrouiller debout en me tenant à la main courante, au pire il m'aidera.

Un des videurs s'interpose. Ne me regarde pas. S'adresse à mon pote et lui sort : « Ça va pas être possible. » L'établissement, dit-il, n'est pas équipé pour accueillir des personnes en fauteuil roulant. J'explique que je n'ai pas besoin d'aide. Il se retranche derrière des consignes. Mon pote insiste, il ne comprend ni n'admet ce refus.

Le videur nous demande de nous écarter pour laisser passer d'autres clients. Je l'accuse de discrimination, de racisme antihandicapé. Mes menaces font mouche. Son ton change. Il tente vainement de justifier cette interdiction : « En cas d'incendie, vous ne pourriez pas sortir et péririez dans les flammes ! »

« J'imagine que, dans cette logique de sécurité, vous ne servez pas d'alcool aux conducteurs ni aux personnes déjà bourrées ? » je rétorque.

Il me répond sans honte que oui et refuse d'aller chercher le manager. Patrice et moi restons devant la boîte, et je continue à le provoquer : « Vous ne devriez pas laisser entrer les mannequins anorexiques, au moindre verre d'alcool, elles seront dans un état critique », « Allez donc vérifier les toilettes pour voir si personne n'est malade, ce serait dommage qu'en cas d'incendie un des clients meure brûlé vif au milieu de son vomi », etc.

Il s'énerve. Un de ses collègues arrive et me dit en mettant des gants de cuir que cet échange risque de s'écourter si je ne libère pas l'entrée. Je lui signifie que s'il a l'intention de recourir à la violence il y perdra plus que moi tant physiquement que légalement. Je les menace une dernière fois de porter plainte pour discrimination. « Ce n'est pas possible, on vous a dit. » Un mur. Nous partons, dépités.

# « Viens voir les étoiles ! »

Aryan est mon meilleur ami. Nous nous connaissons depuis mon premier open de France, en 2001. Il a commencé comme ramasseur de balles puis il est devenu arbitre, il s'occupe aussi des joueurs et répond à tous leurs besoins. Notre amitié s'est renforcée lors de nos premières vacances ensemble, pendant l'été 2003. Une semaine dans le Sud entre potes, lui notamment, et aussi Ahissa.

J'appréhendais beaucoup. C'était la première fois que j'allais partager mon intimité avec des gens qui ne me connaissaient pas avant mon accident. La cohabitation se passa à merveille. Leur connaissance du handicap, acquise en tant que bénévoles d'un tournoi handisport, y fut sans doute pour beaucoup. Je ne ressentis aucune différence dans leur façon de se comporter avec moi. Une sorte de banalisation de mon handicap. Pas besoin de stratégies sophistiquées pour gérer mon fauteuil : les virées à la plage, en boîte… se passèrent simplement, naturellement.

Un après-midi, à la plage, Aryan et moi sommes allongés au soleil. On discute de choses et d'autres mais surtout de jolies filles et en particulier de deux qui sont étendues à quelques mètres de nous. Regards, sourires, un peu de gêne. Je sens qu'elles attendent qu'on vienne les voir, mais rouler dans le sable ou ramper façon commando ne sont sans doute pas les meilleures techniques d'approche ! Aryan trouve un prétexte pour obtenir leur numéro de téléphone. Par ce biais, une conversation s'engage. Des deux demoiselles, Marion est à l'évidence la plus intéressée, très intéressée, même. Elle nous donne rendez-vous le soir sur la plage. Son romantisme me touche, mais j'aurais préféré un lieu plus accessible.

Aryan et moi sommes très excités. Marion est une très jolie fille et elle n'a manifestement pas froid aux yeux. On commence à se faire des films. Qui l'embrasse le premier ? Et si ça s'emballe, comment on gère ? Ça y est, on l'aperçoit. Elle est en contrebas, près des rochers. On l'interpelle de loin, un escalier nous sépare. Mais quel escalier ! Un petit ponton de bois puis une quinzaine de marches pleines de sable. Je me lève en me tenant à la rambarde, Aryan me devance avec mon fauteuil. Impatient, je m'engage dans la descente. Grosse erreur. Le sable qui recouvre le ponton en bois est traître, je glisse et me retrouve par terre, sur le dos.

Aryan se retourne. Je lui crie : « Viens voir les étoiles, c'est magnifique, tu loupes quelque chose ! » Il accourt, comprend en une seconde ce qui s'est passé et, au lieu de me relever, s'allonge à côté de moi.

Marion, qui nous a rejoints, se marre. Elle a d'autres projets pour la soirée que de regarder les étoiles...

## *Double jeu*

*Laure est ma meilleure amie. Était. À peine trois jours de vacances et je ne la supporte plus. Nous étions pourtant inséparables. Des années de collège-lycée à bosser, réviser ensemble. Des années à papoter, à s'envoyer des mots, des heures et des heures et des heures au téléphone, toujours un truc à se dire. Des tonnes de vêtements essayés, échangés, arrangés. Des centaines de livres, des milliers de CD. Des dizaines de garçons emballés. Le jour des résultats du bac, c'est son nom à elle que j'ai cherché en premier.*

*On ne s'est même pas embrouillées. Je n'ai pas de vraies raisons de lui en vouloir. Heureusement il fait beau, nous pouvons passer nos journées à la plage. Sous prétexte de surveiller les affaires, on ne se baigne pas ensemble. Pas de prétexte, en revanche, pour éloigner ma serviette de bain de la sienne. Je coupe court à ses tentatives de conversation, m'absorbe dans mon livre, enfonce les écouteurs dans mes oreilles.*

*Une bande de mecs s'est installée à proximité. Je lève le nez, referme mon livre, regarde de leur côté. Ils font les beaux, les kékés, parade amoureuse sur la plage… et je dois bien admettre que je ne suis pas insensible à cette drague lourdingue.*

*L'un d'eux vient nous voir en éclaireur. Laure ne le calcule même pas, tant mieux ! Il n'a aucun mal, en revanche, à obtenir mon 06 sous prétexte qu'un de ses copains ne peut pas venir jusqu'à moi sans risquer d'ensabler son fauteuil roulant. Il ne se montre pas plus entreprenant, rejoint sa bande et sa serviette, à quelques dizaines de mètres. Mon téléphone ne tarde pas à vibrer… Un jeu de séduction s'engage, par textos interposés.*

*J'accepte un rendez-vous, ce soir, sur la plage. Deux beaux gosses pour moi ! L'un en fauteuil, l'autre debout. On verra bien ce que ça donne, aucune envie d'en laisser un à Laure…*

# Telle mère, tels fils

Langues étrangères appliquées (LEA) anglais-espagnol, première année. J'adore les langues et ne savais pas quoi faire après le bac. Cette filière comptant environ 90 % de filles, je n'ai pas hésité. Des douze matières à valider, l'épreuve que je redoute le plus, c'est la traduction de l'espagnol au français. J'ai beau avoir une grand-mère espagnole et une mère qui enseigna cette langue, je n'ai jamais eu la moyenne dans cette matière. La veille de l'examen, je mets en place une stratégie avec ma mère et Ben : j'enverrai à mon frère, par textos, des mots et des phrases que ma mère traduira, Ben me les transmettra. Ma mère n'hésite pas une seconde !

Jour J. La poisse : je pensais que l'accès fauteuil roulant se situait en haut de l'amphithéâtre et me voilà comme un con au tout premier rang ! Les quatre surveillants sont sur l'estrade, à moins de deux mètres de moi. Tant pis, il va falloir faire avec. Je croise les jambes, cale mon genou sous la table, pose mon portable dessus : personne ne peut le voir. Et qui pourrait imaginer qu'un étudiant handicapé puisse tricher ?

On distribue les sujets. C'est parti. Dès que je bute sur un mot ou une expression, je l'envoie à Ben. Il faut dire que je suis un pro des textos : je peux les taper presque sans regarder mon téléphone. En deux heures j'en ai envoyé une bonne centaine. J'imagine ma mère harcelant Ben pour qu'il se dépêche. Je rends ma copie, soulagé. Personne n'a rien remarqué !

## *Surveiller c'est se faire punir !*

*Surveiller les examens. Dans un amphithéâtre glauque. J'ai horreur de ça. Tâche ingrate, qui bizarrement incombe toujours aux vacataires. Surveiller, c'est s'ennuyer. Impossible de lire. Impossible d'écrire. Pas question de téléphoner. Difficile même de se promener sans déranger ceux qui planchent. On a vite fait le tour des étudiantes sexy, des regards torves, des jeux de jambes. Impossible de ne pas repérer ceux qui pataugent, ceux qui peinent… et ceux qui grugent. Mais j'ai déjà donné. On ne m'y reprendra plus.*

*Il y a deux ans, j'ai pris un tricheur sur le fait. Flagrant délit. Malgré l'évidence, malgré la découverte sur lui de plusieurs antisèches, il a nié. Déclaré qu'elles ne lui avaient servi qu'à réviser. Que celles qui traînaient par terre sous sa chaise ne prouvaient pas qu'il avait triché. Il a écrit au doyen. J'ai été convoqué. Contraint de me justifier. J'ai senti le reproche poindre, senti que ma découverte gênait, emmerdait la sommité universitaire.*

*Le doyen a tranché. Parole contre parole, il ne pouvait rien décider. L'étudiant n'ayant pas avoué et moi ne pouvant – malgré les évidences ! – rien prouver. Pas même une leçon de morale. J'ai ravalé ma colère.*

*Quelques mois plus tard, un collègue à qui je racontais ma mésaventure me conseilla en riant de consulter les listes électorales du coin. Devant ma perplexité, il m'expliqua que mon étudiant tricheur y était probablement inscrit et que notre cher doyen était aussi… un élu local.*

*J'ai retenu la leçon : alors, pas question de dénoncer l'étudiant en fauteuil roulant qui triche maladroitement sous mes yeux, persuadé, l'imbécile, que je ne le vois pas ! Ce fut déjà pénible avec un tricheur valide, je ne vais pas prendre le risque d'être poursuivi pour discrimination !*

## Je veux être comme tout le monde

J'ai toujours adoré le cinéma. Au point de devenir cinéphage, grâce à une carte UGC Illimité. Quel plaisir d'aller voir un bon film à n'importe quel moment de la journée. Un grand écran, un gros cornet de pop-corn, histoire d'emmerder le monde pendant la séance. Ce soir-là, je ne sais plus quel film nous allions voir, mes amis et moi, mais nous étions très en avance. En général, grâce à mon fauteuil, je ne fais pas la queue. Mais on est entre potes, et nous ne sommes pas pressés, on a plein de trucs à se raconter.

Un caissier m'appelle, m'invite à passer devant tout le monde. Aucun intérêt d'entrer plus vite si c'est pour attendre mes amis derrière les caisses, et impossible de doubler la queue avec tous mes potes, nous sommes trop nombreux. Je le remercie avec un sourire et réponds que je vais attendre mon tour. Il insiste. Des dizaines de personnes attendent, ça devient gênant. Il sort de sa cabine et se dirige vers moi, manifestement bien décidé à me faire passer devant tout le monde : « Pour des raisons de sécurité, je préfère que vous ne restiez pas dans la queue. » Je plaisante sur sa bienveillance à l'égard des spectateurs handicapés, souligne que s'il y a bien une personne qui n'a pas de problème pour faire la queue, c'est moi : j'ai l'avantage d'être assis alors que les autres n'attendent qu'une chose, c'est d'enfin pouvoir l'être. Mon ironie ne lui plaît guère. Il retourne vers sa caisse en râlant. J'ai bien le droit d'être traité comme tout le monde, de temps en temps !

## *Tapis rouge*

*Exploité. Horaires de merde et salaire de misère. Affublé d'un uniforme mal coupé, en tissu* cheap, *sans doute récupéré dans un stock de l'ancienne RDA. Enfermé dans une boîte vitrée, au deuxième sous-sol du Forum des Halles. Trop loin de la lumière du soleil. Trop près des effluves de la piscine, chlorée à mort pour désinfecter la faune qui se presse ici. Trop près de l'odeur grasse et collante du pop-corn que le stand derrière moi débite à la tonne. Même pas le temps de voir les films. À peine celui de dévisager les crétins qui se pressent à ma caisse, même pas fichus d'utiliser les bornes automatiques. Ils croient impressionner les boudins qui les accompagnent en risquant des blagues débiles sur les titres des films.*

*Boulot de merde. Consignes de toutes sortes : hygiène, sécurité, Vigipirate, alcool, tabac, drogues, mecs louches, pickpockets, grands-mères fragiles, pépés Alzheimer... un inventaire à la Prévert qui mériterait une sérieuse mise à jour vu les zozos qui bavent ou éructent sur mon bocal.*

*Et les handicapés, failli les oublier ceux-là. En voilà un. Je lui fais signe d'approcher, il va pouvoir gratter la queue, s'installer avant ses potes et leur garder une place au chaud, se taper les pubs qu'il a sans doute déjà vues quelques dizaines de fois, les bandes-annonces des navets de la semaine et du chef-d'œuvre du mois.*

*Impossible d'attirer son attention. Un aveugle en fauteuil qui va au cinéma ? Enfin, il m'aperçoit et… m'envoie balader d'un revers de la main.*

*J'ai des consignes. Les handicapés sont prioritaires. Question de morale ou de sécurité, va savoir. C'est parti pour un petit tour en dehors du bocal. Bocal que je dois soigneusement fermer à clé pour éviter de me faire voler la caisse. Les connards de la queue commencent déjà à râler. N'ont-ils donc pas compris qu'ils attendront encore une fois passé le guichet ? Le tapis rouge taché est à gerber, presque aussi moche que mon fute en tergal. Angoisse qu'une fille de la fac me reconnaisse, que mes prochaines traversées des couloirs de la Sorbonne bruissent de moqueries sur mon statut de caissier.*

*Je l'interpelle : « Vous ne pouvez pas rester là, monsieur. Vous devez passer directement à la caisse et vous installer dans la salle dès l'ouverture des portes, sur l'un des emplacements qui vous sont réservés. – Désolé, me répond-il, pas aujourd'hui. Je suis avec mes potes. Et on a largement le temps de faire la queue. » Je le sens prêt à faire un esclandre. Je n'insiste pas. Retourne dans ma boîte. La moquette me semble encore plus sale qu'à l'aller et j'essuie au passage les « Pas trop tôt » des clients-moutons qui trépignent.*

*Si ce handicapé a un pépin, c'est sûr, je vais me faire virer. Quand enfin il arrive devant mon hygiaphone, ce con entreprend de me faire la morale. Je suis pris d'une violente envie d'arracher les rayons de son fauteuil et de le transformer en saint Sébastien.*

# Médaillé à Athènes

Athènes 2004, Jeux paralympiques, mes premiers jeux, quatre ans après mon accident. Un rêve de gosse se réalise. Je suis alors troisième mondial en simple, deuxième mondial en double. Famille et amis ont fait le déplacement en masse : j'ai le plus gros groupe de supporters. Ils assistent à tous mes matchs. Les jours et les tours passent, la tension monte. En demi-finale du simple, j'affronte David Hall, numéro un mondial, sur le central. Résultat prévisible : il me bat facilement. Reste la petite finale du simple et le double, avec mon pote Lahcen : je peux décrocher deux médailles… ou rentrer bredouille.

En simple, j'affronte l'Américain Steve Welch, ancien numéro un mondial, déjà médaillé à Sydney. Il a plus d'expérience que moi, m'a battu plus souvent que l'inverse. Mais je suis supermotivé. Le stade est plein, mon clan me pousse. Je remporte le premier set 6-1, mène 5-1 dans le deuxième. La médaille est proche. Mais je sais qu'un match n'est pas terminé tant que l'arbitre n'a pas dit « Jeu, set et match ». Je tremble. Je retiens mes coups. Welch profite de ma passivité, remonte : 5-2,

5-3, 5-4. J'entends mes frères donner de la voix. Mes amis m'encouragent. Je fais le vide, il faut que j'aille chercher la victoire. Enfin, j'obtiens une première balle de match. Mon cœur cogne. J'entends des trémolos dans la voix de mes parents et de mes frères. Un coup droit, puis un autre, un dernier accompagné d'un cri de libération. Jeu, set et match, Michaël Jérémiasz 6-1, 6-4 !

Je jette ma raquette, regarde mon clan. Leurs larmes et leur joie. Je serre la main de mon adversaire et celle de l'arbitre, me précipite vers mes proches. Ben et mon père ne peuvent même plus se lever. Jon saute sur le terrain, me prend dans ses bras et pleure de joie. Un gars de la sécurité lui tombe dessus. Je l'écarte, demande à Jon d'arrêter de pleurer devant tout le monde, sinon, je risque d'en faire autant. Tour d'honneur. La foule m'acclame.

Je quitte le terrain, signe quelques autographes, réponds aux journalistes. Yann, le sélectionneur de l'équipe de France, s'effondre en larmes dans mes bras. À peine le temps de me changer, je rejoins la smala dans le stade. Ils sont tous là. On s'embrasse. Ma mère me serre fort dans ses bras. L'émotion est d'autant plus forte que tous se souviennent de mon accident à peine quatre ans auparavant. Je n'y pense pas. Je savoure. Mais je dois garder l'influx, il reste la demi-finale du double, en fin d'après-midi.

La deuxième médaille est vite assurée. Je suis survolté, et Lahcen, mon partenaire, fait le match parfait. Nous laminons la paire de Hollandais : 6-2, 6-1. Finale le lendemain contre les Japonais, la meilleure équipe du moment. Au pire, on aura la médaille d'argent.

## *Les jeux sont (mal) faits*

*Mes derniers jeux ? Pour moi, Steve Welch, il est peut-être temps de raccrocher. Je n'ai plus grand-chose à gagner, plus grand-chose à prouver. Ça fait des années que j'écume les mêmes tournois, que j'affronte les mêmes joueurs, que je me retrouve dans les mêmes hôtels. Envie de me poser, de profiter.*

*Mes derniers jeux ? Je me suis entraîné dur. Mais c'est de plus en plus difficile. Je récupère beaucoup moins bien des efforts et, depuis deux ans, j'accumule les blessures. Elles m'empêchent de jouer à mon meilleur niveau, de me préparer comme il faut, me gênent jusque dans ma vie quotidienne. Il y a des jours où je rêve d'un fauteuil électrique, moi dont les bras sont pourtant plus musclés que vos cuisses !*

*Mes derniers jeux ? Peut-être pas, mais les plus importants sûrement. Mon fils a cinq ans maintenant. Il vient me voir jouer, m'encourager. Trop fier de son père. Sa joie me transporte. Quand je gagne un tournoi, j'ai pris l'habitude de le prendre sur mes genoux pour un tour d'honneur.*

*Mes derniers jeux ? Je veux lui offrir une médaille. Pour l'or, hélas, c'est déjà raté. Je me suis incliné en demi-finale. Un adversaire trop fort pour moi, trop adroit, trop chanceux, et je dois bien admettre que je n'ai jamais réussi à rentrer dans le match.*

*Mes derniers jeux ? Après ma défaite en demi-finale, j'ai vu la déception de mon petit garçon. Lu dans ses yeux la peine qu'il essayait de me cacher. Il avait rêvé de son père en champion olympique, de son père médaillé d'or. Mon cœur s'est serré.*

*Mes derniers jeux ? Je dois me racheter, pour lui, pour mon petit, je dois tout donner. Une médaille de bronze le consolera. Et, contre Michaël, je sais que je peux gagner.*

*Mes derniers jeux ? Le match a mal commencé. Cinq jeux d'affilée, presque blancs. Michaël est supermotivé. Il roule vite, frappe fort, m'accule, me fait mal. Je dois lutter. Presque content dans cet ouragan d'éviter une roue de bicyclette humiliante : 1-6 au premier set. Je n'ose pas regarder vers la tribune. Je devine la peine de mon fils, imagine sa détresse dans les bras de sa mère.*

*Mes derniers jeux ? La situation se retourne, je commence à y croire. Michaël a flanché, la peur de la victoire. II joue nettement moins bien et moi un peu mieux. Je remonte. Si je parviens à remporter ce set, c'est sûr, la médaille sera à moi, les lauriers sur ma tête. Mon fils y croit. Il exulte, j'ai croisé son regard, entendu ses encouragements.*

*Hélas, ce n'est pas suffisant. Michaël se reprend. M'achève.*

## « *Sit on me* »

Janvier 2004, Coupe du monde par équipes, cette année en Nouvelle-Zélande. Vaincus en quart de finale, nous jouons la cinquième place contre les Anglais. Numéro un de l'équipe, je n'ai pas envie de jouer, aucun enjeu. Sur le papier nous devrions être à égalité à l'issue des deux simples, tout se jouera dans le match en double. Avec mon partenaire, je bataillerai pour le point de la victoire. C'est en tout cas le calcul de notre équipe.

Dernière soirée à Christchurch. J'engraine notre sélectionneur pour le convaincre de sortir faire la fête : je serai compétitif pour le double et lui n'a pas besoin d'être en forme pour nous soutenir, les matchs sont écrits d'avance. Et on fera mieux l'année prochaine : il sera toujours temps de se coucher tôt pour préparer une demi ou, qui sait, une finale. Il se range très facilement à mes piètres arguments.

Nous voilà dans les rues bondées de la ville. On entre prendre un premier verre dans un bar accueillant. À côté de nous, un groupe de filles fait la fête, l'une porte une couronne. Elles fêtent ses dix-huit ans. Nous leur offrons le champagne, buvons avec elles. Elles proposent d'aller en boîte. Il est déjà tard, mais on ne s'est pas fixé de limites. Au pire, on sera au petit déjeuner avec le reste de l'équipe.

Boîte feutrée, canapés accueillants. Le coach est très entreprenant avec cette jeune femme. Je reste en embuscade. Persuadé qu'il va droit dans le mur, qu'elle me préfère. Il se bat bien mais commet une grave erreur ! Il nous abandonne un instant pour aller aux toilettes. Dans ce genre de situation, c'est chacun pour soi. Je demande instantanément à la fille qui de nous deux elle préfère. Le verdict tombe. « Toi, Michaël. » Je l'embrasse. De retour, le coach ne peut que constater sa défaite. Beau joueur, il nous paie un verre. Il est vraiment tard, ma jeune amie veut rentrer avec moi. Seul problème, je partage ma chambre d'hôtel avec mon coach. Elle hésite. Je la mets en confiance. On rentre tous les trois. Il se couche. Je m'enferme avec cette jolie brune dans la salle de bains. Bien qu'exiguë, cela fait l'affaire. Plus tard, on se couche nous aussi. Le coach fait semblant de dormir. On remet ça dans le lit situé à quelques centimètres du sien. Au moment où, allongé sur le dos, je dis à cette charmante demoiselle « *Sit on me* », il éclate de rire. Nous aussi. Mais nous sommes trop excités pour interrompre nos jeux. Au petit matin nous nous endormons enfin, épuisés.

Deux heures plus tard, le réveil sonne. Mon coach se traîne sous la douche. Je caresse ma complice et nous remettons ça. Lorsqu'il sort de la salle de bains, il nous lance en rigolant : « Vous n'avez vraiment aucune pudeur ! »

## *Aucune pudeur*

*Je me sens toujours un peu chez moi en Nouvelle-Zélande. Peut-être du fait de l'insularité. Je suis un îlien. Loin de mon île de Ré, au bout du monde, sur l'autre hémisphère, j'ai les mêmes besoins, les mêmes désirs. Certes, je suis là pour une Coupe du monde de tennis par équipe, certes, je suis l'entraîneur, mais mes gars ont déjà perdu en quart de finale et j'ai du mal à considérer la cinquième ou la sixième place comme un objectif important. Et de toute façon ce soir j'ai vraiment envie de baiser.*

*Michaël n'a aucun mal à me convaincre de sortir. Il ne joue que le double et moi… je ne joue pas ! Nous trouvons facilement, dans le centre de Christchurch, un bar accueillant. Des filles y font la fête. Chauds comme nous sommes, nous ne tardons pas à nous joindre à elles. Celle qui fête ses dix-huit ans est une vraie bombe. Hélas, Michaël a également jeté son dévolu sur elle. Mais je suis en grande forme, je la fais rire.*

*Je lui propose un dernier verre. Avant d'aller au bar je passe aux toilettes, j'aime ma gueule dans le miroir. Je vais jusqu'à me laver la queue en prévision de ce qui va suivre.*

*Oh, merde ! Quand je reviens avec des coupes de champagne, Michaël est en train de l'embrasser à pleine bouche et ses sales mains poilues de paraplégique s'égarent partout sur son corps. Ce fumier ose lui proposer de passer la nuit à l'hôtel… dans la chambre que nous partageons ! Trop tard pour attraper une autre poupée. Mais si Mik croit que je vais gentiment m'éclipser il se fout le doigt dans l'œil. Je suis bien décidé à me venger en limitant leurs ébats, ou à me faire inviter à partager la jolie prise.*

*À peine arrivés ils s'enferment dans la salle de bains. Les cloisons sont minces, je ne rate rien. Je bande comme un con. Trop tard pour ressortir. J'essaie de dormir. Je ne peux, hélas, que faire semblant.*

*Quand ils reviennent dans la chambre, vautrés tous les deux sur un lit beaucoup trop proche du mien, j'entends Mik lui dire «* Sit on me *» et je ne peux retenir un fou rire. Ils rient aussi et remettent le couvert. Au petit matin je me traîne jusqu'à la salle de bains. Quand j'en sors, ils sont encore en train de baiser : ces deux animaux n'ont aucune pudeur !*

*En revenant du petit déjeuner, je la croise dans le hall. Elle m'achève en m'embrassant sur le coin des lèvres et en me susurrant à l'oreille : « Ça m'aurait bien plu que tu te mêles à nos jeux. »*

# Je ne m'y ferai jamais

J'ai toujours eu des relations compliquées avec mon grand-père paternel. Depuis notre enfance il préfère Jon, mon frère aîné, et son intellect à mes talents sportifs. Le fait qu'un grand-père puisse avoir des préférences ne me surprend pas, mais qu'il les montre à ce point m'a toujours gêné. Est-ce pour éclaircir la situation que je l'ai invité à dîner ? C'est la première fois. Je comprends très vite que la discussion sera difficile. Il est encore plus égocentrique que moi, ne parle que de lui, ne me pose aucune question. Je laisse tomber, décide de profiter du lieu, des plats, la soirée est finalement agréable. Il paie pour nous deux. Je le remercie chaleureusement et lui dis que j'ai passé une très bonne soirée en sa compagnie.

Nous avons laissé ma voiture dans les profondeurs d'un parking. Il marche très lentement, s'appuie sur une canne depuis son opération de la hanche. Impatient ou un peu bourré, je lui propose de s'asseoir sur mes genoux. Il hésite, me dit qu'il va se casser la gueule, se prend finalement au jeu. Les gens qui nous croisent ont l'air plutôt amusés à la vue de ce grand-père jouant dans le fauteuil de son petit-fils.

Je lui ouvre la portière, côté passager, range mon fauteuil dans le coffre et, en m'appuyant sur le toit, je gagne en marchant la place du conducteur et m'installe au volant. Mon grand père fond en larmes. Je lui demande ce qui ne va pas. Il pose sa main sur ma cuisse et m'avoue : « Je ne m'y ferai jamais. »

Je suis en proie à des sentiments contradictoires. C'est mon grand-père. Il me fait de la peine. Je lui prête mon épaule, essaie de le réconforter en lui disant que tout va bien, que je suis heureux, même en fauteuil. Il se calme. Je le ramène. On se dit au revoir, à très vite.

Je ne redémarre pas tout de suite. Putain, quel connard, quelle saleté d'égoïste de merde ! Me sortir ça ! Ne pas être capable de garder son malaise pour lui. J'aurais dû lui dire de réfléchir s'il espère me revoir un jour. Je rentre, désabusé. Je ne pourrai jamais m'y faire !

## *Je ne pourrai jamais m'y faire*

*Mon petit-fils a eu un accident. Une méchante chute de ski l'a privé de l'usage de ses jambes, cloué sur un fauteuil. Elle ne lui a pas ôté la vie. Michaël est en grande forme. Comment fait-il ? Comment peut-il être toujours si positif, si plein de chaleur, de fougue, de désirs ? Comment peut-il encore être si bruyant, si gourmand ?*

*Cette soirée avec lui m'enchante et m'épuise. Ses turbulences, ses pitreries, son égocentrisme, même, me font oublier un moment tout ce qui m'oppresse. Mika fait son show, montre ses biscoteaux, raconte ses exploits, ses victoires, ses conquêtes. Sans doute enjolive-t-il. Sans doute dissimule-t-il ainsi ses inquiétudes, ses frustrations, ses peines. Il n'est pas seulement un champion de tennis. Il est aussi champion pour enfouir et dépasser ses détresses, champion pour la vie.*

*Mon petit-fils me raccompagne, avec gentillesse, avec tendresse. Il est en fauteuil et je suis debout. Il est fringant et je me sens usé. Ses bras puissants le poussent sans difficulté, il est même capable de descendre une volée de marches. Mes vieilles jambes ne me portent plus qu'avec peine et le moindre obstacle me semble insurmontable. La vie bouillonne en lui, elle me quitte.*

*La vieillesse, ma vieillesse, je ne pourrai jamais m'y faire.*

# Princesse d'Amsterdam

Demi-finale des masters en 2006. Je m'incline devant le numéro un mondial. Comme chaque année, ma famille et mes amis sont venus m'encourager. Un petit week-end à Amsterdam, c'est toujours sympa. Je dois me lever tôt demain matin. Je joue pour la troisième place, et je ne suis pas très motivé. Pas beaucoup d'argent en jeu et très peu de points au classement mondial. Et ça me déprime. Imaginer mes potes faire la fête sans moi un samedi soir à Amsterdam. Je discute avec mes coachs, envisage de déclarer forfait, de prétexter une blessure. Après d'âpres négociations, je décide... de tout faire ! La fête à Amsterdam ce soir et un bon match demain.

Quartier rouge. Même si le spectacle des vitrines réchauffe certaines âmes, ce mois de novembre est très frais. Nous nous réfugions dans un pub. Alcool, billard, très bonne soirée. Je propose à mes frères et à mon cousin d'aller prendre l'air.

On se fraie un chemin pour se rapprocher des vitrines et des filles. Je les distingue. La distingue. Exceptionnellement bien foutue. Un corps parfait. Un groupe d'Anglais, bruyant, est surexcité par cette princesse.

Aucun n'ose l'aborder. Elle me repère, au milieu de cette foule compacte, me fait signe. Je suis chaud. Jon me regarde, hilare. Il va la voir, lui donne un billet en me montrant du doigt. Elle me fait signe à nouveau, j'y vais. Bluffée, la foule m'ovationne. Je les nargue. Me voilà avec la princesse. Elle ferme le rideau rouge, plus personne ne nous voit.

Elle me déshabille, retire son body. Très vite, trop vite. Elle a déjà un préservatif dans la main droite, une lingette dans la gauche. Un grand miroir, dans l'axe du lit, est très excitant. Le petit lavabo sale, l'alignement des godes de toutes tailles et les boîtes de Kleenex ne peuvent me déconcentrer. Mais je sens qu'elle en a marre, ça fait trop longtemps que je suis avec elle. Elle doit gagner sa vie. En bonne professionnelle, elle met fin à ce coït, brillamment. Pendant que je me rhabille, je la vois faire une toilette sommaire, me dis que j'aurais peut-être mieux fait de ne pas lui lécher les seins. Elle me raccompagne. La foule, toujours aussi compacte, m'acclame. Jon m'apprend que ça fait presque une heure que je suis avec elle, que ses collègues ont eu le temps de faire trois ou quatre passes.

Mon réveil sonne. Mon esprit est encore dans cette cabine étroite du Quartier rouge. La tête me tourne. Je me dirige vers le club. Je croise mes parents juste avant d'entrer sur le court. Ils m'encouragent. Mes frères se marrent. Mon adversaire du jour est numéro quatre mondial. Il observe ma tête de déterré, mes cernes et sourit. Une petite heure plus tard, il me serre la main, déconfit. Je l'ai pulvérisé. Mes frères me proposent d'aller remercier mon « entraîneuse ». Ils ne m'avaient jamais vu jouer si détendu.

## *Quartier rouge*

*Je suis née à Mostar, en Yougoslavie. Mon pays n'existe plus. En 1992, la guerre a ravagé ma ville. Serbes et Croates s'affrontaient, nous, les Bosniaques, étions pris en tenaille, attaqués par les uns, bombardés par les autres, abandonnés par le reste du monde. Mon père a été tué. Ma mère a demandé à des amis de me protéger, de m'emmener loin du carnage. Quelques semaines plus tard, j'étais « réfugiée » en Allemagne.*

*C'est là que tout a commencé. Je n'avais pas seize ans, vierge encore. Un vague cousin, bosniaque lui aussi, m'a violée, humiliée. J'ai fugué, pris le train. Bruxelles, puis Paris. Je n'avais nulle part où aller. Des hommes m'ont repérée, ont pris mes papiers, m'ont « éduquée », droguée et obligée à tapiner. Ils sont violents, organisés, je ne peux pas leur échapper.*

*Finalement j'ai de la chance. Je travaille à Amsterdam. Dans une vitrine du Quartier rouge. Au moins je suis au chaud, même nue. J'ai appris à ne plus avoir honte de ma nudité. Je dois être belle si je ne veux pas me retrouver sur les boulevards extérieurs. Et je suis belle. Très belle. Je sais comment exciter les hommes qui passent dans la rue. Mon corps, mes cuisses, mes lèvres les attirent. Je bouge lentement, n'hésite pas à les regarder, à leur sourire, à les aguicher.*

*Un groupe bruyant se presse contre la vitrine. Ils cassent mon business. Je sais d'expérience que d'un groupe je ne peux rien espérer. Du moins immédiatement. Certains reviendront en douce, un peu plus tard. Derrière le groupe, trois hommes. L'un d'entre eux en fauteuil roulant. Il me regarde comme si j'étais la première merveille du monde. Je lui fais signe de me rejoindre. Lui aussi doit en baver.*

## Excès de vitesse

Le coffre de ma voiture est plein. Entre mon fauteuil de ville, mon fauteuil de sport, mon sac de tennis et nos bagages, pas de visibilité possible à l'arrière. Nous sommes prêts. Direction Turin. Mon pote Ahissa est à côté de moi, à la place du mort, les deux Nico à l'arrière. Nous ne sommes pas pressés. Le tournoi ne commence que dans deux jours. Consignes de départ : on se relaie toutes les deux heures. Chacun assume sa conduite en cas d'infraction, mais on évite de rouler trop vite et on respecte les distances de sécurité.

On se rapproche de l'Italie. Il fait super beau. L'autoroute est dégagée. Ce tournoi, c'est un peu des vacances. Je ne joue que le double. On pourra sortir tous les soirs. Envie de pisser, je dois m'arrêter, rate l'entrée de la station essence. J'accélère pour atteindre la suivante, car l'envie se fait plus pressante. Sans vraiment m'en rendre compte, je roule à 180 km/h. Au loin, j'aperçois une voiture bleue garée sur une entrée de service. Pour me faire flipper, Ahissa m'annonce que c'est sûrement une Subaru de la gendarmerie. Il ne croit pas si bien dire. La voiture démarre au moment où nous la dépassons. La tension monte. Je ralentis sensiblement et me cale entre deux camions sur la voie de droite. Quelques secondes plus tard, la Subaru bleue freine devant moi, un écran indique « Veuillez me suivre jusqu'à la gendarmerie ».

Je suis dégoûté : il ne me reste pas beaucoup de points, je suis bon pour un retrait de permis. Mes trois amis se foutent de ma gueule. J'essaie d'imaginer une histoire, leur demande s'ils ont des idées. Je propose même à Ahissa d'échanger nos places tout en roulant ; il a tous ses points, lui. Trop dangereux, on abandonne l'idée. Mes amis suggèrent de dire la vérité, de raconter la sortie loupée et l'envie très pressante. Tout ça saupoudré d'un petit couplet autour du handicap, bien sûr.

Je suis la Subaru jusqu'à la gendarmerie. Je coupe le contact. Le gendarme vient à ma fenêtre, ses jumelles encore autour du cou. « Bonjour, monsieur, vous avez été flashé à 177 km/h. Les papiers du véhicule, s'il vous plaît. » Je suis foutu, retrait de permis assuré. Je tente ma chance : « Je suis vraiment désolé. J'ai loupé la sortie il y a quelques kilomètres. J'ai un besoin urgent et j'ai accéléré. Je suis en fauteuil roulant et je ne peux pas attendre. D'ailleurs, est-ce que je peux utiliser vos toilettes ? On remplira les papiers après ? »

Il accepte, sans hésitation. Me prévient, presque embarrassé, qu'il va falloir m'aider car les toilettes de la gendarmerie ne sont pas accessibles en fauteuil. Ahissa m'accompagne. Je prends mon temps. On imagine ce qui va arriver et on part dans un fou rire. On se mord les joues de peur que les gendarmes ne nous chargent encore plus. On sort enfin. Le gendarme nous tient la porte. Je suis prêt à entendre la sentence.

Avec un grand sourire, il me dit : « Bon, la prochaine fois, essayez de ne pas louper la sortie. Soyez prudents, et bonne journée. »

## *Pause KitKat*

*Vous l'avez sans doute vue à la télé, la fameuse pub KitKat. Deux flics se morfondent sur le bas-côté tandis que les véhicules qui passent sur l'autoroute devant eux se traînent. C'est lorsque, morts d'ennui, ils s'accordent une petite pause que les choses s'accélèrent. C'est devenu une blague entre nous, gendarmes d'autoroute :* Have a break, have a KitKat !

*Ce matin, je planque au bord de l'autoroute Lyon-Turin, espérant coincer quelques play-boys transalpins en train de faire joujou avec leurs bolides rouge tape-à-l'œil. J'avoue ne pas bouder mon plaisir quand je peux confisquer le permis à un de ces branleurs et jouer au flic froid et incorruptible devant leurs minables tentatives pour repartir au volant.*

*Hélas, pas un chat à fouetter aujourd'hui. Quelques camions et VRP, à l'évidence informés de ma présence, réaccélèrent sitôt ma voiture bleue dépassée. Vous n'avez sans doute jamais braqué, à travers la fenêtre entrouverte d'une voiture, de lourdes jumelles sur un ruban d'asphalte pendant deux heures… quel ennui ! À midi moins le quart, je décide de laisser tomber.*

*Au moment même où je redémarre, un monospace se pointe, pulvérisant sans aucun doute la vitesse autorisée.*

*Pas d'image, pas de preuve… mais ça ne m'a jamais empêché de faire mon métier !*

*J'adore cette Subaru. Il n'est vraiment pas utile de malmener la mécanique, mais pourquoi me refuser ce plaisir ? Le crétin au monospace pense pouvoir m'échapper en se cachant entre deux camions… Ralentissant brutalement, je lui fais une petite queue-de-poisson avant de lui enjoindre de me suivre jusqu'à la gendarmerie.*

*Je l'imagine en train de pisser dans son froc à l'idée des points perdus et d'une forte amende.*

*Vraiment pas mon jour ! Mon Fangio est handicapé. Après avoir écouté son couplet sur son envie pressante, je l'accompagne gentiment jusqu'aux toilettes – j'ai même droit à un sermon sur leur non-accessibilité en fauteuil.*

*Je le laisse repartir avec un simple conseil de prudence. J'ai bien mérité une petite pause… non ?*

## Excès de confiance

18 heures. Jean-Denis, mon kiné, me prodigue mon massage quotidien. Question rituelle : talc ou crème ? Comme tous les vendredis, je réponds talc. Comme tous les vendredis, je sors, le talc est léger et ne colle pas.

19 heures. Mon kiné me réveille. Je suis reposé, détendu, prêt à m'éclater en soirée.

J'ai rendez-vous place de la Bastille avec mon petit frère et son meilleur pote dans le bar qui leur sert de QG. En arrivant, j'aperçois une charmante demoiselle à une table tout près d'eux. Nos regards se croisent, elle me sourit. J'ai l'impression de la connaître. Ben me rafraîchit la mémoire en rigolant : je l'ai draguée la semaine dernière au même endroit. J'avais un peu trop bu. Je commande une bouteille de vin, discute avec mon frère et son pote tout en regardant la fille. Je l'invite à nous rejoindre. Le courant passe très bien. Elle est drôle. Le désir monte et on se dit très vite qu'on serait mieux chez moi pour faire connaissance.

Je mets de la musique et débouche une autre bouteille. On grille une cigarette en se racontant nos vies. Elle me pose des questions sur ma mobilité : tu peux te mettre debout ? Marcher avec des béquilles ? Tu fatigues vite ? Mes réponses sont directes et semblent la rassurer.

Nous nous embrassons et passons dans ma chambre. Nos corps s'attirent et se découvrent. Elle me plaque sur le dos, commence à me chevaucher. Pas question de faire la tortue sur le dos, elle espère autre chose. Je la plaque sur le lit, la retourne, me mets debout derrière elle, agrippe ses hanches pour tenir plus facilement l'équilibre. Elle se laisse guider, semble très agréablement surprise, elle pensait sans doute que je ne pourrais pas faire l'amour de cette manière. Elle oublie vite que mon équilibre est précaire et m'accompagne de mouvements de plus en plus violents du bassin. Je dois m'agripper très fort à ses hanches…

Dans le feu de l'action elle se redresse. Je pars aussitôt en arrière et me retrouve le cul par terre ! Nos regards se croisent, fous rires. Le sien s'accentue comme je m'autoflagelle. Mon désir reste vif. On remet ça. Il faut savoir remonter à cheval après une mauvaise chute…

## *La chair est triste, hélas !*

*Je me suis laissé séduire. Un peu par désœuvrement, un peu par curiosité. Par compassion aussi, sans doute. Belle gueule, yeux doux, barbe canaille, et un réel talent pour m'embobiner. J'avais bu, et ni le courage d'attendre un hypothétique Noctambus ni assez de sous pour rentrer en taxi. J'ai laissé ses potes s'éclipser, ignoré leurs sous-entendus égrillards. Il m'a emmenée chez lui, embrassée, caressée. Comme d'autres, comme les autres.*

*Nous nous sommes retrouvés dans son lit, je n'osais pas regarder ses jambes, embarrassée, même, de les toucher, gênée malgré moi par la disproportion monstrueuse entre son torse si musclé et ses pauvres guiboles décharnées. Lui en faisait trop, peut-être pour compenser, peut-être pour me prouver – se prouver – sa « normalité ». C'est sans doute pour ça qu'il a voulu se mettre debout, moi devant lui au bord du lit.*

*Lorsqu'il est tombé je n'ai pu réprimer mon rire, nerveux mais libérateur. Par bonheur il y a joint le sien. La chair est triste, hélas. Il était mal armé.*

# Plagiat

Je le savais. Je n'aurais pas dû reprendre les études si tôt. J'adore le tennis et ma vie de champion. Pourquoi préparer ma reconversion en pleine carrière ? Pourquoi gaspiller le peu de temps libre dont je dispose à faire des devoirs ? Et quels devoirs ! Marc, mon tuteur, me met la pression pire qu'un entraîneur. Jusqu'à présent j'ai réussi à terminer tous les travaux qu'il me demande. Plus que correctement. Mais, là, je bloque. Ça fait des jours que je me prends la tête sur une fiche consacrée à Dubaï. Je perds un temps fou, des soirées entières sans parvenir à avancer. Et, pourtant, Dubaï, je connais ! J'y suis allé en vacances avec mon frère. Les hôtels à 500 dollars la nuit, les prostituées du monde entier qui s'offrent dans des boîtes magnifiques, le Hummer dans le désert, le quad dans les dunes, le ski *indoor* dans le Mall of the Emirates… j'ai tout fait ! Et qui se soucie vraiment de l'histoire de ces pêcheurs de je ne sais où qui sont venus coloniser ce désert ?

Comme tous les étudiants modernes, je me lance dans des recherches sur Internet. En vain. La plupart des sites parlent de ce que je connais déjà. Soudain, une perle :

un site genre Guide du routard en plus intello. Le devoir demandé est devant mes yeux. Je le lis, le relis. C'est évidemment ça que je dois envoyer à mon prof !

Il est tard. J'ai rendez-vous avec lui demain après-midi et me suis engagé à lui envoyer ma fiche avant minuit. Deux solutions : soit je compile mes connaissances et ce site en un mixe subtil, soit je le pompe intégralement. Aucune chance que Marc découvre cette source, et il pourrait tout à fait croire que c'est moi qui ai écrit cela. Après tout, bien que sportif, je ne suis pas plus con qu'un autre. Et puis merde, je suis crevé, mon métier c'est joueur de tennis, pas étudiant, je ne vais pas avoir mal au bide à vingt-sept ans parce que je suis en retard pour rendre mes devoirs !

En quelques clics, l'atelier « couper-coller » est terminé. Plus qu'à l'envoyer. Oups, j'ai oublié un détail important : je dois citer mes sources. Marc a menacé, sinon, de ne plus me corriger. Je m'endors paisiblement, espérant qu'il ne verra rien ou qu'il va en rire.

Le lendemain, des journalistes viennent chez moi pour une interview. Juste avant notre rendez-vous, je consulte mes e-mails. Marc m'a écrit : « Re : fiche technique Dubaï ». Il l'a sûrement déjà lue. J'ouvre son message, anxieux. « Bonjour Michaël, clique sur le lien suivant, relis ta fiche technique et dis-moi ce que je dois en penser. À tout à l'heure. » La froideur de son mail me glace. Je pensais ne plus jamais éprouver ce sentiment : la trouille de me faire gronder par un prof ! Pendant toute l'interview, j'appréhende son arrivée. On sonne. C'est lui. À son regard, je vais savoir s'il m'en veut vraiment ou pas. J'ouvre la porte. Son « bonjour » est glacial. La déception dans ses yeux me fait de la peine. À ce moment précis, je sais que je ne recommencerai plus jamais.

## *La main dans le sac*

*Chaque semestre je préviens mes étudiants : s'il est vivement encouragé de se documenter, le plagiat est interdit. Les sources utilisées doivent être rigoureusement identifiées, les phrases, idées ou passages empruntés clairement attribués à leurs véritables auteurs. Guillemets, citations, notes de bas de page permettent à la fois de montrer la qualité des recherches effectuées et de se protéger d'une accusation infamante. Chaque semestre je découvre, en corrigeant des travaux, que des étudiants oublient cette consigne.*

*J'ai vu des plagiats de toutes sortes. Certains sont bénins, presque involontaires : un élément de phrase « inspiré » ici, un enchaînement d'idées « suscité » là. D'autres touchent à l'artistique et le correcteur attentif peut imaginer en souriant que le temps passé à dissimuler les emprunts et à peaufiner les « couper-coller » excède sans aucun doute celui d'un travail original. D'autres encore sont… massifs et bêtes !*

*Je soupçonnais Michaël de jouer parfois dans les deux premières catégories ; je fus contrarié de découvrir l'un de ses travaux dans la troisième. La totale : paragraphes entièrement « repompés », transitions maladroites, liens hypertextes encore visibles… et les sources pillées étaient, en plus, de piètre qualité.*

*Pas question de réagir avec lui autrement qu'avec un autre étudiant. Aucune excuse : ni son fauteuil ni notre amitié ! Parce qu'il m'avait transmis ce travail par mail, ma réaction fusa par le même canal.*

*Lorsque nous nous revîmes je laissai libre cours à ma (feinte) colère, l'accusant de malhonnêteté intellectuelle et, surtout, d'avoir trahi notre amitié naissante et la confiance que je plaçais en lui. Il accusa le coup.*

*Mais de tels arguments peuvent-ils vraiment produire un effet durable sur une crapule ?*

# Opportuniste

Quand on quitte le domicile de ses parents, il faut apprendre à voler de ses propres ailes. Un apprentissage un peu particulier quand on est en fauteuil roulant… Jusqu'à ce que je m'installe seul, à vingt-six ans, je n'ai jamais eu vraiment besoin de faire les courses. Les premiers mois, j'ai utilisé Internet : pas d'attente à la caisse et, surtout, pas de sacs lourds à transporter. Mais je préfère choisir mes légumes, sentir les odeurs, voir les couleurs. J'ai commencé par me faire accompagner au supermarché par mon petit frère Ben, puis j'ai franchi le dernier pas et assumé de faire mes courses seul, en fauteuil, comme un grand.

À quelques minutes en voiture de chez moi, il y a un grand Monoprix. Je peux me garer en double file juste devant l'entrée. Les premières fois, je faisais de petites courses pour deux, trois jours, car remplir un panier, c'est facile mais transporter son contenu jusqu'à chez moi, c'est une autre histoire. Puis j'ai pris confiance, je me suis mis à faire des courses de plus en plus importantes. J'ai même osé un jour remplir un Caddie que j'ai poussé jusqu'à la caisse livraisons. Le plus souvent, je me fais aider par un agent de sécurité pour remplir mon coffre… et j'appelle ma copine en renfort pour décharger lorsque j'arrive à la maison.

Un jour de courses, j'aperçois au bout du rayon une mamie avec son petit chariot. Elle fixe, impuissante, une boîte de conserve en hauteur. On dirait qu'elle hésite entre appeler un vendeur ou changer de menu pour ce soir. Comment se douterait-elle qu'un mec en fauteuil roulant peut se tenir debout ? Je me lève en m'accrochant à l'étagère et attrape, non sans mal, la boîte tant convoitée. Je me rassois, roule vers elle et la lui tends avec un sourire. Elle la prend, surprise, et me glisse, complice, « Finalement, on s'en sort bien tous les deux ».

Quelques rayons plus loin, je croise une très jolie fille, des jambes interminables et des collants sexy avec une jupe courte. Elle me sourit, poliment. Comme d'habitude, les épinards en branches sont tout en haut de l'armoire des surgelés, alors que les pizzas et autres aliments peu diététiques sont facilement accessibles. Je pourrais évidemment acheter des épinards frais ou demander à un magasinier de m'aider. Je ne sais pourquoi, je préfère lui demander à elle…

## *Pincez-moi, je rêve !*

*C'est la meilleure de l'année ! Me faire draguer par un mec de 1,30 mètre ! Culotté, celui-là. Et pas un gamin de douze ans. Il en a bien trente. Mal rasé, déjà j'aime pas trop. Un regard doux et de longs cils de fille. Un regard doux, mais clairement déshabilleur. S'il croit que je n'ai pas compris son petit jeu : demander à une meuf en jupe d'attraper un truc en hauteur. Ça doit rendre voyeur d'être dans son état…*

*Debout, il aurait pu tenter le coup… mais en fauteuil, aucune chance. Dans ses rêves !*

## Glamour !

Etap Hotel, Sophia Antipolis. Je m'installe pour deux semaines. Relevant de blessures, je dois bosser dur pour ma tournée américaine. Au programme : préparation physique intense, longs entraînements de tennis, alimentation soignée et… grosses fêtes le week-end. Enfant, j'ai passé tous mes étés sur la Côte. J'y connais beaucoup de monde, surtout à Cannes.

Pat, mon entraîneur pour cette quinzaine, m'emmène dans un tout petit bar très sympa tenu par un ancien joueur de tennis. Blindé. Beaucoup de filles. Dangereuses. Pat est grand, métis, beau gosse… mais casé. Il connaît la plupart des clientes, me présente à ses amies. Elles sont entreprenantes. Le patron nous offre des bouteilles de vodka et du champagne. Je suis bouillant. Des filles magnifiques partout. J'aperçois deux bombes qui s'embrassent. Entre vingt-cinq et trente ans, bronzées, sexy et aussi déterminées que moi à ne pas rentrer seules. Je m'assois sur le bar. Deux autres filles viennent s'y poser. Elles commencent à danser, m'enlèvent mon T-shirt, sucent des glaçons avant de les faire glisser sur mon torse.

Depuis mon accident, je n'ai plus de muscles fessiers. Je ne m'assois jamais plus de quelques secondes sur quelque chose de dur. Sérieux risque de blessure. Mais, là, pas question de protester. Elles s'assoient à califourchon sur moi, chacune leur tour, m'enlacent, m'embrassent. Tous les regards sont dirigés vers nous. Ceux qui m'ont vu arriver en fauteuil semblent amusés et jaloux à la fois. Ils se disent sans doute qu'elles doivent avoir pitié de moi.

Minuit. Le barman s'apprête à mettre le feu au bar, coutume locale. Je descends, bien éméché et super excité. Pat et moi entraînons les filles en boîte. On ébouillante la piste. Je sens qu'elles ont envie de s'éclater mais pas de rentrer à l'hôtel pour un plan à plusieurs. Tant pis, je profite. Mais j'ai bu plus que de raison. Pat me ramène en voiture. Je suis déchiré.

Le lendemain. On frappe à ma porte. J'ouvre le volet, le soleil me brûle les yeux. Je me retourne. Le drap blanc est ensanglanté. Je suis perplexe. Je ne me rappelle pas être rentré avec une des filles. Dégueulasse : elle est partie en laissant des traces, mais pas un mot. Rien. Je souris, me dis que ça n'a pas dû être grandiose vu mon état. Tout de même, coucher avec une fille sans m'en souvenir ? Ça doit être mon sang. Pourtant, je n'ai mal nulle part. J'inspecte d'abord les parties de mon corps que je ne sens pas. Rien aux pieds ni aux mollets. Rien aux coudes ni aux mains, pas de bouts de verre dans le cuir chevelu. Mon caleçon est humide, je l'enlève et comprends : mes os ont perforé la trop fine peau de mon cul de paraplégique ! Je suis bon pour plusieurs jours les fesses à l'air, badigeonnées d'éosine… Glamour !

## *Sens dessus dessous*

*Je dois faire sa chambre. Il est plus de 15 heures et je voudrais pouvoir enfin rentrer chez moi. Je travaille depuis 7 heures ce matin. J'ai frappé. Cela fait déjà deux fois qu'il me demande de repasser plus tard.*

*Ouf, il sort enfin. Douché, mais il n'a pas l'air frais. Sans doute une nuit de débauche.*

*Sa chambre est sens dessus dessous. Elle sent l'alcool et le sexe. Il est seul pourtant. Mais une fille est peut-être sortie avant lui sans que je la voie. Il n'a même pas pris la peine de sortir ses affaires de son sac de voyage. Son sac de tennis, énorme, encombre la chambre. Comment peut-il se déplacer en fauteuil dans ce bazar ?*

*Le lit est dans un désordre innommable. Les draps sont souillés, tachés… il a dû s'en passer de belles ici, cette nuit !*

## Visite matinale

La saison sportive est terminée. Avant d'attaquer ma préparation hivernale, je m'accorde quelques jours de détente à la maison. Aucune contrainte horaire. Pas de rendez-vous. Pas de réveil. Ce soir, je sors avec mes frères et mes potes. On va se mettre bien.

La soirée est arrosée. Très arrosée. On boit, on danse. J'embrasse une fille que je viens de rencontrer. Il est tard. Je lui propose un dernier verre à la maison. Elle me dit que ca n'est pas raisonnable, qu'elle doit se lever tôt pour aller bosser. Pas grave, je prends son numéro. Je la reverrai très bientôt. De toute façon, j'ai vraiment trop bu ce soir.

Le taxi me dépose chez moi vers 5 heures. Ivre mort. J'arrive difficilement jusqu'aux toilettes, pisse tous les mojitos que j'ai bus. Je m'effondre sur mon lit sans me déshabiller. J'entends la sonnette de mon appartement. Je dois rêver. Ça sonne encore. J'ai la bouche pâteuse, la tête qui tourne. Je regarde ma montre : 7 heures du mat. Putain, qui est-ce qui vient m'emmerder si tôt ? Je gueule : « J'arrive, c'est bon, arrêtez de sonner, putain ! »

J'ouvre la porte : « C'est pour quoi ? »

« Bonjour, monsieur Jérémiasz, je suis envoyé par l'AFLD (Agence française de lutte contre le dopage) pour effectuer un contrôle inopiné à votre domicile. »

« Vous êtes sérieux ? Vous avez vu l'heure ? »

« Je sais qu'il est tôt, mais ce sont les horaires que vous nous avez communiqués. » Je le fais entrer. L'AFLD nous demande de donner une heure de disponibilité par jour tous les jours de l'année pour nous contrôler si besoin. Et effectivement je me souviens d'avoir dit que j'étais disponible cette semaine-là tous les matins entre 7 heures et 8 heures. C'est la première fois que je me fais contrôler à mon domicile. Je pensais que ce genre de surprise était réservé aux sportifs valides, riches, célèbres, surexposés médiatiquement. Vive l'égalité !

Le contrôleur attend un échantillon d'urine pour l'analyser. Pas de chance, je n'ai aucune envie de pisser.

Je bois de l'eau, beaucoup d'eau, lui propose un café. Je pue l'alcool, je vais me laver les dents, me passer un peu d'eau sur le visage. Je reviens, lui raconte ma soirée, il entretient la conversation, essaie de me maintenir éveillé. Je n'en peux plus de fatigue. Toujours pas envie de pisser. Je continue à boire. Une heure et demie plus tard, ça y est, je le regarde en souriant, le coupe dans son récit, attrape le flacon. Il me suit. C'est la procédure. Le flacon est rempli, on retourne dans le salon, je signe les documents officiels. 9 heures du mat, il s'en va enfin. Je me déshabille et retourne me coucher. La jolie brune d'hier a vraiment bien fait de se défiler…

## *Quatre grammes*

*Je suis médecin à l'AFLD, l'Association française de lutte contre le dopage. En fait de médecine, je me retrouve à visiter, chez eux et de façon inopinée, des sportifs de haut niveau. Je dois recueillir leurs urines à fin de contrôle ; « monsieur pipi » en quelque sorte.*

*Ce matin-là, je suis à 7 heures chez Michaël Jérémiasz. Devant sa porte, plutôt. Ça fait bien cinq minutes que je sonne. Je suis sûr qu'il dort. Les sportifs communiquent à l'AFLD des créneaux horaires pendant lesquels ils sont à leur domicile. Ils choisissent toujours le tout début ou la fin de journée pour éviter de se trouver bloqués. Il a quand même le sommeil lourd ! Je continue à sonner et l'appelle aussi sur son téléphone. Je l'entends, il se réveille.*

*Le type qui vient m'ouvrir dans son fauteuil roulant n'a pas l'air frais. Ses vêtements sont froissés, sa chemise tachée. J'ai bien l'impression qu'il a dormi tout habillé. Et il empeste l'alcool ! Il a de la chance, nous ne faisons pas d'alcootest, à vue de nez, il doit frôler les quatre grammes par litre !*

*En attendant, je dois faire de gros efforts pour l'hydrater, le tenir éveillé et le faire pisser. On verra bien si ce fêtard a consommé d'autres substances…*

## *Stagiaire à Roissy*

*Ma mère travaille depuis des années à l'aéroport Roissy-Charles-de-Gaulle. Un travail alimentaire. On ne roule pas sur l'or. Le soir, au dîner, les conversations aussi manquent de consistance. C'est peut-être pour ça que j'ai voulu faire des études longues, pour ça qu'elle m'y a encouragée. Mais difficile d'échapper à son milieu. Difficile en France de faire médecine quand on a un nom arabe et une adresse dans le « 9-3 ». Malgré de bons résultats scolaires, j'ai dû en rabattre. Je serai infirmière. Ce n'est pas dégradant. Mais j'aurais pu faire mieux, je vaux mieux, je le sais.*

*Pour financer mes études, je dois bosser. Inutile de compter sur les bourses, elles sont minables et versées – avec retard – sur dix mois, comme si les étudiants mangeaient dix mois sur douze. Je prendrai des vacances plus tard, quand j'aurai un diplôme, un vrai boulot.*

*C'est grâce à ma mère que j'ai dégoté ce stage. Pas si mal payé, pas trop fatigant. Je suis « agent de passerelle », le service de l'aéroport qui prend en charge les passagers « à mobilité réduite ». La plupart sont polis, soulagés qu'on les aide, rassurés de n'avoir pas à transporter leurs bagages et d'être guidés dans le dédale de l'aéroport, presque fiers d'être emmenés en petit train ou en voiturette, comme des VIP, et d'en faire profiter leurs proches.*

*Un avion vient d'atterrir avec un handicapé à bord. Comme d'habitude, on me prévient à la dernière minute. Je cours, repère la bonne porte, attrape un fauteuil roulant, me précipite vers la passerelle et la porte de l'avion. J'arrive essoufflée, le commandant de bord et les hôtesses m'accueillent avec soulagement. Mais pas lui !*

## Petite vengeance

Chaque fois que j'atterris à Roissy-Charles-de-Gaulle, c'est la même histoire. Tous les passagers ont débarqué depuis un bon quart d'heure. Moi, j'attends ! J'attends. J'ai quitté Tokyo il y a plus de douze heures. J'en ai marre. J'ai pourtant demandé au chef de cabine de prévenir le service d'assistance de l'aéroport, mais une fois de plus mon fauteuil roulant n'est pas à la sortie de l'avion.

Il n'y a pas si longtemps, j'avais tendance à m'embrouiller avec l'équipage et le personnel au sol. Je trouve inacceptable d'imposer aux handicapés des transferts très lents et inconfortables dans des fauteuils roulants d'un autre âge poussés par des personnes qui n'ont reçu aucune formation et sont donc incapables de répondre à nos besoins. C'est très gênant, dégradant. J'ai voyagé dans des dizaines de pays. Le pire aéroport en matière de prise en charge des personnes à mobilité réduite est de loin Charles-de-Gaulle. Cette situation reflète, malheureusement, la considération portée aux personnes handicapées dans la société française.

Enfin, une demi-heure après l'atterrissage, une jeune fille de Passerelle – le service (!) de l'aéroport chargé de l'assistance des personnes à mobilité réduite – arrive… avec un fauteuil roulant de l'aéroport. Un fauteuil qui ressemble plutôt à une poussette pour adultes. Impossible de me déplacer seul avec un tel engin. Désabusé, je lui demande où se trouve mon fauteuil personnel. Elle s'excuse, m'explique qu'il a été envoyé sur le tapis avec les autres bagages.

Fatigué par le long voyage, j'ai du mal à contenir ma colère. Je regarde la fille droit dans les yeux et lui dis qu'elle n'a pas de chance. Étonnée, elle me demande pourquoi. Je lui réponds avec un grand sourire qu'elle va payer pour tous ses collègues, qu'elle va se sentir mal à l'aise. Mal à l'aise comme jamais.

Elle m'emmène, me pousse jusqu'au petit train qui relie le terminal aux chaînes de bagages et à la sortie. Dès que nous sommes au milieu de la foule, je me mets à crier. Elle s'inquiète, me demande ce qui se passe. Je lui glisse : « Le spectacle commence ! » J'imite de manière caricaturale un infirme moteur cérébral (IMC) frappé par la maladie de Gilles de La Tourette. Tout le monde nous regarde. Au moment où elle m'installe dans un wagon du petit train, je m'accroche aux portes en criant. J'appelle au secours, gueule que je ne veux pas y aller, que j'ai peur. Je me souviens de Dustin Hoffman, dans *Rain Man*, qui fait une crise lorsqu'il entend le robinet d'eau chaude qui remplit le bain. Je l'imite à la perfection.

Très gênée, la jeune fille me demande d'arrêter. Je la regarde d'un air moqueur, lui assure que ce n'est pas fini. Une fois dans le wagon, je me dresse soudain, m'accrochant aux barres fixées au plafond. À la force des bras je me déplace sans que mes pieds touchent le sol, en poussant des hurlements de singe. Les voyageurs regardent mon accompagnatrice avec compassion. Dans l'enfilade de couloirs et d'ascenseurs qui mènent au terminal des bagages, j'interpelle les passants, leur demande de m'aider car mon accompagnatrice me maltraite. Je bouge la tête et les bras dans tous les sens comme si j'étais pris de spasmes violents, incontrôlables. Je gémis et bave sur moi. La jeune fille, écarlate, m'implore d'arrêter. Tout le monde nous fixe. Plus que quelques mètres, et j'aperçois mon fauteuil.

J'éclate de rire. Elle sourit, encore rouge comme une tomate, mais soulagée d'être débarrassée d'un tel énergumène. Je saute sur mon fauteuil. Me voilà autonome, enfin.

## *Lâché par mon partenaire*

*C'est ma première finale de Coupe du monde par équipe. Michaël et moi jouons contre la Suède. Michaël a perdu son simple. Je dois gagner le mien si nous voulons garder une chance de remporter le titre.*

*Pendant que Mik jouait, je l'ai soutenu autant que possible. Il reprend la compétition après plusieurs mois d'arrêt pour blessure. Même dans ces conditions, il aurait dû l'emporter contre Peter Wikström. Je ne m'explique pas sa défaite. J'ai l'impression qu'en perdant il m'a mis au défi. Je compte sur sa présence pendant mon match.*

*L'échauffement commence. Mon adversaire, Stéphane Olsson, semble en forme, mais je sais que je peux gagner. Où est passé Mik ? Il a largement eu le temps de se doucher… Peut-être a-t-il accepté de répondre à une interview. Il sera là au début du match.*

*L'arbitre annonce la fin de l'échauffement, Mik n'a pas réapparu. Je fouille les tribunes du regard. Comme d'habitude, hélas, elles ne sont pas pleines à craquer. Les préjugés ont la vie dure, le public ne se déplace pas en masse pour regarder jouer des handicapés. Mik n'est pas là, c'est sûr. Il s'installe généralement au premier rang pour m'encourager de la voix et du regard, me donner subrepticement de précieux conseils. Que fait-il ? Il sait que j'ai besoin de son soutien pour cette partie décisive.*

*Déconcentré, je n'arrive pas à entrer dans le match. J'accumule les doubles fautes, les balles dans le bas du filet ou très loin derrière la ligne de fond de mon adversaire. Vingt fautes directes au moins en un set, difficile de faire pire. Où est-il, bon sang ? J'ai perdu le premier set. De rage, je réussis à arracher le second. Mais le sort et l'arbitre s'acharnent contre moi : 2 partout dans le troisième set, je perds encore une fois mon service. Mik n'est toujours pas là. 5-3 pour Olsson, qui va servir pour le match. Bye-bye la Coupe du monde.*

*Balle de match. Mik fait enfin son apparition. Un grand sourire aux lèvres. Trop tard. Ma balle flirte avec la ligne, mais elle sort. J'ai été lâché par mon partenaire !*

## Un homme à tout faire

2007, finale de la Coupe du monde par équipe. On joue contre la Suède. Deux simples puis un double en cas d'égalité. Malgré quatre mois d'arrêt pour blessure, le sélectionneur décide de m'aligner en simple et en double si nécessaire. Je joue le numéro deux, suis invaincu contre lui. Saleté de blessure, elle change la donne : je m'incline 6-4 au troisième set. Stéphane doit absolument gagner pour que nous puissions jouer le double décisif. Je me douche pendant qu'il s'échauffe, tente de faire le vide, dégoûté d'avoir perdu.

Le match de Stéphane a commencé. Alors que je rejoins l'équipe en bas des gradins pour l'encourager, je tombe nez à nez avec cette belle Italienne dont je tairai le nom. Depuis plusieurs tournois, nous avons pris l'habitude de nous éclipser pour des moments coquins. Elle a vite fait de me détourner de mon chemin, me pousse dans le vestiaire réservé aux femmes. Aucune porte ne ferme à clé. Si quelqu'un entre, on est foutus, surtout elle. On a peu de temps. Elle retire mon bas de survêtement. J'entends les annonces de l'arbitre. Le stress du match vient se mêler à l'excitation de la fellation. 2 partout dans le troisième set. Je la plaque contre le lavabo, relève sa robe blanche. La tension est à son comble. N'importe qui pourrait arriver, nous surprendre. Son petit copain notamment. On se rapproche dangereusement de la fin du match. Mené 5-3, Stéphane est en très mauvaise posture. Je dois rejoindre mon coéquipier. Pas le temps de finir ma partie, je lâche ma partenaire en plein échange. Je n'arrive dans la tribune que pour voir Stéphane s'incliner. Je dois vraiment tout faire !

# *Je n'irai pas à Pékin*

*2008, des mois qu'on parle de ces Jeux olympiques ! De leur côté « Munich 1936 », de l'autocélébration du régime chinois, du Tibet, des Ouïgours et autres atteintes aux droits de l'homme. Mik a un moment hésité, proposé ses services d'ambassadeur à Amnesty, préparé des gestes symboliques à la façon d'un Tommie Smith au Mexique en 1968. Mais les JO sont trop importants, il doit y aller.*

*Je suis moi aussi confronté à un dilemme : les Jeux paralympiques tombent en pleine rentrée universitaire. Tiraillé, j'ai farfouillé sur le Net, trouvé des billets d'avion bradés, envisagé de ne passer à Pékin qu'une petite journée. Mais rien à faire, c'est la rentrée, impossible de sécher.*

*J'ai pourtant très envie de voir Michaël jouer, très envie de le voir gagner. Après des mois d'arrêt pour blessure – que j'ai mis à profit pour le replonger dans les études et l'écriture –, Mik risque d'être un peu juste pour l'or en simple. J'en viens à espérer que ses premiers matchs soient serrés, qu'ils l'obligent à en baver, pour qu'il se mette vraiment en train, avant d'affronter les deux ou trois cadors qui peuvent l'éliminer.*

*Des breloques olympiques, il en a déjà deux, en bronze et en argent, obtenues à Athènes. Ça ne fait que mettre la barre plus haut. Ce n'est pas seulement le podium qu'il vise cette fois, mais la plus haute marche. Mais Mik a si peu joué depuis le début de l'année... Sa belle victoire contre Stéphane Houdet, en finale de l'open de France en juillet, laisse quand même espérer. Avec son talent et le soutien de son clan, il peut y arriver. Le mien, de soutien, va manquer.*

*Tant pis. Je suivrai les jeux de Paris. Je tenterai de les suivre, plutôt : les chaînes de télé françaises ne se bousculent pas pour diffuser les JO des handicapés... Je ne verrai probablement de ses matchs que des images en différé et sûrement pas en intégralité.*

## Sur le toit du monde

Pékin, septembre 2008. Balle de match. Balle de médaille d'or olympique. C'est à moi qu'il revient de retourner le service de nos adversaires suédois. Le ramasseur de balles m'apporte ma serviette. Je m'essuie le visage, les bras, les poignets. Je fais le vide, grappille quelques secondes de concentration. Stéphane, mon partenaire de double, vient me taper dans la main. Je sens dans son regard qu'il s'en remet à moi. Je me place, prêt à entrer dans l'Histoire. Je fixe mon adversaire. Il sert, je me décale en coup droit. Je renvoie la balle au milieu du terrain. Mon cri au moment de ma frappe vient appuyer un retour... abominablement poussif ! Mais les

Suédois aussi sont sous pression : la balle de mon adversaire s'écrase vingt bons centimètres à l'extérieur du couloir. Jeu, set et match !

Ma raquette et celle de Stéphane volent. Je fonce vers lui. On se prend dans les bras. Valse en fauteuil. « On l'a fait ! » La foule nous acclame. On salue nos adversaires. Même dans la défaite, ils partagent notre victoire avec fair-play. Je me précipite vers mon clan, de l'autre côté du terrain. Aimanté. J'arrive au pied de la tribune. Ils sont en larmes. Ma famille, mes amis, mes fans. On se lance dans une danse improvisée. Stéphane me rejoint. Tous me suivent. Le public, amusé, se prend au jeu. Je retire mon T-shirt, le jette comme une rock star. Stéphane et moi effectuons plusieurs tours de stade. Douze mille spectateurs nous applaudissent. On a l'impression d'être des gladiateurs victorieux. On jette nos raquettes au public. Stéphane expédie les balles dans les gradins.

La finale du simple doit commencer. Nous sommes en train de mettre à mal le protocole, mais impossible de nous arrêter. La foule en redemande. La chanson de Timbaland dont j'avais obtenu la diffusion en cas de victoire fait vibrer tout le monde. On met le feu au stade pendant une bonne demi-heure. Le directeur du tournoi arrive, nous implore de quitter le terrain. Nous volons encore quelques minutes, ivres de bonheur. Champions olympiques ! Nous sommes sur le toit du monde…

# Champion olympique

À mon retour de Pékin, médaille d'or autour du cou, les sollicitations sont nombreuses. Interviews, photos, réceptions. Ce soir-là, à la Croix-Catelan, un club sélect au cœur du bois de Boulogne, les médaillés du Team Lagardère, valides et handisports, sont à l'honneur. De nombreux journalistes, photographes, people, de très jolies filles se pressent autour de nous. Le cadre est magnifique. J'adore !

Je suis invité sur scène avec Stéphane Houdet, mon partenaire de double. Mitraillés par les photographes, nous répondons aux questions de Lionel Chamoulaud, le speaker du jour. Nous sommes chaleureusement ovationnés.

Après les discours, la fête commence. Tandis que certains jouent des coudes pour accéder au buffet, d'autres se précipitent pour toucher nos médailles et nous poser les éternelles questions : « C'était sympa, Pékin ? » « Ça fait quoi d'être médaillé olympique ? » « Vous avez gagné combien pour cette médaille ? » « Ils sont comment, les Chinois ? » « Vous devez être content ! » Quelques réponses et quelques verres plus tard, Ahissa – mon invité de la soirée – et moi nous vautrons sur les canapés du jardin, à proximité du bar.

La soirée est bien avancée. Il n'y a plus beaucoup d'officiels. Une bande de demoiselles viennent s'asseoir à nos côtés. J'engage la conversation avec une grande blonde très souriante. « Comment a-t-elle atterri ici ? Pour qui travaille-t-elle, avec qui est-elle venue ce soir ? » Elle semble ravie de discuter avec un champion olympique, veut toucher ma médaille et me pose elle aussi les questions habituelles ; mais, là, je prends le temps de répondre, sans ironie. On continue à boire. Elle prend des photos de moi, de ma médaille. Elle me demande si elle peut l'essayer. Je lui propose une petite balade dans le bois. Elle préfère rester dans la lumière... mais accepte de m'accompagner aux toilettes. J'entre mais ne ferme pas à clé, lui dis que j'ai besoin d'aide. En riant, elle rétorque qu'un champion olympique n'a pas besoin d'aide pour pisser. Je lui rappelle que j'avais un partenaire de double pour gagner. Hilare, elle ouvre la porte et me rejoint…

## *Palmarès*

*Je ne fais pas de sport. Jamais. En revanche, j'adore les sportifs, et les stars en général. Mon palmarès à moi, c'est de les rencontrer. Et plus. Si affinités.*

*J'avais réussi à me faire inviter à une réception en l'honneur des médaillés de Pékin. J'étais sûre de faire une perf !*

*J'ai d'abord été attirée par Ahissa, son copain, très belle allure et jolie gueule. Mais lui n'avait pas de médaille. J'ai ensuite été intriguée par Michaël. Bien médaillé, lui, et en or, mais assis dans un fauteuil. Roulant, le fauteuil.*

*Nous nous sommes installés dans un salon où il a fait semblant de s'intéresser à moi. Mais c'est par le récit de ses exploits et résultats sportifs qu'il m'a conquise : champion du monde en 2005, médaillé de bronze et d'argent à Athènes, premier joueur en fauteuil à gagner à Wimbledon… À chaque titre qu'il annonçait, la température montait. Lorsqu'il m'a passé sa médaille autour du cou, j'étais si excitée qu'il aurait pu me prendre là, sur le canapé, devant la foule.*

*Très coquin, il m'a proposé d'aller nous promener dans le bois. J'ai fait semblant de résister. Il a trouvé une merveilleuse parade et joué de son fauteuil pour m'entraîner aux toilettes… J'ai baisé avec un champion olympique, un mec en or !*

## « *Now what ?* »

Hampstead. Je suis avec Carolyn à l'arrêt de bus. Prémices de notre relation. C'est la première fois que je la rejoins à Londres. Elle a réservé une table dans un très bon restaurant. Elle n'a pas de voiture et me propose de prendre le bus. Je vais enfin avoir l'occasion de tester un de ces très célèbres bus rouges à deux étages. Je sais qu'ils sont tous accessibles : les portes arrière sont équipées d'une rampe.

Le bus arrive. Bizarrement, le chauffeur s'arrête juste devant moi. Il ouvre la porte avant. J'imagine qu'il veut m'expliquer la marche à suivre. Mais non, il me regarde, l'air embêté. Je lui demande d'ouvrir la porte arrière. Il hésite. Je sens que quelque chose cloche. Il annonce que ça va être compliqué, que je devrais plutôt attendre le bus suivant. Comme je lui demande évidemment pourquoi, il répond que ça ne va pas être pratique, avec le monde qu'il y a. Ça ne tient pas : le bus est à moitié vide et, comme tous ceux de Londres, il dispose d'emplacements réservés aux passagers en fauteuil roulant.

Carolyn prend le chauffeur à partie, lui signifie fermement qu'il doit me laisser entrer. Il l'ignore. Je suis surpris d'être confronté à une telle situation dans un pays anglo-saxon, je croyais que ces pratiques étaient une spécificité française. Mais pas question de rester sur le trottoir. Je ne vais pas laisser ce connard gâcher mes débuts avec cette magnifique Anglaise. Je veux qu'elle se sente à l'aise quand elle se déplace avec moi, qu'elle sache qu'avoir un petit ami en fauteuil n'est pas un problème, que les obstacles sont facilement surmontés.

Je fixe méchamment le chauffeur et exige de monter. Derrière sa vitre de protection, il m'annonce qu'il va redémarrer et fermer la porte. De rage, avant qu'il s'exécute, je me lève, agrippe la porte de la main droite, soulève mon fauteuil de la gauche et le jette à l'intérieur. Carolyn est fière de moi. Toujours debout, m'agrippant aux barres, je colle mon front contre sa vitre et le défie : « *Now what ?* » Vaincu, il baisse la tête.

## *Too bad for him !*

*Pourquoi faut-il que ça tombe sur moi ? Rien fait pour mériter ça ! La soirée s'annonçait pourtant pépère : ni grand match, ni grand concert, ni gros embouteillages, ni forte affluence dans mon* double-decker bus*…*

*Tout roulait, donc… jusqu'à ce que je charge ces deux abrutis. Sans doute pas encore majeurs, mais de la graine de hooligans. Doc Martens, jeans slim, T-shirts déchirés, blousons cloutés, argot cockney, une vraie caricature. Bourrés, bien sûr. Pas vraiment agressifs, mais ils ont fait monter la tension : la plupart des voyageurs ont profité des arrêts suivants pour déserter le bus… et me laisser presque seul. Manquerait plus qu'ils s'en prennent à moi ou à ma caisse. Par radio, j'ai alerté le central. Ils m'ont dit de continuer, que des agents en civil attendaient en bout de ligne, prêts à intervenir.*

*Mais le terminus est loin, en attendant, je dois supporter ces crétins. L'un des deux vomit, ça empeste, les passagers s'écartent encore davantage, se préparent à descendre. Nouvel arrêt, c'est sûr, je vais me retrouver seul avec eux. J'hésite à sortir de ma cage vitrée pour leur demander de sortir. Pas le courage…*

*Deux personnes veulent monter. Je tente vainement de les décourager, essaie de leur montrer ce qui se passe à l'arrière. Ils ne comprennent pas. Lui, en fauteuil roulant, persuadé d'être victime de discrimination, s'énerve. Il entre en force ! Tant pis pour lui !*

# En campagne

Je me doutais bien qu'être candidat à une élection ne serait pas de tout repos. Fin 2009, Jean-Paul Huchon, président sortant du conseil régional d'Île-de-France, me propose d'être candidat éligible sur Paris aux élections régionales de 2010. Nous nous connaissons depuis 2005 : j'ai intégré le dispositif des Ambassadeurs du sport (des athlètes partagent leurs expériences avec des lycéens franciliens) mis en place par la Région Ile-de-France au lendemain des JO d'Athènes. Il sait que l'un de mes combats est de banaliser le statut des personnes handicapées dans la société. Après quelques jours de réflexion, j'accepte d'être candidat, mais pas éligible. Pas question de piquer la place d'un militant, et j'ai déjà un métier très prenant.

Quelques mois plus tard, les listes sont finalisées. Je découvre un monde que je connais peu. L'équipe de campagne déborde d'idées pour aller au contact des électeurs. Me voici sur le terrain, avec d'autres candidats de ma liste, pour animer des cafés-débats, des réunions, des rencontres dans des écoles… et, surtout, la distribution de tracts.

7 heures du matin. D'habitude, je dors à poings fermés. Mais, aujourd'hui, j'ai rendez-vous gare de l'Est avec Rémi Féraud, maire du X$^{e}$ arrondissement, et plusieurs camarades du PS. On se retrouve à une sortie du métro. L'objectif est simple, distribuer le plus possible de programmes de campagne en un minimum de temps. La température extérieure avoisine zéro degré et nous devons tous aller travailler ensuite. Les passants ne nous regardent même pas. Il est tôt, ils sont fatigués, vont au boulot, et le froid les dissuade de sortir leurs mains de leurs poches. Impossible de se débarrasser des tracts !

Je décide de changer de tactique, pas question de m'être levé aux aurores pour rien. Je m'installe en haut de l'escalator, bloquant la sortie : pour passer, il faut quasiment m'enjamber. Difficile dans ces conditions de refuser les tracts d'un charmant candidat handicapé et frigorifié. En quelques minutes, j'améliore très nettement la productivité de notre groupe… ce qui ne m'empêche pas de m'interroger sur l'efficacité finale du procédé : parmi les passants qui acceptent mes tracts, combien les jettent quelques secondes plus tard sans même les avoir lus ? Et combien trouvent « honteux » d'utiliser un handicapé pour séduire les électeurs ?

## *Pauvre cloche*

*À peine deux ans dans la rue et j'en ai pris plus de dix. Je ne bois pas, enfin, pas trop, mais ma santé s'est nettement dégradée. À dormir dehors ou dans des centres malfamés, on prend des coups bas.*

*Je campe dans le Xe, près de la gare de l'Est, pas loin du canal où j'ai passé un hiver sous une des tentes rouges des Don Quichotte. Ils sont repartis, je suis encore là. Comme d'autres. Mais on ne se mélange pas. Je reste à l'écart de ceux, trop agressifs, du boulevard Denain, à l'écart aussi des Afghans qui squattent le jardin des Récollets ou le square Alban-Satragne. On se retrouve quand même tous les soirs pour la soupe, place de la République ou devant l'église Saint-Laurent.*

*Pour survivre, je fais la manche. Le dimanche au marché Saint-Quentin, public bobo, socialos bon teint, ça marche plutôt bien. La semaine gare du Nord ou gare de l'Est, j'essaie de profiter des flux boulot-dodo, sortie du métro le matin, entrée du métro le soir. Les banlieusards sont pressés, fatigués, stressés, mais les provinciaux et les étrangers, souvent un peu paumés, sont encore capables de me voir dans la foule, et parfois de donner.*

*Ce matin, j'ai des concurrents. Le maire et sa bande, rien que ça ! Pas terribles, les concurrents ! Pourtant bien plus présentables que moi, avec leurs jolis vêtements propres, leurs visages frais et bien rasés. Mais les travailleurs auxquels ils essaient de fourguer leurs tracts colorés font quand même tout pour les éviter…*

*Ça caille, ils n'ont pas l'habitude, je sens que quelques-uns se découragent déjà. Pas sûr qu'ils survivraient longtemps à la rue, ceux-là ! Y en a quand même un qui assure. Faut dire qu'il a un sacré avantage : un fauteuil roulant ! Et malin : il ne mise pas sur la pitié. Il a déjà compris que dans ce monde pourri ça ne marche pas. Sa technique est un peu celle des SDF qui s'allongent en travers du trottoir pour obliger les passants à les remarquer : il s'est installé en haut de l'escalator, il bloque le passage. Pas d'autre solution que de lui dire bonjour et de prendre son papelard… Il ira loin, celui-là. Ce serait peut-être bien, un maire en fauteuil ?*

## Paralysie

Après des années d'entraînements et de compétitions, je souffre de tendinites à répétition à l'épaule. J'ai consulté des tonnes de médecins. En 2009, un chirurgien pose un diagnostic inquiétant – « syndrome cervico-thoraco-brachial » – et suggère un traitement plus inquiétant encore : des infiltrations de cortisone dans le cou ! Il précise que l'injection, très douloureuse, doit se faire sous échographie pour éviter de piquer la jugulaire.

Le jour de l'intervention, je suis terrifié. Derrière moi l'anesthésiste prépare ses armes, me badigeonne le cou de Bétadine et… c'est parti. Je serre les poings, sens une aiguille épaisse s'enfoncer dans mon cou. Tout simplement horrible. Le pire est encore à venir : le produit injecté me brûle l'intérieur. Après quelques minutes de souffrance la douleur cède enfin, je ne sens plus ni mon cou ni mon épaule. Mon bras est comme mort, je ne le contrôle plus.

J'avais beau être prévenu, un troisième membre paralysé, ça commence à faire beaucoup pour un paraplégique. Impossible évidemment de conduire dans ces conditions. Ma mère est venue me chercher à l'hôpital.

C'est bien la première fois que je la laisse pousser mon fauteuil en public. Première difficulté : comment monter en voiture sans pouvoir m'aider de mes jambes et avec un seul bras ? Ma mère me tire tant bien que mal et d'un mouvement acrobatique je grimpe à bord.

J'ai demandé des renforts pour la journée : mon frère Ben vient s'occuper de moi. Je ne peux rien faire seul, ni me laver, ni baisser mon caleçon pour pisser, ni manger… Et cela tombe pile le jour où j'ai organisé un dîner avec tous mes profs et camarades de Sciences Po. Un dîner au Mama Shelter, mon restaurant préféré.

Ben passe le relais à Marc, qui me conduit jusqu'au restau. Entrée fracassante : en fauteuil roulant et avec un bras en écharpe, je cumule les handicaps. Je croise des regards peinés. Heureusement, deux charmantes camarades de Sciences Po viennent s'asseoir à mes côtés. Adorables, elles coupent mes aliments et m'aident à manger.

Nos relations ne sont, hélas, pas suffisamment intimes pour que je puisse leur demander de m'accompagner aux toilettes. J'ai tout prévu : mon ami Noël dîne quelques tables plus loin, je n'ai qu'un signe à faire pour qu'il vienne m'aider.

La soirée se termine tard, Marc me raccompagne. Je suis épuisé et inquiet : cela fait plus de douze heures que mon bras est paralysé, à peine si je ressens quelques fourmillements désagréables au bout des doigts. Soulagement vers 2 heures du matin : la vie revient enfin dans mon bras engourdi. Je m'endors, rassuré.

## *Vous avez dit invalide ?*

*J'ai toujours trouvé Michaël très valide, incroyablement valide, bien plus valide sur son fauteuil et ses roulettes que nombre de « bipèdes ». Dès notre première rencontre, je l'ai déjà écrit, j'ai été stupéfié par sa mobilité, sa vivacité. Depuis, sur son fauteuil, je l'ai vu faire des trucs incroyables : sauter cinq marches, se défoncer sur un court de squash pour tenter de me battre, rouler à une allure effarante pour rattraper cette balle jaune qu'il affectionne... et même provoquer – en finale de Wimbledon, s'il vous plaît – la chute d'un de ses adversaires, lui aussi en fauteuil roulant. Grand seigneur, il l'a aidé à se relever ! Même debout, Michaël assure : il faut le voir se lever, jeter son fauteuil dans le coffre de sa voiture et se mettre au volant à la force de ses bras. Et je préfère taire, par crainte d'inquiéter sa mère, les vitesses insensées qu'il atteint dans son fauteuil... de ski !*

*Le jour de son infiltration à la cortisone, pourtant, pour la première fois (et heureusement jamais depuis), j'ai vu Michaël gravement handicapé, incapable de se débrouiller seul, dépendant. Il venait de subir une injection dont il me raconta avec délectation les effroyables détails.*

*Derrière l'esbroufe je percevais sa tension, sa frustration. Un bras ballant quand on a les guiboles paralysées, c'est ballot. Et, pour la première fois, je le sentis paniquer : « Imagine qu'ils m'aient raté et que je doive passer le reste de ma vie avec un seul membre opérationnel. » Je tentai de le rassurer d'une piètre pirouette : « Effectivement, avec un seul bras pour pousser ton fauteuil, tu risques de tourner en rond ! » Mais, un instant, je l'imaginai, âgé, abîmé par les années d'efforts et d'exploits sportifs, incapable de se déplacer autrement qu'en fauteuil électrique...*

## Prioritaire

Je suis très en retard. J'ai rendez-vous avec Marc au restaurant en face de chez moi. Mais j'ai eu la bonne idée d'aller d'abord à la préfecture refaire ma carte grise. Une queue énorme. Peut-être cent personnes à l'extérieur. J'imagine qu'il y en a autant à l'intérieur. Je lis l'impatience sur les visages. Une demi-journée perdue pour faire ou refaire des papiers. Je les regarde et j'hésite. Je sais que j'ai le droit de les dépasser. Les administrations ont comme consigne de recevoir en priorité les personnes handicapées. Mais, là, c'est vraiment gênant. Parce que, finalement, c'est moins fatigant pour moi d'attendre assis que pour eux debout.

Je suis très, très en retard. Marc va me tuer. Après une dernière hésitation, je me décide finalement à fendre la foule. La queue est compacte. Je dois me frayer un passage. « Pardon, pardon. » « Excusez-moi, désolé. » Je n'ai pas souvenir d'avoir été aussi aimable avec des inconnus auparavant. Je parviens enfin au guichet d'accueil où l'on me donne un ticket prioritaire. Pour une personne valide, il y a encore environ une heure et demie d'attente. Les regards sont encore plus fermés qu'à l'extérieur.

Certains doivent être arrivés tôt ce matin. Tous m'ont vu griller la queue. J'ai à peine le temps de déplier un journal que mon numéro s'affiche. Je roule vers le guichet. Ma carte grise est prête en quelques minutes.

Je devine des regards assassins, me dirige vers la sortie sans oser lever les yeux. Un homme m'ouvre la porte et, complice, me glisse à l'oreille : « La prochaine fois, je viendrai en fauteuil moi aussi. »

## *Léger retard*

*Mike et moi nous sommes donné rendez vous à midi Chez Gudule. C'est un restau sympa, mi-branché, mi-bobo, entre la place du Colonel-Fabien et Belleville. On y croise François Chérèque et le gratin d'Amnesty international. Comme nous n'avons pas réservé, j'arrive quelques minutes en avance. La salle est encore calme. Je demande une table tranquille, avec suffisamment d'espace pour un convive en fauteuil roulant. Très gentiment, on me donne une table pour quatre. Je m'installe sur la banquette, tout près du bar.*

*12 h 20. Je crève de faim. Mik m'appelle pour me prévenir qu'il sera un peu en retard. Je commande un premier café. Le restau se remplit.*

*12 h 45. Il n'y a plus une place libre à l'exception des trois de « ma » table. En panne d'imagination, je commande un autre café. Je n'ai pas la décontraction de sortir mon ordinateur portable et de me planquer derrière l'écran pour faire semblant de travailler.*

*13 heures. Salle comble et bar bondé. J'ai commandé deux autres cafés. Le troisième a été posé un peu plus nerveusement devant moi. Est-ce que je deviens paranoïaque ? J'ai la très nette impression que des regards courroucés et hostiles sont braqués sur moi. Mon téléphone sonne, Mik est englué dans la circulation, boulevard Sébastopol.*

*13 h 30. Deux personnes qui attendaient au bar en me fixant méchamment s'installent à une table qui vient de se libérer. Elles sont très vite remplacées par trois autres, visiblement affamées, qui semblent prêtes à prendre la mienne d'assaut. On m'apporte le jus de tomate que j'ai commandé. Je n'ose pas demander le sel de céleri oublié.*

*14 h 10. Mik arrive enfin. La salle commence à se vider. Je n'ai plus faim. Lui dévore la carte des yeux, prêt à faire bombance.*

## Ferry

6 h 30 du mat. Je croyais qu'en vacances on ne mettait pas de réveil. Mais ce sont mes premières vacances avec Carolyn et j'ouvre les yeux avec difficulté. On a décidé de découvrir les îles qui longent la côte Adriatique et, malheureusement, les ferries qui vont d'une île à l'autre partent très tôt. Encore plus gênant, on ne peut pas réserver les billets. Les premiers arrivés sont les premiers servis. Nous arrivons sur le quai à 7 h 45. Le bateau part à 8 h 15. C'est déjà bondé. Carolyn se dirige vers la billetterie. Je garde les bagages. Elle revient quelques minutes plus tard, dépitée. Plus de billets. Elle culpabilise. Elle voulait absolument m'emmener sur l'île de Mljet. Je suis épuisé, déçu, on se faisait une joie d'y aller. Les passagers commencent à embarquer. Carolyn fait une dernière tentative auprès de la fille qui vérifie les billets des passagers. En vain. Triste, elle s'assoit sur mes genoux et s'excuse, je la console, elle ne pouvait pas faire mieux. Le bateau part dans quinze minutes. On se câline en regardant les derniers chanceux embarquer.

Sans relâche, je fixe la jeune fille des billets, lui sors mon plus beau sourire saupoudré d'une pincée de tristesse. Au moins, qu'elle culpabilise de ne pas laisser partir un couple si mignon sur cette île romantique. Elle me sourit à son tour. Elle hésite, se dirige vers nous. J'annonce à Carolyn que finalement nous prendrons ce ferry. Elle me regarde, étonnée. La fille nous rejoint, confirme que nous pouvons embarquer. Depuis le quai, elle me lance un clin d'œil complice. Ce fut la plus belle journée de nos vacances.

## *Sur le quai*

*J'ai la chance d'avoir décroché un job d'été, pas un stage, un vrai boulot, rémunéré. Sans piston, sans coucher. Sans doute parce que je suis plutôt jolie, étudiante, pas sotte et que je parle quatre langues en plus du croate... Le job presque idéal : j'ai tous mes après-midi libres ! En contrepartie de quoi je me lève bien avant l'aurore. Un rythme à prendre, mon rythme de cet été. Dès 6 h 30 j'ouvre ma caisse, des touristes se pressent déjà sur le quai, devant la guérite, mal réveillés, parfois de mauvais poil, le plus souvent enchantés d'embarquer pour les îles. Le plus dur, c'est de devoir chaque jour refouler des passagers.*

*Une grande bringue d'Anglaise est arrivée trop tard. Plus de billets pour Mljet, je suis désolée. Il est encore possible d'embarquer pour Korcula, Hvar ou même Lastovo… mais elle ne veut aller qu'à Mljet, m'explique qu'elle a promis à son fiancé de l'emmener, qu'il sera très déçu, qu'il a été obligé de se lever très tôt, qu'il est en* wheelchair… *Je comprends tout ça, mais je ne peux pas inventer des places, et le fauteuil n'arrange rien, bien au contraire, encore plus difficile à caser qu'un passager ordinaire…*

*Tous les passagers pour Mljet sont à bord, le quai s'est vidé. Je les regarde tous les deux. Elle s'est assise à califourchon sur son fauteuil, me tourne le dos. Son fiancé me fait face, essaie de m'attendrir du regard. Je connais trop bien ce genre de beau gosse…*

*Sur le bateau j'aperçois Bogdan, le capitaine. Il a tout vu, tout compris… et il me fait un petit signe de la main. Les amoureux ont de la chance, ce matin… j'en ai presque la larme à l'œil.*

## Carolyn prend mon pied

Paraplégique incomplet, j'ai récupéré une partie de la mobilité de mes membres inférieurs et suffisamment de force dans les cuisses pour pouvoir, avec un bon appui – béquille, bar, épaule d'un ami… –, me mettre debout, déambuler et même monter ou descendre des escaliers.

Ma sensibilité est intacte jusqu'aux genoux et s'estompe au niveau des mollets pour disparaître définitivement à partir des chevilles. La circulation sanguine dans mes jambes n'est pas très bonne. J'ai donc souvent les pieds froids… avec l'avantage certain de n'avoir jamais froid aux pieds ! Autre paradoxe lié à l'accident : mes muscles et tendons sont bien plus relâchés, ce qui me rend très souple. Entre autres acrobaties, je peux mettre mes pieds derrière ma tête et faire le grand écart.

Carolyn, l'amour de ma vie, s'est installée chez moi, à Paris, en 2009. Un soir de décembre, je la rejoins au lit et l'enlace. Elle me repousse vivement. Pourtant, je suis certain de m'être lavé les dents… Ce rejet, c'est à mes pieds glacés que je le dois. Je n'avais jamais imaginé que le prix à payer pour dormir à ses côtés serait de mettre d'épaisses et hautes chaussettes !

Quelques semaines plus tard, nous fuyons l'hiver parisien, direction Cuba. À cette période de l'année, il y fait plus de trente degrés. La chaleur est étouffante, et la climatisation de notre chambre d'hôtel n'est pas d'une grande efficacité…

Au milieu de la nuit, alors que j'ai eu tant de mal à m'endormir, je suis réveillé par l'agitation de Carolyn. Je la surprends, au pied du lit, avec mes pieds contre ses joues pour se rafraîchir le visage. Prise en flagrant délit, elle s'esclaffe.

Je me suis bien involontairement vengé, quelques semaines plus tard. Elle a découvert alors combien il peut être dangereux de dormir avec moi. Pour m'étirer le dos, il m'arrive instinctivement de lancer mes jambes jusqu'à mes épaules. Ce matin-là, Carolyn reçut mon pied direct dans le visage : « Aïe ! » Moqueur, je lui proposai de le garder, le froid soulageant la douleur.

## *Papa, je vais épouser un handicapé*

*Je suis la sixième d'une fratrie de huit ! Mon père est un peu* old school. British, so british. *Chaleureux avec les siens, très protecteur, et pas du tout disposé à confier une de ses princesses au premier venu. Déterminé au contraire à exiger d'un chevalier candidat de surmonter, comme au Moyen Âge, une série d'épreuves afin de prouver sa valeur. Et en cas d'échec, pas de pitié… Je l'ai vu faire subir des épreuves très embarrassantes aux petits amis de mes sœurs.*

*Je savais donc à quel point il serait préoccupé par mon amoureux et ses deux énormes handicaps : bouffeur de grenouilles… et en fauteuil roulant ! Comment un Français paraplégique pourrait-il combler sa fille ?*

*Michaël et moi avons discuté, pendant des semaines, de la stratégie à adopter pour la première rencontre. Mon père ayant un étrange sens de l'humour, je suggérai que nous nous déguisions pour cette grande occasion. Michaël portant alors une barbe assez longue… il aurait pu faire, avec une djellaba, un Ben Laden assez crédible ! Son entrée aurait assurément été fracassante.*

*Michaël renonça à cette option trop risquée… tant pis pour lui ! Mon père lui fit subir un de ces bizutages dont il a le secret : avant de le laisser entrer dans la maison familiale, il le retint au fond du jardin pendant plus d'une heure, sous prétexte de lui apprendre à tirer à la carabine sur des pigeons.*

## Putain, dix ans !

7 février 2010. En soi, une date banale si on estime que peu de gens se souviendront des trente-deux ans de mon cousin. Toujours pas de fête nationale connue ni d'armistice à célébrer, juste un dimanche pour se reposer.

7 février 2010. Une date pas si banale que ça : j'ai dix ans aujourd'hui. Dix ans déjà depuis mon accident. Comment oublier ? Les messages s'accumulent sur mon téléphone portable : « Dix ans déjà, Frère », m'écrit Jon, tandis que Ben « remercie Dieu de m'avoir fait tomber il y a dix ans et ainsi permis de devenir numéro un mondial de tennis en fauteuil plutôt que traducteur » ; « La Vache, dix piges ! Le Cochon ! » s'exclame mon cousin Boubou. Audrey, qui a réalisé un film documentaire sur moi, ose un « Joyeux anniv', mon gros... ». Enfin, mon ami Noël, nostalgique de ses années sous les drapeaux, m'annonce qu'il « hissera les couleurs et fera sonner les clairons ».

7 février 2010. Dix ans. L'âge des Playmobil, l'âge où l'on court partout, où l'on grimpe aux arbres, où l'on rêve de devenir pompier.

7 février 2010. Je rentre d'un voyage romantique à Cuba avec ma compagne. Elle m'a toujours connu en fauteuil roulant. L'idée de « fêter » cet anniversaire l'a fait plutôt rire. Elle est surprise des messages que je reçois. Cette chute a aussi permis notre rencontre, au détour d'une compétition de tennis.

7 février 2010. Et maintenant ? Et dans dix ans ? Que se passera-t-il après ma carrière sportive ? Est-ce que la vie sera toujours aussi excitante ?

7 février 2010. Je dresse une liste non exhaustive des défis que je vais devoir affronter ces prochaines années…

– Demander Carolyn en mariage. Mettre un genou à terre paraît possible, mais me relever sans être ridicule relèvera de l'exploit.

– Ouvrir le bal si elle accepte de me prendre pour époux. Une valse en fauteuil avec sa belle et longue robe de mariée, ça sent le pressing à plein nez.

– Rattraper les enfants que nous aurons inévitablement. Quand ils vont grandir, se mettre à courir partout, à traverser sans regarder, à suivre des ballons sur la route…

– Trouver, après les Jeux olympiques de Londres, un « vrai » métier. Un de ces métiers qui imposent de se lever tôt, de rendre des comptes, de ne disposer que de vacances limitées.

7 février 2010. Un avenir tout rose s'ouvre devant les roues de mon fauteuil… Même si la parution de ce livre risque de me faire perdre mon permis de conduire, l'estime de mes beaux-parents et l'amour de ma mère, horrifiée par ma vie de débauche.

7 février 2020. Je m'imagine à Brighton, près de Carolyn, écrivant la suite de mes aventures…

# Remerciements

Ce livre n'aurait pas existé sans notre rencontre. À Sciences Po, Virginie Jousset et Jean-Claude Legal ont, d'une façon mystérieuse que nous n'avons jamais cherché à éclaircir, décidé que nous travaillerions ensemble. Avaient-ils imaginé que nous irions jusqu'à écrire un livre ?

Un livre qui doit aussi aux terrasses de Belleville, à l'atmosphère de Chez Gudule, à l'air de la ville. Mais ce livre n'a pas été écrit qu'à Paris : une bonne partie des histoires ont été troussées sur l'Île de Ré, grâce à l'accueil chaleureux de Yann et Christelle.

Alors que nous avions déjà bien engagé l'écriture, Renaud Leblond a eu la gentillesse de nous lire et de nous donner des conseils… que nous avons eu l'audace de ne pas respecter !

Jean-François Gribinski, ami de Marc en long exil à Chicago, a lu le manuscrit – avec attention, pertinence et bienveillance. Ses remarques nous ont été très utiles et ses encouragements bienfaisants.

Thérèse Germanangue a elle aussi relu nos textes, traqué les coquilles et les fautes d'orthographe, renvoyant Marc à son bienheureux passé de cancre. Elle a su aussi montrer son enthousiasme et parfois ses réserves… merci, maman !

Sylvia Tabet, amie, peintre et écrivain, nous a également lus et encouragés. Elle a su, au-delà, nous mettre dans de très bonnes mains, celles de Laetitia Amar, notre enthousiaste éditrice chez Michel Lafon, qui, moins de trois jours (!) après avoir reçu le manuscrit, nous proposait un rendez-vous et qui n'a cessé depuis de soutenir notre livre.

Bénaya, Ben, Clémentine, Jon, Marianne, Marysa, Léo, Lucile, Louise, Rokhaya et Sonia ont très gentiment donné leur temps et leur image pour nous accompagner sur la couverture de ce livre.

Aux sauveteurs en montagne, à Ben, à Hélène B., à Philippe, au personnel soignant des centres de rééducation pour les « accidentés de la vie », aux passantes, à Michèle, à la Fédération française handisport, aux handicapés, aux adolescents qui n'aiment plus sortir leur chien, aux pauvres types, aux flics, aux cheftaines, aux ménagères de cinquante ans, aux videurs, aux jeunes filles en fleur, aux guichetiers, à Steve Welch, à Stéphane Houdet, aux Néo-Zélandaises, aux vieux, aux prostituées, aux femmes de ménage, à l'Association française de lutte contre le dopage, aux stagiaires, aux femmes volages, aux fans, aux conducteurs de bus, aux sans-logis, à Gudule, à Carolyn… à tous les personnages, réels ou de fiction, que nous avons osé mettre en scène dans ces histoires…

Merci aux autres, à tous les autres…

Michaël et Marc

# Table

Mise en page
PCA
44400 Rezé

*Impression réalisée par JCG*

*pour le compte des Éditions Michel Lafon*

*Imprimé en Espagne*

Dépôt légal : mars 2011

ISBN : 978-2-7499-1389-6
LAF 1394

# Jan Paweł II AUTOBIOGRAFIA

# Jan Paweł II
# AUTOBIOGRAFIA

Wybrała i ułożyła
**Justyna Kiliańczyk-Zięba**

WYDAWNICTWO LITERACKIE

Wydanie czwarte

Konsultacja
Ksiądz prof. dr hab. Stanisław Nagy SCJ

ISBN 978-83-08-05212-9

Muszę powiedzieć, że wówczas, 18 maja 1920 roku, (...) o dziewiątej rano, nie było mnie jeszcze na świecie. Jak mi później powiedziano, urodziłem się po południu między piątą a szóstą. Mniej więcej w tym samym czasie, po południu między piątą a szóstą, tyle że pięćdziesiąt osiem lat później, zostałem wybrany na papieża. 1

Usiądźmy w fotelu pod lampą z abażurem i weźmy do ręki album. Są to zdjęcia z najmłodszych lat. Młoda kobieta tuli w ramionach dziecko. Twarzyczka wówczas owalna (dziś pociągła), tylko oczy świecą tak samo jak dziś. 2

*...wspominam moją Matkę,*
*której już nie ma,*
*ale która żyje we mnie...*
Mały Karol z matką.

---

Na stronach 198–220 podano wykaz tekstów, z których pochodzą wypowiedzi Ojca Świętego.

# Chrzest Święty

...urodziłem się (...) w tym czasie, kiedy bolszewicy szli na Warszawę. [1] Polska była bardzo zagrożona. Wtedy się urodziłem i wtedy też mnie ochrzczono tym (...) imieniem, które niosę z sobą przez całe życie.... [2] Na imię mam Karol. [3]

Kiedy patrzę wstecz, widzę, jak droga mojego życia, poprzez środowisko (...), poprzez parafię, poprzez moją rodzinę, prowadzi mnie do jednego miejsca: do chrzcielnicy w wadowickim kościele parafialnym. Przy tej chrzcielnicy zostałem przyjęty do łaski Bożego synostwa i do wiary Odkupiciela mojego, do wspólnoty Jego Kościoła, w dniu 20 czerwca 1920 roku. [4]

Rodzice, dając mi to imię, chcieli powierzyć mnie opiece św. Karola Boromeusza. [5]

Kościół wspomina rokrocznie św. Karola Boromeusza, biskupa i wyznawcę, 4 listopada. [6] (...) dzień 4 listopada jest poniekąd najdawniejszy, pierwszy. W ślad za nim idą inne dni, które się z nim dość blisko splatają. Jest przede wszystkim dzień 1 listopada, (...) dzień święceń kapłańskich — rok 1946. Potem dzień święceń biskupich. Wreszcie, przed (...) laty, dzień 16 października, wybór na Stolicę Piotrową. Te wszystkie dni łączą się i myślę, że ich korzeń najgłębiej tkwi w tym pierwszym, to znaczy w dniu Chrztu Świętego; wszystko z tej łaski, z tego sakramentu, w naszym życiu wynika. [7]

Chrzest jest powtórnym narodzeniem, narodzeniem z wysoka, nie mniej prawdziwym i realnym niż narodziny do życia ziemskiego. [8] Przy Chrzcie, wedle słów św. Pawła, zostajemy zanurzeni w śmierci Chrystusa, aby w ten sposób otrzymać udział w Jego zmartwychwstaniu. (...) Święty, którego imię otrzymujemy (...), ma każdemu z nas stale uświadamiać owo Boże synostwo, jakie stało się naszym udziałem.

Przede wszystkim w samym już Sakramencie Chrztu zawiera się początek całego powołania chrześcijańskiego i również powołania kapłańskiego, (...) tak jak stało się powołanie do kapłaństwa moim udziałem. A parafia wadowicka, która mnie zrodziła przez Chrzest do życia Bożego, położyła temu mocne podwaliny: naprzód poprzez moich Rodziców i chrześcijańskie wychowanie rodzinne, następnie poprzez parafię, jej atmosferę, jej ducha, jej życie. (...) patrzyłem tutaj na świetlane przykłady życia kapłańskiego, gorliwości kapłańskiej. Tak jak patrzyłem też na świetlane przykłady życia chrześcijańskiego moich wychowawców, profesorów, moich rodaków starszego pokolenia, które jeszcze żyje, przynajmniej w pewnej części, i moich rówieśników. 9

## Komunia Święta

To wszystko przypomina mi moje życie: dzień Chrztu i dzień Pierwszej Komunii Świętej, z których nadal przechowuję fotografie. To są historyczne chwile w życiu każdego

*Pamiętam, że już jako dziecko nauczyłem się w domu rodzinnym modlić i ufać Bogu.*
Pierwsza Komunia Święta.

z nas. Każdy z nas ma swoją historię. (...) Po latach, kiedy przegląda się te fotografie, odżywa wspomnienie tamtych chwil; powraca się do tej czystości i radości, jakich doświadczyło się w spotkaniu z Jezusem, który z miłości stał się Odkupicielem człowieka. (...) niezapomnianym spotkaniem z Panem Jezusem jest bez wątpienia Pierwsza Komunia Święta, dzień, który wspomina się jako jeden z najpiękniejszych w życiu. (...) Mam jeszcze w pamięci ten dzień, kiedy w gronie moich rówieśników i rówieśnic przyjmowałem po raz pierwszy Eucharystię w moim parafialnym kościele. 1

## Moi najbliżsi

Moje lata dziecięce i chłopięce zostały wnet naznaczone utratą osób najbliższych. Naprzód Matki, która nie doczekała dnia mojej Pierwszej Komunii Świętej. 1 Ludzie często śpiewają papieżowi: „Niech żyje, niech żyje nam, niech żyje sto lat". Trudno wtedy nie pomyśleć (...) o mojej rodzonej Matce. Jeżeli w ogóle żyję na świecie, to dlatego, że była ona, któ-

*Wspomnienia stają się szczególnie żywe, gdy myślimy o naszych bliskich, o tych, którzy nas kochali i wprowadzili w życie.*
Emilia i Karol Wojtyłowie z Edmundem, ok. 1908 r.

ra mi to życie dała. [2] Matkę straciłem jeszcze (...) w wieku dziewięciu lat i dlatego mniej ją pamiętam (...). Po jej śmierci, a następnie po śmierci mojego starszego brata, zostaliśmy we dwójkę z Ojcem. [3]

Nad Twoją białą mogiłą
kwitną białe życia kwiaty —
o, ileż lat było
bez Ciebie — przed iluż to laty?

Nad Twoją białą mogiłą,
od lat tylu już zamkniętą
— jakby w górę coś wznosiło —
coś, tak jak śmierć niepojęte.

Nad Twoją białą mogiłą,
o Matko, zgasłe Kochanie —
za całą synowską miłość
modlitwa:
Daj wieczne odpoczywanie — [4]

Ona chciała mieć dwóch synów: lekarza i księdza; mój brat był lekarzem, a ja mimo wszystko zostałem księdzem. Siostry, która urodziła się na kilka lat przed moim przyjściem na świat, nie znałem, zmarła bowiem wkrótce po urodzeniu.

(...) Mój brat, Edmund, zmarł u progu samodzielności zawodowej, zaraziwszy się, jako młody lekarz, ostrym wypadkiem szkarlatyny, co wówczas (1932 rok), przy nieznajomości antybiotyków, było zakażeniem śmiertelnym. Są to wydarzenia, które głęboko wyryły się w mej pamięci — śmierć brata chyba nawet głębiej niż Matki, zarówno ze względu na szczególne okoliczności, rzec można tragiczne, jak też i z uwagi na moją większą już wówczas dojrzałość. Liczyłem w chwili jego śmierci dwanaście lat.

Tak więc stosunkowo szybko stałem się częściowym sierotą i „jedynakiem". Moje lata chłopięce i młodzieńcze łączą się przede wszystkim z postacią Ojca, którego życie duchowe po stracie żony i starszego syna niezwykle się pogłębiło. Patrzyłem z bliska na jego życie, widziałem, jak umiał od siebie wymagać, widziałem, jak klękał do modlitwy. To było najważniejsze w tych latach, które tak wiele znaczą w okresie dojrzewania młodego człowieka. Ojciec, który umiał sam od siebie wymagać, w pewnym sensie nie musiał już wymagać od syna. Patrząc na niego, nauczyłem się, że trzeba samemu sobie stawiać wymagania i przykładać się do spełniania własnych obowiązków.

Ten mój Ojciec, którego uważam za niezwykłego człowieka, zmarł — prawie nagle — podczas drugiej wojny światowej i okupacji, zanim ukończyłem dwudziesty pierwszy rok życia. 5

## Wadowice, miasto mojego dzieciństwa

Wiadomo, jak wiele dla rozwoju ludzkiej osobowości i charakteru znaczą pierwsze lata życia, lata dziecięce, a potem młodzieńcze. Te właśnie lata łączą się dla mnie nierozerwalnie z Wadowicami, tym miastem, które nosiło wówczas dumny herb „Królewskie Wolne Miasto Wadowice"... A także i z tą okolicą. Z rzeką Skawą, z pasmami Beskidów. 1 To miasto lat dziecięcych (...) było świadkiem mych pierwszych kroków, pierwszych słów i tych — jak mówi Norwid — „pierwszych ukłonów", co są „jak odwieczne Chrystusa wyznanie: «Bądź pochwalony!»" (por. *Moja piosenka*). Miasto mojego dzieciństwa, dom rodzinny, kościół parafialny, kościół mojego Chrztu Świętego. 2 W tej świątyni przystąpiłem do pierwszej spowiedzi i Komunii Świętej. Tu byłem ministrantem. (...)

Mówi się, że wszędzie dobrze, a najlepiej w domu. Wiele lat minęło od czasu, gdy wyszedłem z Wadowic. Zawsze jednak wracam do tego miasta z poczuciem, że jestem tu oczekiwany jak w rodzinnym domu. A dom był (...) przy ulicy Kościelnej. A kiedy patrzyłem przez okno, widziałem na murze kościelnym zegar słoneczny i napis: „Czas ucieka, wieczność czeka". (...) Ten dom, gdzie mieszkałem, należał do pana Chaima Bałamutha. Nie wiem, co się z nim stało. Myślę, że już nie żyje. (...)

Wiele wspomnień. W każdym razie tu, w tym mieście, w Wadowicach, wszystko się zaczęło, i szkoła się zaczęła, studia się zaczęły, i teatr się zaczął. I kapłaństwo się zaczęło.

A więc tam jest ulica Mickiewicza, tam jest Zatorska, tu jest Krakowska. Tam jest dawny Zbożny Rynek, dawny, a tam jest Choczenka. A tam (...) jest Skawa. A tutaj była księgarnia Foltina. Jest jeszcze? Nie. W tamtym domu mieszkał Jurek Kluger. A tam była cukiernia. Po maturze chodziliśmy na kremówki. Żeśmy to wszystko wytrzymali, te kremówki po maturze. A tam już od gimnazjum w górę idzie ulica Słowackiego. A tu Karmelicka, dalej jest park — park TUMWiO: Towarzystwo Upiększania Miasta Wadowic i Okolicy. Nie zapomina się tak łatwo.

A tu jest ulica Tatrzańska, przy niej jest cmentarz, potem jest parafia św. Piotra. Potem, za parafią św. Piotra, jest Gorzeń, czyli Dzwonek. Z Gorzenia schodzi się do Skawy, po drugiej stronie jest Góra Jaroszowicka. I tak dalej aż po Kalwarię. Za Kopcem jest Klecza Dolna. Za Kleczą Dolną jest Klecza Górna. Za Kleczą Górną jest Barwałd, Kalwaria Zebrzydowska, i już. (...)

Ten dom należał do pani Marii Wodzińskiej. Przy ulicy Trzeciego Maja były koszary 12 Pułku Piechoty. Na 11 Listopada, na 3 Maja były tutaj uroczystości na rynku: Msza św. polowa, potem defilada przed koszarami. My też braliśmy w tym udział, jako studenci należący do Legii, jeszcze nie akademickiej. I tak do wojny. [3]

Jeśli chodzi o orkiestrę, to Wadowice mają znakomitą orkiestrę (...). Przed wojną była tutaj również znakomita orkiestra, ale była to orkiestra 12 Pułku Piechoty — o czym młodsze pokolenie na pewno nic nie wie, ale my, starsi, wiemy: Pułk Ziemi Wadowickiej, 12 Pułk Piechoty. [4]

Jeruzalem, „przez wzgląd na dom Pana, Boga naszego, będę się modlił o dobro dla ciebie" (Ps 122 (121), 9). Te słowa psalmisty czynię dziś swoimi i odnoszę je do miasta Wadowice. Miasto mego dzieciństwa, przez wzgląd na dom — na rodzinny dom i na dom Pana — będę się modlił o dobro dla ciebie! [5]

## W ochronce

...wśród tych wspomnień — choć pierwszych lat życia się zwykle za bardzo nie pamięta — wyraźnie mi się rysuje Nazaret wadowicki i siostry nazaretanki (...). Kiedy widziały nas, kilku chłopaków, wałęsających się po ulicach w środku miasta, zaczęły nas do siebie zapraszać — jak to się wtedy mówiło — do ochronki. Więc ja trafiłem wtedy w czasie wakacji do tej ochronki nazaretańskiej [1] w takim wieku, kiedy się jeszcze mówi o człowieku „maluch". [2] Bardzo dobrze sobie zapamiętałem Nazaret, siostry i tę ochronkę. To jest jedno ze wspomnień, które najdłużej mi zostało w pamięci z pierwszych lat mojego życia, jeszcze przed szkołą. [3]

# Szkoła

Myślą i sercem wracam nie tylko do domu, w którym się urodziłem, obok kościoła, ale również do szkoły podstawowej (...) w rynku, 1 w tym budynku, w którym jest zarząd miasta, magistrat. 2 Z kolei do gimnazjum wadowickiego im. Marcina Wadowity, do którego uczęszczałem. (...) Wtedy to gimnazjum im. Marcina Wadowity, do którego potem dołączyło się żeńskie im. Michaliny Mościckiej, było szkołą o bardzo dużym zasięgu terytorialnym. Mieliśmy kolegów i z Kalwarii, i z Andrychowa, i z Zatora, i z Suchej, bo tam nie było szkół średnich (...). Pamiętam też, że to stare i zasłużone wadowickie gimnazjum, jedno z najstarszych w tym rejonie Polski, obchodziło swoje stulecie w roku Tysiąclecia Chrztu Polski. To pamiętam. 3 Z gimnazjum chodziło się do „Sokoła" na gimnastykę. Chodziło się także do „Sokoła" na przedstawienia. (...) A na scenie wadowickiej sięgaliśmy po największe utwory klasyków (...) Kiedy byliśmy w piątej gimnazjalnej, graliśmy *Antygonę* Sofoklesa. Ja grałem Hajmona. „O ukochana siostro ma, Ismeno, czy ty nie widzisz, że

*...przed wojną śpiewaliśmy: „Myśmy przyszłością narodu".*
Gimnazjalista w szkolnym mundurku.

z klęsk Edypowych żadnej na świecie los nam nie oszczędza?" Pamiętam do dziś. [4]

Myślą i sercem wracam też do moich rówieśników, kolegów i koleżanek, zarówno z lat szkoły podstawowej, jak — może bardziej jeszcze — z lat szkoły średniej, bo te trwały dłużej. Ja jeszcze należałem do tego pokolenia, które chodziło do ośmioklasowego gimnazjum. Wracam też wspólnie z tymi moimi rówieśnikami do naszych rodziców, do naszych nauczycieli i do naszych profesorów. [5]

...mam osobisty dług wdzięczności wobec polskiej szkoły, wobec nauczycieli i wychowawców, których pamiętam do dzisiaj i modlę się za nich codziennie. To, co otrzymałem w latach szkolnych, do dzisiaj owocuje w moim życiu. (...)

Wspominam Mieczysława Kotlarczyka, wielkiego twórcę teatru słowa, wspominam moich kolegów i koleżanki z Wadowic, Halinę Królikiewiczównę-Kwiatkowską. Wspominam też Zbyszka Siłkowskiego, już nieżyjącego, (...) w domu, który należał do państwa Homme. (...) ten dom był dla mnie szczególnie gościnny, tu miałem prymicje, po święceniach kapłańskich, biskupich i kardynalskich, wiele razy, w domu u państwa Hommów, czyli u Zbyszka Siłkowskiego. Codziennie ich wspominam. [6]

Te wspomnienia z czasów dzieciństwa są (...) bardzo ważne. I można powiedzieć, że wszystko w życiu zależy (...) od rodziny, od szkoły, od rodziców i rodzeństwa, od kolegów szkolnych; ważne są, oczywiście, także parafia, różne organizacje młodzieżowe... [7]

## Domowe seminarium

Moje przygotowanie seminaryjne do kapłaństwa zostało poniekąd zaantycypowane, uprzedzone. W jakimś sensie przyczynili się do tego moi Rodzice w domu rodzinnym, a zwłaszcza mój Ojciec (...). Mogłem na co dzień obserwować jego życie, które było życiem surowym. Z zawodu był wojskowym, a kiedy owdowiał, stało się ono jeszcze bardziej życiem ciągłej modlitwy. Nieraz zdarzało mi się budzić w nocy i wtedy zastawałem mojego Ojca na kolanach, tak jak na kolanach widywałem go zawsze w kościele parafialnym. Nigdy nie mówiliśmy z sobą o powołaniu kapłańskim, ale ten przykład mojego Ojca był jakimś pierwszym domowym seminarium. [1]

## Ksiądz Kazimierz Figlewicz

Ogromnie wiele zawdzięczam kapłanom, zwłaszcza jednemu (...). W ciągu tych wszystkich lat moim spowiednikiem i bezpośrednim kierownikiem duchowym był ks. Kazimierz Figlewicz (...), który jeszcze w latach chłopięcych swoją ogromną prostotą i dobrocią przybliżał mi Chrystusa — a potem wiedział, w którym momencie mógł jako spowiednik powiedzieć mi: Chrystus wskazuje ci drogę do kapłaństwa. [1]

Zetknąłem się z nim po raz pierwszy jako uczeń pierwszej klasy gimnazjalnej w Wadowicach. Ksiądz Figlewicz, jako wikary parafii wadowickiej, uczył nas wtedy religii. Dzięki niemu zbliżyłem się do parafii, zostałem ministrantem, a nawet poniekąd zorganizowałem kółko ministranckie. Kiedy odszedł z Wadowic do katedry wawelskiej, miałem z nim w dalszym ciągu kontakt. Pamiętam, że w piątej klasie gimnazjalnej zaprosił mnie do Krakowa, abym mógł uczestniczyć w Triduum Sacrum, poczynając od Ciemnej Jutrzni w Wielką Środę po południu. To uczestnictwo było dla mnie wielkim przeżyciem. [2]

## Matka Boża

Mówiąc o źródłach (...), nie mogę oczywiście zapomnieć o wątku maryjnym. Nabożeństwo do Matki Bożej w postaci tradycyjnej wyniosłem z domu rodzinnego i z parafii wadowickiej. W kościele parafialnym pamiętam boczną kaplicę Matki Bożej Nieustającej Pomocy, do której rano przed lekcjami ciągnęli gimnazjaliści. Potem z kolei w godzinach popołudniowych, po zakończonych lekcjach, ten sam pochód uczniów szedł do kościoła na modlitwę.

Prócz tego w Wadowicach był Karmel, klasztor na Górce, czasem swojego powstania związany z postacią św. Rafała Kalinowskiego. Wadowiczanie licznie uczęszczali do tego klasztoru, a to oznaczało związanie się z tradycją karmelitańskiego szkaplerza. Ja też zapisałem się do szkaplerza, mając chyba dziesięć lat, i do dzisiaj ten szkaplerz noszę. Do karmelitów chodziło się także do spowiedzi. [1] Sam wyniosłem z tego miejsca wiele łask, za które dziś Bogu dziękuję. [2] Tak więc zarówno kościół parafialny, jak i klasztor na Górce kształtował moją pobożność maryjną jako chłopca, a później młodzieńca i gimnazjalisty, aż do egzaminu dojrzałości. [3]

## Spotkanie z księciem kardynałem

Kiedy byłem w gimnazjum, książę Adam Stefan Sapieha, arcybiskup metropolita krakowski, wizytował naszą parafię w Wadowicach. Mój katecheta, ks. Edward Zacher, zlecił mi zadanie przywitania księcia metropolity. Miałem więc po raz pierwszy w życiu sposobność, ażeby stanąć przed tym człowiekiem, którego wszyscy otaczali wielką czcią. Wiem też, że po moim przemówieniu arcybiskup zapytał katechetę, na jaki kierunek studiów wybieram się po maturze. Ksiądz Zacher odpowiedział: „Idzie na polonistykę". Na co arcybiskup miał powiedzieć: „Szkoda, że nie na teologię".

## Wybrałem literaturę

W okresie kończenia szkoły średniej i rozpoczynania studiów wyższych różne osoby z mego otoczenia myślały, że wybiorę powołanie kapłańskie. Natomiast ja sam w tym okresie urobiłem sobie przekonanie, że powinienem pozostać świeckim chrześcijaninem. Owszem, myślałem o możliwościach świeckiego zaangażowania w życie Kościoła i społeczeństwa. Myśl o kapłaństwie raczej dość zdecydowanie odsuwałem.

Na tamtym etapie życia moje powołanie kapłańskie jeszcze nie dojrzało (...). Jeżeli młody człowiek o tak wyraźnych skłonnościach religijnych nie szedł do seminarium, to mogło to rodzić domysły, że wchodzi tu w grę sprawa jakichś innych miłości czy zamiłowań. Miałem w szkole wiele koleża-

*Pytanie o wartość, pytanie o sens życia... należy do szczególnego bogactwa młodości.*
Przed maturą, 1938 r.

nek i kolegów, byłem związany z pracą w szkolnym teatrze amatorskim, ale nie to było decydujące. W tamtym okresie decydujące wydawało mi się nade wszystko zamiłowanie do literatury, a w szczególności zamiłowanie do literatury dramatycznej i do teatru. Zamiłowaniu do teatru dał początek starszy ode mnie polonista Mieczysław Kotlarczyk. Był on prawdziwym pionierem amatorskiego teatru, o wielkich ambicjach repertuarowych. [2]

To tyle (...) tych wspomnień. Byłoby więcej (...). Tymczasem te sprawy ludzkiego serca, ludzkiej młodości trzeba przede wszystkim Bogu zostawić, który na różne sposoby prowadzi człowieka, działa w nim, i na różnych miejscach, w różnych momentach życia go powołuje. [3]

## Krakowska młodość

W maju 1938 roku zdałem egzamin dojrzałości i zgłosiłem się na Uniwersytet, na filologię polską. W związku z tym obaj z Ojcem wyprowadziliśmy się z Wadowic do Krakowa. Zamieszkaliśmy w domu przy ulicy Tynieckiej 10 na Dębnikach. Dom należał do moich krewnych ze strony Matki. [1]

Kraków (...) uważałem i nadal z niezmienionym uczuciem uważam za „moje" miasto. Dawna stolica Polski, siedziba biskupa św. Stanisława męczennika, jest — obok Wadowic — miastem mojej młodości i terenem trzydziestoletniego posługiwania pasterskiego. [2]

## Uniwersytet Jagielloński

Uczelni Jagiellońskiej w Krakowie (...) zawdzięczam studia oraz pierwsze akademickie doświadczenia. Doświadczenia te wycisnęły w mojej świadomości oraz całej osobowości głębokie ślady na całe życie. Może w sposób szczególny dlatego, że były one związane naprzód z okresem przed drugą wojną światową, z kolei — i to w większości — z okresem okupacji, wreszcie z pierwszymi latami okresu powojennego. Pamięć tego, czym jest Uniwersytet — Alma Mater — noszę w sobie wciąż żywą. Nie tylko pamięć, ale poczucie długu, który należy spłacać całym życiem. (...)

Przez wiele lat jako krakowianin spotykałem się na co dzień z tym kompleksem gmachów, które kryją w sobie Uniwersytet — a jednak nie stracił on przez to nic ze swojej wielkości. Nie spowszedniał. (...) Stykając się z nim na co dzień w ciągu czterdziestu lat mojego tutaj pobytu, ani na chwilę nie straciłem tej świadomości, że obcuję z wielkością. Jedną z tych, które stanowią o miejscu mojej Ojczyzny w dziejach ogólnoludzkiej kultury.

Pierwszy raz wszedłem w mury Collegium Maius jako dziesięcioletni uczeń szkoły podstawowej, aby uczestniczyć w promocji doktorskiej mojego starszego brata, absolwenta Wydziału Lekarskiego UJ. Do dzisiaj mam w oczach tę uro-

*Uczelni Jagiellońskiej (...) zawdzięczam studia oraz pierwsze akademickie doświadczenia.*
Collegium Novum Uniwersytetu Jagiellońskiego w Krakowie.

czystość w auli uniwersyteckiej. (...) mnie samemu dane było dostąpić analogicznej promocji na Wydziale Teologicznym. Promocja ta stanowiła poniekąd zakończenie studiów na dwóch uniwersytetach: Jagiellońskim oraz rzymskim uniwersytecie Angelicum, gdzie studiowałem w latach 1946–1948. [1]

# Jeden rok polonistyki

Rozpocząłem studia na Wydziale Filozoficznym Uniwersytetu Jagiellońskiego — na filologii polskiej, zdołałem jednak ukończyć tylko pierwszy rok tych studiów, gdyż pierwszego września 1939 roku wybuchła druga wojna światowa.

W związku ze studiami pragnę podkreślić, że mój wybór polonistyki był umotywowany wyraźnym nastawieniem na studiowanie literatury. Jednakże już pierwszy rok studiów skierował moją uwagę w stronę języka. Studiowaliśmy gramatykę opisową współczesnej polszczyzny, z kolei gramatykę historyczną, ze szczególnym uwzględnieniem języka

*...młodość to czas rozpoznawania talentów.*
Student Uniwersytetu Jagiellońskiego z ciotką na Plantach w Krakowie.

starosłowiańskiego. To wprowadziło mnie w zupełnie nowe wymiary, żeby nie powiedzieć, w misterium słowa.

(...) Odkrywając słowo poprzez studia literackie czy językowe, nie mogłem nie przybliżyć się do tajemnicy Słowa — tego Słowa, o którym mówimy codziennie w modlitwie *Anioł Pański*: „Słowo stało się ciałem i zamieszkało wśród nas" (J 1, 14). Później zrozumiałem, że te studia polonistyczne przygotowywały we mnie grunt pod inny kierunek zainteresowań i studiów: mam na myśli filozofię i teologię. [1]

Noszę głęboko zapisany w mojej pamięci ten jeden rok przedwojennych studiów: całe środowisko uniwersyteckie, nazwiska wielkich profesorów, których miałem szczęście być uczniem, twarze kolegów i koleżanek, z którymi w większości rozdzieliły mnie wydarzenia lat 1939–1945. Stąd pochodzi najwięcej moich kolegów i koleżanek, w tym samym czasie studiujących, albo na latach wyższych (...), albo także na moim roczniku. Chcę dodać, że na tym roczniku studiowało bardzo wielu czynnych literatów, poetów. Niektórzy są dzisiaj doskonale znani. Ja byłem wśród nich nieco zakonspirowany i zostałem zakonspirowany właściwie do dnia wyboru na papieża. Natomiast z tym dniem zostałem zdekonspirowany nie tylko przed Polską, ale i przed całym światem. Już nie wiem, co z tym mam zrobić. Po prostu niech „leci". Ciekawa rzecz, że niektórzy uważają, że to coś warte. A ja podejrzewam, że nie uważaliby tak, gdyby się nie stało tak, jak się stało.

(...) W każdym razie spośród moich kolegów, koleżanek wiele osób osiągnęło te ostrogi pracowników nauki, profesorów uniwersytetu. Ja, gdybym się lepiej sprawował, może bym też był do czegoś doszedł. Cóż zrobić? [2]

# Moi profesorowie

Wielką rolę odgrywali w moim życiu wielcy profesorowie, których miałem szczęście poznać: ludzie, którzy wielkością swego ducha ubogacali mnie i nadal ubogacają. Nie mogę oprzeć się potrzebie serca, aby przynajmniej niektórych z nich wymienić po nazwisku: profesorowie Stanisław Pigoń, Stefan Kołaczkowski, Kazimierz Wyka, Kazimierz Nitsch, Zenon Klemensiewicz — to ci z polonistyki. Wspominam zmarłych. A do nich dołączają profesorowie Wydziału Teologicznego: ks. Konstanty Michalski, Jan Salamucha, Marian Michalski, Ignacy Różycki, Władysław Wicher, Kazimierz Kłósak, Aleksy Klawek. Jak wiele treści i jak wiele osób kryje się w tym określeniu: Alma Mater! [1]

Wielu już znakomitych krakowskich profesorów z tego pokolenia, albo też wielkich ludzi kultury nie żyje. Niektórym mogłem oddać ostatnią posługę już jako arcybiskup krakowski albo kardynał.

Nigdy nie zapomnę pogrzebu śp. profesora Pigonia albo śp. profesora Niewodniczańskiego czy profesora Klemensiewicza, czy wielu innych. (…) To taka całość. Taka całość. [2]

Alma Mater. Alma Mater Jagiellonica… Określenie to stosuje się także do uczelni — i ma to głęboki sens. Mater — matka, czyli ta, która rodzi, która wychowuje, kształci. Uniwersytet ma w sobie podobieństwo do matki, do macierzyństwa. (…) Ja osobiście, po latach, widzę coraz lepiej, jak wiele uniwersytetowi zawdzięczam: zamiłowanie do prawdy, wskazanie dróg jej poszukiwania. [3]

…zrobił się z tego jakiś sztambuch byłego krakowianina, byłego studenta Uniwersytetu Krakowskiego, byłego także naukowca. (…) byłem ostatnim habilitowanym na Wydziale Teologicznym Uniwersytetu docentem tegoż Uniwersytetu i to sobie zawsze bardzo głęboko cenię. [4]

Vivat Academia!
Vivant Professores!
Vivant membrum quodlibet!
Vivant membrum quodlibet,
semper sint in flore!

Dla rozumiejących łacinę to znaczy, że mają kwitnąć, że ma kwitnąć akademia, ma kwitnąć Uniwersytet Jagielloński w Krakowie. Bóg zapłać za wszystko, co od niego otrzymałem, i szczęść Boże na dalsze lata! [5]

## Wybuch wojny

Ale teraz wróćmy do 1 września 1939 roku. Wybuch wojny zmienił w sposób dość zasadniczy sytuację w moim życiu. Wprawdzie profesorowie Uniwersytetu Jagiellońskiego usiłowali rozpocząć nowy rok akademicki, ale zajęcia trwały tylko do 6 listopada 1939 roku. W tym dniu władze niemieckie zwołały wszystkich profesorów na zebranie, które skończyło się wywiezieniem tych czcigodnych ludzi nauki do obozu koncentracyjnego w Sachsenhausen. [1] (...) nie mogę nie dodać pewnego szczegółu, który trudno zapomnieć (...), tego samego dnia znalazłem się na Gołębiej, to znaczy w naszym zakładzie. Jeszcze rozmawiałem z profesorami — z profesorem Nitschem — którzy spieszyli na spotkanie zarządzone przez władze okupacyjne. Z tego spotkania już nie wyszli, nie wrócili do domów... [2]

Studia zostały przerwane na początku drugiego roku, wkrótce też zacząłem pracować w kamieniołomie razem z kilku moimi kolegami ze studiów. [3]

Na tym urywa się w moim życiu okres studiów polonistycznych i rozpoczyna się okres okupacji niemieckiej, w czasie której starałem się najpierw dużo czytać i pisać. Właśnie w tym okresie powstały moje pierwsze młodzieńcze utwory literackie. [4]

# Robotnik w kamieniołomie

Aby uchronić się przed wywózką na przymusowe roboty do Niemiec, jesienią roku 1940 zacząłem pracę jako robotnik fizyczny w kamieniołomie, [1] tzw. „wapienniku", [2] związanym z fabryką chemiczną Solvay. Kamieniołom znajdował się na Zakrzówku, około pół godziny drogi od mojego domu na Dębnikach. Chodziłem więc codziennie do pracy w tym kamieniołomie, o którym później napisałem utwór poetycki. Kiedy po latach odczytuję go, w kontekście tamtego szczególnego doświadczenia wydaje mi się on pełen ekspresji:

> Słuchaj, kiedy stuk młotów miarowy i tak bardzo swój
> przenoszę wewnątrz ludzi, by badać siłę uderzeń —
> słuchaj, prąd elektryczny kamienistą rozcina rzekę —
> a we mnie narasta myśl, narasta dzień po dniu,
> że cała wielkość tej pracy znajduje się wewnątrz człowieka.
> Twarda, pęknięta dłoń inaczej młotem wzbiera,
> inaczej się rozwiązuje w kamieniu ludzka myśl —
> kiedy energie ludzkie oddzielisz od sił kamienia
> i przetniesz w właściwym miejscu — tętnicę pełną krwi.
> (...)
> Związane są bloki kamienia przewodem niskiego prądu,
> który wcina się w nie tak głęboko, jak niewidzialny bicz
> — kamienie znają ten gwałt (...)
> Jednak nie prąd elektryczny rozwiązuje w całości ich moc,

ale ten, co ją nosi w swych dłoniach:
robotnik.

*Tworzywo* [3]

Człowiek ma oczy zmęczone i ostre brwi.
Kamienie mają krawędzie ostre jak noże,
Prąd elektryczny tnie ściany jak niewidzialny bicz,
Słońce. Lipcowe słońce. W kamieniach biały pożar.

*Uczestnictwo* [4]

Byłem wówczas świadkiem, jak przy wybuchu kamienie zabiły robotnika, i zrobiło to na mnie bardzo głębokie wrażenie: [5]

Wzięli ciało, szli milczącym szeregiem.
Trud jeszcze zstępował od niego i jakaś krzywda.

Mieli bluzy szare, buty wyżej kostek w błocie.
Ujawniali właśnie to wszystko,
co wśród ludzi powinno się skończyć.

(…) Złożyli go milcząc plecami na płachcie żwiru.
Przyszła znękana żona i wrócił ze szkoły syn.

*Pamięci towarzysza pracy* [6]

Odpowiedzialni za kamieniołom, którzy byli Polakami, starali się nas, studentów, ochraniać od najcięższych prac. Tak więc, na przykład, przydzielono mnie do pomocy tak zwanemu strzałowemu. Nazywał się on Franciszek Łabuś. Wspominam go dlatego, że nieraz tak się do mnie odzywał: „Karolu, wy to byście poszli na księdza. Dobrze byście śpiewali, bo macie ładny głos, i byłoby wam dobrze…" Mówił to z całą poczciwością, dając wyraz dość rozpowszechnionym w społeczeństwie poglądom na temat stanu kapłańskiego. Te słowa starego robotnika zachowały się w mojej pamięci. [7]

## Fabryka sody

Fabryka stała się dla mnie, na pewnym etapie, prawdziwym seminarium duchownym, choć zakonspirowanym. Pracowałem w kamieniołomie od września 1940 roku, a w rok później przeszedłem do oczyszczalni wody do fabryki. Tak więc lata związane z kształtowaniem się ostatecznej decyzji pójścia do seminarium wiążą się właśnie z tym okresem. 1

## Wspaniali ludzie

Spotykałem się na co dzień z ludźmi ciężkiej pracy, poznałem ich środowisko, ich rodziny, ich zainteresowania, ich ludzką wartość i godność. Osobiście doznałem od nich wiele życzliwości. Wiedzieli, że jestem studentem, i wiedzieli, że jeżeli tylko na to okoliczności pozwolą, wrócę do studiów. Nigdy jednak nie doznałem z tego powodu jakiejś nieżyczliwości. Nie drażniło ich to, że do pracy przynosiłem książki. Mówili: „My tu przypilnujemy, a pan niech sobie poczyta".

*W parę miesięcy po śmierci Ojca przeszedłem z kamieniołomu do pracy w samej fabryce…*
Karol Wojtyła jako robotnik w czasie okupacji.

Działo się tak zwłaszcza na zmianach nocnych. Mówili często: „Niech pan sobie odpocznie, a my przypilnujemy".

Zaprzyjaźniłem się z wielu robotnikami. Nieraz zapraszali mnie do swoich domów. Już jako kapłan i biskup chrzciłem ich dzieci i wnuki, błogosławiłem związki małżeńskie i prowadziłem pogrzeby wielu z nich. Miałem także sposobność przekonania się o tym, ile drzemie w nich zainteresowań religijnych i życiowej mądrości. Te kontakty — jak wspomniałem — przetrwały długo po zakończeniu okupacji, właściwie aż do czasu mojego wyboru na biskupa Rzymu, a niektóre trwają do dzisiaj w formie korespondencji. [1]

Za każdym razem, gdy spotykam robotników fizycznych, nie mogę powstrzymać się od zwierzenia, że wielką łaską, której doznałem w życiu, była prawie czteroletnia praca w kamieniołomach i w fabryce. (...) A pamiętam to tak, jakby było wczoraj. Owo doświadczenie życia robotniczego, jego wszystkich aspektów pozytywnych i całej nędzy, jak również, już na innym planie, okrucieństwa deportacji polskich rodaków do obozów śmierci, pozostawiło głęboki ślad w moim życiu. Od tamtego czasu tajemnica człowieka weszła w pole moich refleksji i poczułem się nieodparcie zobowiązany do tego, żeby bronić godności każdego człowieka. [2]

Poznałem życie, poznałem człowieka i z tego wspólnego życia z innymi zawodowymi robotnikami — bo moje położenie było tymczasowe — nauczyłem się szczególnego stosunku do tych osób, do świata pracy: nauczyłem się uważać go za rzeczywistość złożoną właśnie z osób. Poznałem rzeczywistość ich życia, głębokie człowieczeństwo tego życia, pomimo nałogów i grzechów, właściwych jednemu czy drugiemu. [3]

Czyż ręce moje należą do światła, co blaskiem przecina
tory kolejki, kilofy i w górze nad nami płot?

Moje ręce należą do serca, a serce nie przeklina —
(oddalaj serce od ust, gdy usta prostacko klną!).

Znam was, wspaniali ludzie, ludzie bez manier i form.
Umiem patrzeć w serce człowieka bez obsłon i bez pozorów.
Czyjeś ręce należą do pracy, czyjeś ręce należą do krzyża.
W górze nad wami płot — tam kilofy rozrzucone na torach.

*Uczestnictwo* [4]

Nauczyłem się głębokiego człowieczeństwa tego życia prostego, twardego i trudnego, a porzucając fabrykę, by iść za moim powołaniem, zabrałem ze sobą na całe życie to doświadczenie, nie tyle w technicznym aspekcie — nie miałem szczególnych zdolności do techniki — ile, powtarzam, nade wszystko w aspekcie ludzkim. Niektórzy wskazują, że moje orędzia i encykliki koncentrują się bardzo na człowieku. Myślę, że bierze się to w dużej mierze z mego doświadczenia jako robotnika, z moich kontaktów ze światem pracy. Wielu robotników zostało mymi przyjaciółmi. Fakt, że ja poszedłem inną drogą, był dla nich częściowo zaskoczeniem, częściowo jednak spodziewali się tego. [5]

## Dar Opatrzności

Do pracy fizycznej zostałem poniekąd zmuszony okolicznościami. Uniwersytet Jagielloński, (...), został zamknięty przez okupanta, profesorowie (...) wywiezieni do obozu koncentracyjnego w Sachsenhausen. (...) Jeśli ów jeden rok normalnych przedwojennych studiów, jeden rok uczestniczenia w życiu społeczności najstarszego w Polsce uniwersytetu wywarł niewątpliwie wielki wpływ na całą moją młodą osobowość — to nie obawiam się powiedzieć z całym przekonaniem, że kolejne cztery lata pracy fizycznej, okres uczestniczenia w wielkiej społeczności robotniczej, stały się dla mnie szczególnym darem Opatrzności. Nauczyłem się cenić ten okres i związane z nim doświadczenie bardzo wysoko. Nieraz mówiłem, że warte ono może więcej od doktoratu (chociaż dla nauki i stopni naukowych żywię wielki szacunek). [1]

Wierzę, że Opatrzność Boża w ten sposób przygotowała mnie do późniejszych zadań. Było to w czasie straszliwej okupacji hitlerowskiej. Trzeba przyznać, że na tle tego czasu pogardy dla człowieka, której szczególnie boleśnie doświadczyliśmy w naszej Ojczyźnie, praca fizyczna w fabryce była doświadczeniem stosunkowo łagodnym i nie tak wyniszczającym jak tyle innych doświadczeń, przez które przeszli moi rodacy. [2]

## Teatr Mieczysława Kotlarczyka

W tamtym okresie pozostawałem w kontakcie z Teatrem Słowa, który stworzył Mieczysław Kotlarczyk i był jego animatorem w konspiracji. [1]

Mieczysława Kotlarczyka znałem naprzód w naszym wspólnym mieście rodzinnym, Wadowicach, na przełomie lat dwudziestych i trzydziestych (...).

Swoją twórczość teatralną w Krakowie, która doprowadziła do powstania Teatru Rapsodycznego, rozpoczął w niezwykłych okolicznościach i w niezwykły sposób. Było to podczas okupacji niemieckiej. Po wywiezieniu do obozu dwóch członków swej rodziny Mieczysław Kotlarczyk poprzez zieloną granicę zjawił się w Krakowie i zaczął pracować jako konduktor tramwajowy. W tym samym czasie dojrzała w nim koncepcja teatru czystego słowa. [2]

Początki tego teatru wiążą się z moim mieszkaniem, do którego Kotlarczyk wraz z żoną Zofią wprowadził się po przedarciu się z Wadowic do Generalnej Guberni. Mieszkaliśmy razem: ja jako pracownik fizyczny i on także zatrudniony początkowo jako tramwajarz, a potem jako urzędnik w jakimś biurze. Mieszkając razem, mogliśmy kontynuować nie tylko nasze rozmowy o teatrze, ale także konkretne realizacje, które przybrały właśnie charakter teatru słowa. Był to teatr bardzo prosty. Strona dekoracyjna i widowiskowa była zredukowana do minimum, natomiast wszystko koncentrowało się na recytacji poetyckiego tekstu [3] — i to w jego najwyższych przejawach, od *Pana Tadeusza* do *Samuela Zborowskiego*. [4]

Spotkania Teatru Słowa odbywały się w wąskim gronie znajomych, zaproszonych gości szczególnie zainteresowanych literaturą i równocześnie „wtajemniczonych". Zachowanie tajności wokół tych teatralnych spotkań było nieodzowne, w przeciwnym razie groziły nam wszystkim surowe kary ze strony władz okupacyjnych — najprawdopodobniej wywózka do obozu koncentracyjnego. Muszę przyznać, że całe to szczególne doświadczenie teatralne zapisało się bardzo głęboko w mojej pamięci, chociaż od pewnego momentu zdawałem sobie sprawę, że teatr nie był moim powołaniem. [5]

...Mieczysław Kotlarczyk uważał, że moim powołaniem jest żywe słowo i teatr, a Pan Jezus uważał, że kapłaństwo, i jakoś pogodziliśmy się co do tego. Natomiast moje koleżanki z tzw. Teatru Rapsodycznego czy przedtem jeszcze Teatru Żywego Słowa z okresu okupacji są dzisiaj znakomitymi artystkami... [6]

Człowiek chwali Boga przez to, że idzie w życiu za głosem swego powołania. Pan Bóg powołuje każdego człowieka, a Jego głos daje znać o sobie już w duszy dziecka: powołuje do życia w małżeństwie czy do kapłaństwa; powołuje do życia zakonnego, a może do pracy w misjach... Kto wie? [7]

## Tajemnica powołania

Historia mojego powołania kapłańskiego? Historia ta znana jest przede wszystkim Bogu samemu. Każde powołanie kapłańskie w swej najgłębszej warstwie jest wielką tajemnicą, jest darem, który nieskończenie przerasta człowieka. Każdy z nas, kapłanów, doświadcza tego bardzo wyraźnie w całym swoim życiu. Wobec wielkości tego daru czujemy, jak bardzo do niego nie dorastamy. Powołanie jest tajemnicą Bożego wybrania.

(...) Dlatego też, gdy w różnych okolicznościach — na przykład z okazji kapłańskich jubileuszy — mówimy o kapłaństwie i dajemy o nim świadectwo, winniśmy to czynić w postawie wielkiej pokory, świadomi, iż Bóg nas „wezwał świętym powołaniem nie na podstawie naszych czynów, lecz stosownie do własnego postanowienia i łaski" (2 Tm 1, 9). Równocześnie zdajemy sobie sprawę z tego, że ludzkie słowa nie są w stanie udźwignąć ciężaru tajemnicy, jaką kapłaństwo w sobie niesie.

Wydaje mi się, iż ten krótki wstęp jest konieczny, aby we właściwy sposób zrozumieć to, co będę mówił o mojej drodze do kapłaństwa. [1]

Ja poczułem moje powołanie kapłańskie w czasie wojny i codziennego zagrożenia życia, bo tak było, tak było... I czując to powołanie, nie myślałem nigdy, że doprowadzić mnie ono może do obecnego urzędu, nigdy o tym nie myślałem. [2]

# Seminarium

Stało się dla mnie jasne, że Chrystus powołuje mnie do kapłaństwa. Nie było to dla mnie jasne w chwili zdawania matury — stało się jasne stopniowo w okresie pomiędzy śmiercią mojego Ojca (luty 1941) a jesienią 1942 roku. W tym samym okresie pracując fizycznie, równocześnie kontynuowałem — na tyle, na ile było to możliwe w warunkach terroru okupacyjnego — moje zamiłowania związane z literaturą, nade wszystko zaś z literaturą dramatyczną. Świadomość powołania kapłańskiego ukształtowała się pośród tego wszystkiego jako fakt wewnętrzny, całkowicie dla mnie przejrzysty i jednoznaczny. Zdawałem sobie sprawę z tego, od czego odchodzę, jak też i z tego, ku czemu mam dążyć, „nie oglądając się wstecz". [1]

Jesienią roku 1942 powziąłem ostateczną decyzję wstąpienia do Krakowskiego Seminarium Duchownego, które działało w konspiracji. Przyjął mnie ks. rektor Jan Piwowarczyk. Fakt ten miał jednak pozostać w najściślejszej tajemnicy, nawet wobec osób najbliższych. Rozpocząłem studia na Wydziale Teologicznym Uniwersytetu Jagiellońskiego, który także działał w konspiracji, pracując nadal fizycznie jako robotnik w Solvayu. [2] Przygotowywałem się do egzaminów, studiując w czasie wolnym od pracy, a także — o ile to było możliwe — w czasie pracy w fabryce. [3]

# Na Franciszkańskiej 3

W okresie okupacyjnym arcybiskup metropolita założył konspiracyjne seminarium duchowne, umieszczając je pod dachem swojej rezydencji. W każdej chwili groziło to zarówno przełożonym, jak i klerykom surowymi represjami ze strony władz niemieckich. Przebywałem w tym szczególnym seminarium, pod bokiem umiłowanego księcia metropolity, począwszy od września 1944 roku, i tam doczekałem wraz z kolegami dnia 18 stycznia 1945 roku, dnia — a raczej nocy — wyzwolenia. W nocy bowiem Armia Czerwona dotarła w okolice Krakowa. Cofający się Niemcy wysadzili most Dębnicki. Pamiętam tę straszliwą detonację, pod której wpływem w rezydencji arcybiskupiej wyleciały wszystkie szyby w oknach. Byliśmy wtedy w kaplicy, na nabożeństwie, w którym uczestniczył ksiądz arcybiskup. Następnego dnia zabraliśmy się do naprawiania szkód.

Muszę jednak wrócić do długich miesięcy, które poprzedziły wyzwolenie. Jak już wspomniałem, przebywałem wraz z innymi kolegami w rezydencji księdza arcybiskupa. Na samym początku przedstawił nam młodego kapłana, który miał być dla nas ojcem duchownym. Był nim ks. Stanisław Smoleński, po studiach rzymskich, człowiek wielkiej duchowości. (...) Ksiądz Smoleński rozpoczął z nami regularną pracę nad przygotowaniem do kapłaństwa. Wcześniej mieliśmy tylko jednego przełożonego-prefekta, którym był ks. Ka-

*Przebywałem w tym szczególnym seminarium (...) począwszy od września 1944 roku...* Pałac biskupi na ul. Franciszkańskiej 3, siedziba tajnego Krakowskiego Seminarium Duchownego.

zimierz Kłósak, profesor filozofii po studiach w Louvain, człowiek, który imponował nam swoją ascezą i dobrocią. Podlegał bezpośrednio samemu księciu metropolicie, tak jak i całe nasze podziemne seminarium. Po wakacjach roku 1945, jako następca ks. Jana Piwowarczyka, został mianowany rektorem wadowiczanin, ks. Karol Kozłowski, w okresie przedwojennym ojciec duchowny w seminarium, w którym mu upłynęło prawie całe życie kapłańskie.

Tak więc mijał czas formacji seminaryjnej. W sposób konspiracyjny, pracując fizycznie jako robotnik, ukończyłem dwa pierwsze lata, to znaczy te, które w *curriculum* studiów poświęcone są filozofii. Lata następne — 1944 i 1945 — łączyły się ze studiami na Uniwersytecie Jagiellońskim, chociaż pierwszy rok powojenny był jeszcze bardzo niekompletny. Normalny był dopiero rok akademicki 1945/1946. [1] Jest to drugi rozdział moich studenckich doświadczeń, bardzo różny od przedwojennego, w jakiś sposób w stosunku do tamtego komplementarny. Jako alumn Krakowskiego Seminarium Duchownego, mogłem w tych pierwszych latach powojennych uczestniczyć w życiu społeczności akademickiej Uniwersytetu, byłem nawet przez pewien czas wiceprezesem Bratniej Pomocy Studentów Uniwersytetu Jagiellońskiego, czyli, jak to się powinno mówić, „Bratniaka". [2] Na Wydziale Teologicznym miałem szczęście spotkać tak wytrawnych profesorów, jak na przykład ks. Władysław Wicher, profesor teologii moralnej, czy ks. Ignacy Różycki, profesor teologii dogmatycznej, który wprowadził mnie w naukowy warsztat teologiczny. Dzisiaj obejmuję wdzięczną myślą wszystkich moich przełożonych, ojców duchownych i profesorów, którzy na etapie życia seminaryjnego kształtowali moje powołanie. Niech im Pan wynagrodzi ich trud i poświęcenie! [3]

# Książę Niezłomny

W całej naszej formacji i przygotowaniu do kapłaństwa w szczególny sposób zaznaczyła się wielka postać księcia metropolity, późniejszego kardynała Adama Stefana Sapiehy, którego wspominam ze wzruszeniem i wdzięcznością. Jego wpływ był tym większy, że w okresie przejściowym, zanim udało się powrócić do budynku seminaryjnego, mieszkaliśmy w jego rezydencji i spotykaliśmy się z nim na co dzień.

Przyszedł na świat w dniu 14 maja 1867 r. w Krasiczynie, w pobliżu Przemyśla. Dąb, który zasadzono w pobliżu zamku na pamiątkę jego urodzin i który nosi jego imię, jest już starym, [ponad] stuletnim drzewem.

(...) Wspomnienie (...) pragnę rozpocząć od faktu, który uświadomił mi się przy pomocy małego, ale bardzo wymownego dokumentu. Jest to list księcia kardynała, jeszcze jako metropolity krakowskiego, w którym rezygnuje on ze swego urzędu i prosi Ojca Świętego o przyjęcie tej rezygnacji (...). List nosi datę 3 lutego 1939 roku, skierowany jest do Piusa XI, który w kilka dni później został odwołany przez Ojca wszystkich żyjących, wobec czego list nie dotarł już do rąk swego adresata.

Dalszy bieg wypadków jest wszystkim dobrze znany. (...) Ten, który w przeddzień wojny skarżył się Ojcu Świętemu na rosnący z latami upadek sił, stał się w czasie wojny i okupacji siłą i ostoją (...) całego narodu. Właśnie te straszliwe lata ujawniły najpełniej jego duchową wielkość i stały się okresem największej dojrzałości pasterskiej. (...)

Wciąż jeszcze przemawia do nas z portretów czy fotografii ten jedyny w swej wyrazistości profil: orli nos, wysokie czoło, broda; usta i oczy wyrażające stanowczość i siłę charakteru. Wielu z nas jeszcze pamięta, w jaki sposób ta twarz przechodziła od stanowczości, a nawet surowości, do żartobliwego uśmiechu (książę kardynał miał ogromne poczucie humoru) i jak natychmiast nawiązywał się bliski kontakt z człowiekiem. [2] Książę Niezłomny... a ja mam jeszcze w pamięci jego twarz, jego rysy, jego słowa, jego powiedzenia: „Nie gadaj głupstw", „Co wy tam robicie" — tak mówił... Ale jest niezapomniany. Był Księciem Niezłomnym w czasie okupacji. [3]

Metropolita krakowski został powołany do kolegium kardynalskiego zaraz po zakończeniu wojny, w wieku stosunkowo późnym. Całe społeczeństwo przyjęło tę nominację jako wyraz uznania dla tego wielkiego człowieka, który podczas okupacji był właściwie jedynym przedstawicielem narodu, wyrażającym jego godność w sposób przejrzysty dla wszystkich.

Pamiętam ten dzień marcowy, w wielkim poście, kiedy arcybiskup wrócił z Rzymu z świeżo otrzymanym kapeluszem kardynalskim. Studenci wzięli na barki jego samochód i przenieśli do kościoła Mariackiego, co było wyrazem uniesienia religijnego i patriotycznego, które ta kreacja kardynalska wzbudziła w społeczeństwie. [4]

Ten człowiek był także znakiem swego czasu. Był nim przez całe czterdzieści lat pasterzowania w Krakowie;

*Ten człowiek był znakiem swego czasu (...) przez całe czterdzieści lat pasterzowania w Krakowie...* Metropolita krakowski kardynał Adam Stefan Sapieha.

a szczyt tego pasterzowania zaczął się wówczas, kiedy on sam uznał, że — po ludzku sądząc — należałoby je już zakończyć: znaki czasu bowiem są nie tylko znakami ludzi, ale znakami Boga dla ludzi. [5]

Lata płyną naprzód, już wielu nie pamięta księcia kardynała Adama Stefana Sapiehy. Ci, którzy pamiętają, tak jak ja, mają obowiązek przypomnieć, aby ta wielkość trwała i tworzyła przyszłość narodu i Kościoła na tej polskiej ziemi. [6] My wszyscy, starsi, tak mówimy: nasz wychowawca, nasz ojciec, ojciec ojczysty. [7]

Bóg Ci zapłać, Księże Kardynale, za to, czym byłeś dla nas, dla mnie, dla wszystkich Polaków strasznego okresu okupacji. Bóg ci zapłać. I niech wieczny odpoczynek twojej duszy będzie wynagrodzeniem za wszystkie twoje trudy i dzieła życia ziemskiego (...). Bóg ci zapłać. [8]

## Młody kleryk na wakacjach

Od czasu kiedy nawiązałem kontakt z seminarium, otwarła się nowa możliwość spędzania wakacji. Zostałem skierowany przez księdza arcybiskupa do podkrakowskiej parafii w Raciborowicach.

Nie mogę nie wyrazić głębokiej wdzięczności dla proboszcza raciborowickiego, ks. Józefa Jamroza, i dla księży wikarych, którzy byli towarzyszami życia młodego tajnego seminarzysty. Wspominam zwłaszcza ks. Franciszka Szymonka, który potem w czasach terroru stalinowskiego był oskarżony w procesie pokazowym kurii krakowskiej i skazany na śmierć. Na szczęście po pewnym czasie został ułaskawiony. Wspominam także ks. Adama Bielę, mojego starszego kolegę z gimnazjum wadowickiego. Dzięki tym młodym kapłanom mogłem się zapoznać z życiem religijnym całej parafii.

Niedługo potem na terenie wsi Bieńczyce, która należała do parafii w Raciborowicach, wyrosło olbrzymie osiedle związane z Nową Hutą. Przebywałem tam wiele dni w czasie wakacji, zarówno w roku 1944, jak też w roku 1945, po zakończeniu wojny. Wiele czasu spędzałem w starym raciborowickim kościele, pochodzącym jeszcze z czasów Jana Długosza. Wiele godzin przemedytowałem, spacerując po cmentarzu. Przywoziłem do Raciborowic także swój warsztat studiów — tomy św. Tomasza z komentarzami. Uczyłem się teologii niejako w samym „centrum" wielkiej teologicznej tradycji. Pisałem już wówczas pracę o św. Janie od Krzyża. Kierownictwo tej pracy w Krakowie, już po otwarciu Uniwersytetu, przyjął ks. prof. Ignacy Różycki. Skończyłem ją natomiast na Angelicum, pod kierownictwem o. prof. Garrigou-Lagrange'a. [1]

## Salezjanie na Dębnikach

Wracając jeszcze do okresu przed pójściem do seminarium, nie mogę pominąć jednego środowiska i jednej postaci, która

*Parafia ta była prowadzona przez księży salezjanów, których pewnego dnia hitlerowcy zabrali do obozu koncentracyjnego.*
Kościół św. Stanisława Kostki na Dębnikach w Krakowie.

w tym okresie dała mi bardzo wiele. Jest to mianowicie środowisko mojej parafii pod wezwaniem św. Stanisława Kostki na Dębnikach w Krakowie. Parafia ta była prowadzona przez księży salezjanów, których pewnego dnia hitlerowcy zabrali do obozu koncentracyjnego. Pozostał tylko stary proboszcz i inspektor prowincji, natomiast wszyscy inni zostali wywiezieni do Dachau. Myślę, że w procesie kształtowania się mojego powołania środowisko salezjańskie odegrało doniosłą rolę.

## Jan, święty krawiec

W parafii była osoba wyjątkowa: chodzi tu o Jana Tyranowskiego. Był on z zawodu urzędnikiem, chociaż wybrał pracę w zakładzie krawieckim swojego ojca. Twierdził, że bardziej mu to ułatwia życie wewnętrzne. Był człowiekiem niezwykle głębokiej duchowości. Księża salezjanie, którzy w tym trudnym okresie odważyli się na prowadzenie duszpasterstwa młodzieży, powierzyli mu zadanie polegające na nawiązywaniu kontaktów z młodymi ludźmi w ramach tzw. „Żywego Różańca". Jan Tyranowski wywiązywał się z tego zadania nie tylko w sensie organizacyjnym, ale co więcej, za zgodą swojego spowiednika (...) stał się nauczycielem dróg życia wewnętrznego dla wielu młodych ludzi, którzy skupiali się w formie „Żywego Różańca" przy parafii, do której należałem. Od niego nauczyłem się między innymi elementarnych metod pracy nad sobą, które wyprzedziły to, co potem znalazłem w seminarium. Tyranowski, który sam kształtował się na dziełach św. Jana od Krzyża i św. Teresy od Jezusa, wprowadził mnie po raz pierwszy w te niezwykłe, jak na mój ówczesny wiek, lektury.

(...) przekazał mi szczególnie wiele z bogactw swej duszy, rozmiłowanej w samym Bogu, i z bogactw życia duchowego, życia mistycznego. Był to (...) człowiek świecki. Jeden z tych nieznanych świętych, ukrytych pośród ludzi, jakby szczególne światło na głębi życia — na takiej głębi, na której zwyczajnie panuje mrok. (...) reprezentował całkiem inny świat: inny w stosunku do wszystkich, z jakimi spotykałem się dotychczas. Nie tylko mówił o życiu wewnętrznym, jego zasadach i metodach. Był sam żywym świadectwem tego, czym jest życie wewnętrzne — albo raczej: kim staje się (od wewnątrz i zarazem na zewnątrz) człowiek, który pozwala Bogu działać w sobie; człowiek, który — wrażliwy na działanie — nauczył się współpracować z Łaską.

To właśnie ów Jan przyczynił się do tego, że bardzo wcześnie — wcześniej, niż skonkretyzowała się sprawa powołania kapłańskiego — trafiły do moich rąk książki ascetyczne najwyższej rangi. To od niego po raz pierwszy usłyszałem o św. Janie od Krzyża. Ten człowiek był z jego szkoły. Potem, już jako student teologii, nauczyłem się sam po hiszpańsku, żeby móc wedle oryginału komentować myśl Doktora mistycznego w mojej pracy doktorskiej, rozpoczętej w Krakowie, przeprowadzonej na rzymskim Angelicum aż do egzaminu końcowego włącznie, który odbył się w Rzymie i Krakowie. Ale nie to jest najważniejsze. Najważniejsze jest, że za pośrednictwem Jana zostałem wprowadzony w nowy świat, o którego istnieniu w sobie przedtem nie wiedziałem. Był to przewrót podobny do tego, jaki — o parę miesięcy później — dokonał się w dziedzinie intelektualnej za sprawą (...) podręcznika metafizyki. [4]

## Nowe zrozumienie świata

Wspomniałem (...) o wielkim intelektualnym przeżyciu, prawie że wstrząsie, jakim było dla mnie w czasach studiów pierwsze zetknięcie ze zwykłym podręcznikiem metafizyki, czyli filozofii bytu. (...) Zacząłem więc studiować ten podręcznik i natychmiast natrafiłem na olbrzymie opory. Moje humanistyczne, filozoficzno-literackie myślenie nie było w żaden sposób przygotowane do przyjęcia owego tekstu: twierdzeń i sformułowań, z których podręcznik metafizyki (scholastycznej) składał się od początku do końca. Musiałem się więc przedzierać przez jakiś gąszcz zdań, rozumowań, koncepcji, dość długo nie mogąc zidentyfikować terenu, po jakim się poruszam. Trwało to około dwóch miesięcy. Po dwóch miesiącach zgłosiłem się do egzaminu, który zdałem. Po egzaminie powiedziałem profesorowi, że ważniejsze od noty, jaką otrzymuję, jest nowe zrozumienie świata, które z tego samodzielnego zmagania się z podręcznikiem metafizyki wyniosłem. Tak jest. Nie przesadzę, jeśli powiem, że świat, którym żyłem dotąd w sposób intuicyjny, a także emocjonalny, został od tego czasu potwierdzony i uzasadniony na gruncie racji najgłębszych i zarazem najprostszych. (...)

To ówczesne odkrycie intelektualne (...) stworzyło w moim umyśle trwałą podstawę dla rozumowego poznania Boga. (...)

Ów „przewrót" stał się początkiem budowy, która utrzymuje się do dzisiaj. Tak się składało, że nie miałem w życiu zbyt wiele czasu na studiowanie. Z usposobienia jestem bardziej myślicielem niż erudytą — i tak też było w ciągu mojej stosunkowo krótkiej pracy profesorskiej w Krakowie i Lublinie. [1]

## Już wtedy: *Totus Tuus*

Kiedy znalazłem się w Krakowie na Dębnikach, wszedłem w krąg „Żywego Różańca" w parafii salezjańskiej, co było związane ze szczególnym nabożeństwem do Maryi Wspomożycielki Wiernych. Na Dębnikach, w okresie, w którym krystalizowała się sprawa mojego powołania kapłańskiego, (...) mój sposób pojmowania nabożeństwa do Matki Bożej uległ pewnej przebudowie. O ile dawniej byłem przekonany, że Maryja prowadzi nas do Chrystusa, to w tym okresie zacząłem rozumieć, że również i Chrystus prowadzi nas do swojej Matki. (...) z pomocą przyszła mi książeczka św. Ludwika Marii Grignion de Montfort, nosząca tytuł: *Traktat o prawdziwym nabożeństwie do Najświętszej Maryi Panny.* [1]

Lektura tej książki stała się dla mnie momentem przełomowym. Nazywam w tym wypadku „momentem" cały proces wewnętrzny, który trwał dość długo, łączy się on zaś z okresem konspiracyjnego przygotowania do kapłaństwa. Wtedy dotarł do moich rąk właśnie ów przedziwny *Traktat*: jedna z tych książek, których nie wystarczyło tylko „przeczytać". Pamiętam, że chodziłem z nią długo, zabierałem ją z sobą nawet do pracy w fabryce sody (tak że piękna okładka została poplamiona wapnem) — i z różnych stron wracałem do poszczególnych jej fragmentów. Dostrzegałem bowiem, że poza barokowym wystrojem stylu tej książki jest w niej coś zasadniczego. I do tego właśnie powracałem po kilka razy. (...) w świetle *Traktatu* zrozumiałem, że (...) doskonałe nabożeństwo do Maryi (tak je nazywa autor *Traktatu*), czyli prawdziwe Jej poznanie i pełne ufności oddanie się Jej, rośnie z poznania Chrystusa i oddania się Jemu. [2]

Ukształtowane w ten sposób (poprzestaję tutaj tylko na pobieżnym zarysie) „nabożeństwo" do Matki Najświętszej trwa we mnie od tamtego czasu, stanowiąc część integralną mojego życia wewnętrznego, mojej „teologii duchowej". Wiadomo, że autor *Traktatu* określa swe „nabożeństwo" jako duchowe „niewolnictwo", co ludziom współczesnym czasem bardzo przeszkadza. Osobiście nie widzę trudności. Doszedłem do wniosku, że działa tutaj (jak nieraz w Ewangelii) wymowa paradoksu: wyrażenie „święte niewolnictwo" wskazuje na doskonałe, poniekąd maksymalne, wykorzystanie tej wolności, która jest największym darem Boga dla człowieka. Wolność mierzy się miarą miłości, jaką potrafimy z niej w sobie wykrzesać. Myślę, że autor *Traktatu* w doskonałym nabożeństwie do Matki Bożej chciał po prostu na to wskazać, posługując się językiem paradoksu. [3]

Tu tłumaczy się pochodzenie owego *Totus Tuus*. Bierze ono początek właśnie od św. Ludwika Marii Grignion de Montfort. Jest właściwie skrótem pełniejszej formuły zawierzenia Matce Bożej, która brzmi: *Totus Tuus ego sum et omnia mea Tua sunt. Accipio Te in mea omnia. Praebe mihi cor Tuum, Maria* („Cały Twój jestem i wszystko moje jest Twoje. Daj mi serce Twoje, Maryjo").

Tak więc dzięki św. Ludwikowi zacząłem na nowo odkrywać wszystkie skarby dotychczasowej pobożności maryjnej, ale niejako z nowych pozycji: na przykład od dziecka słuchałem *Godzinek o Niepokalanym Poczęciu Najświętszej Maryi Panny* śpiewanych w kościele parafialnym, ale dopiero wówczas dostrzegłem, jakie bogactwo treści teologicznej oraz treści biblijnej jest w nich zawarte. To samo odnosi się poniekąd do pieśni ludowych, chociażby do polskich kolęd na Boże Narodzenie, *Gorzkich żalów* na wielki post, w których osobne miejsce zajmuje dialog duszy z Matką Bolesną.

Wszystkie te doświadczenia duchowe wyznaczały jak gdyby szlak modlitewny i kontemplacyjny mojej drogi do kapłaństwa, a potem w kapłaństwie — aż do dnia dzisiejszego. Droga ta, w pewnym sensie od dziecka, ale bardziej jeszcze później ta, kiedy byłem kapłanem i biskupem, prowadziła mnie wielokrotnie na „dróżki maryjne" w Kalwarii Zebrzydowskiej. Kalwaria jest głównym sanktuarium maryjnym archidiecezji krakowskiej. Często tam przyjeżdżałem, aby samotnie wędrować po owych „dróżkach", omodlając różne sprawy Kościoła, zwłaszcza w trudnym okresie zmagania się z komunizmem. Dzisiaj widzę, jak bardzo to wszystko jest jednorodne, jak bardzo znajdujemy się w obrębie promieniowania tego samego misterium. 4

## Wstąpić do Karmelu?

Utrzymywałem również kontakty z zakonem ojców karmelitów bosych, którzy w Krakowie mieli klasztor przy ulicy Rakowickiej. Odwiedzałem ich, a raz nawet odprawiłem u nich swoje rekolekcje zamknięte, korzystając z pomocy o. Leonarda od Matki Bożej Bolesnej.

W pewnym okresie zastanawiałem się nawet, czy nie powinienem wstąpić do Karmelu. Wątpliwości rozstrzygnął książę kardynał Sapieha w sposób sobie właściwy, mówiąc krótko: „Trzeba najpierw dokończyć to, co się zaczęło". I tak się stało. 1 Tak więc nie otrzymałem wezwania do życia kontemplacyjnego, natomiast z najwcześniejszego okresu mojego nawrócenia na drogę życia wewnętrznego (i zarazem na drogę kapłaństwa), a także ze wszystkich następnych

*W pewnym okresie zastanawiałem się nawet, czy nie powinienem wstąpić do Karmelu.*
Kościół i klasztor karmelitów bosych w Krakowie, ul. Rakowicka 18.

etapów tej drogi wyniosłem niezbite przeświadczenie o fundamentalnym znaczeniu modlitwy — i to w zasadniczej mierze modlitwy kontemplacyjnej — dla tego działania, które wynika z kierunku mojego powołania. Tak było na wszystkich etapach tego powołania: naprzód, gdy byłem wikarym na wsi, a z kolei w mieście, dalej jako profesor, jako biskup — i wreszcie od 16 października 1978 roku tak samo. 2

## Katedra księdza Figlewicza

Kiedy po maturze przeniosłem się z moim ojcem do Krakowa, podjąłem na nowo kontakty z ks. podkustoszem katedralnym, taka była bowiem funkcja ks. Figlewicza. Chodziłem do niego do spowiedzi i często spotykałem się z nim w czasie okupacji.

Szczególnie utkwił mi w pamięci dzień 1 września 1939 roku. Był to pierwszy piątek miesiąca. Przyszedłem na Wawel, aby się wyspowiadać. Katedra była pusta. To był chyba

*Ksiądz Figlewicz był jedynym kapłanem, który mógł odprawić w zamkniętej katedrze Mszę św. pod nadzorem niemieckich policjantów.*
Katedra na Wawelu — prezbiterium.

ostatni raz, kiedy mogłem do niej swobodnie wejść. Została później zamknięta, a zamek królewski na Wawelu stał się siedzibą generalnego gubernatora Hansa Franka. Ksiądz Figlewicz był jedynym kapłanem, który dwa razy w tygodniu mógł odprawić w zamkniętej katedrze Mszę św. pod nadzorem niemieckich policjantów. W tych trudnych czasach stało się jeszcze bardziej jasne, czym dla ks. Figlewicza była katedra, groby królewskie, ołtarz św. Stanisława, biskupa i męczennika. Do końca życia pozostał on wiernym stróżem tego szczególnego sanktuarium Kościoła i narodu, a mnie nauczył wielkiej miłości do katedry wawelskiej, która miała stać się kiedyś moją katedrą biskupią.

(...) Ksiądz prałat od kilku lat już nie żyje. Sam tylko Pan Bóg może wynagrodzić temu kapłanowi to dobro, które mi wyświadczył.

## Wzór Brata Alberta

Jeśli zaś chodzi o (...) wzory — to było ich wiele, z pewnością więcej, niż zdołałem ogarnąć. Trudno tu nie wspomnieć o tym, jaki wpływ wywarł św. Franciszek z Asyżu oraz jego chyba najwierniejszy naśladowca w mojej Ojczyźnie, Brat Albert Chmielowski. Wiadomo, że Franciszek nie czuł się godnym przyjęcia święceń kapłańskich, poprzestał na diakonacie. Polski Brat Albert, który należy do szerokiego kontekstu duchowego odrodzenia na przełomie XIX i XX stulecia w mojej Ojczyźnie, przemawiał ponadto wymową współczesności. (...) na swej własnej drodze w dalszym ciągu urzeczywistniał te słowa Odkupiciela i Mistrza: nie ma większej miłości od tej, gdy ktoś życie swoje oddaje... (...) Brat Albert oddał życie w posłudze najuboższym i społecznie upośledzonym (...), oddał do końca swoje życie

Chrystusowi, (...) odnalazł w nim pełnię poznania, miłości i służby.

Jaką rolę odegrała w moim powołaniu postać św. Brata Alberta? (...) nie był kapłanem. Wszyscy w Polsce wiedzą, kim był. Na etapie mojego związania z Teatrem Rapsodycznym, ze sztuką, ta postać człowieka pełnego odwagi, uczestnika powstania styczniowego (1863), który w powstańczej bitwie stracił nogę, posiadała jakiś szczególny duchowy urok. Wiadomo, że Brat Albert był artystą malarzem: studia ukończył w Monachium. Dorobek artystyczny, jaki pozostawił, wskazuje na to, że był to wielki talent malarski. I oto ten człowiek w pewnym okresie życia zrywa ze sztuką, gdyż dochodzi do wniosku, że Bóg daje mu zadanie ważniejsze. Zapoznawszy się ze środowiskiem krakowskich nędzarzy, zbierających się wokół tzw. „Ogrzewalni" przy ul. Krakowskiej, Adam Chmielowski postanawia stać się poniekąd jednym z nich, a więc nie jałmużnikiem przychodzącym z zewnątrz, aby rozdzielać dary, ale człowiekiem, który daje całego siebie, aby tym wydziedziczonym ludziom służyć.

Ten porywający przykład poświęcenia znajduje naśladowców. Wokół Brata Alberta gromadzą się mężczyźni i kobiety. Powstają dwa zakony ludzi służących najuboższym. Dzieje się to wszystko na początku naszego stulecia [XX w.], a zarazem w okresie poprzedzającym pierwszą wojnę światową. (...)

W dziejach polskiej duchowości św. Brat Albert posiada wyjątkowe miejsce. Dla mnie jego postać miała znaczenie decydujące, ponieważ w okresie mojego własnego odchodzenia od sztuki, od literatury i od teatru, znalazłem w nim szczególne duchowe oparcie i wzór radykalnego wyboru drogi powołania. Jedną z moich największych radości jest to, że mogłem już jako papież wynieść krakowskiego biedaczynę w szarym habicie do chwały ołtarzy, naprzód poprzez beatyfikację w czasie podróży do Polski w 1983 roku, na Błoniach krakowskich, a z kolei poprzez kanonizację w Rzymie, w listopadzie pamiętnego roku 1989. Wielu autorów utrwaliło w polskiej literaturze postać Brata Alberta. Zasługuje na wspomnienie. (...) Również i ja, jako młody kapłan, w okresie wikariatu u św. Floriana w Krakowie, poświęciłem mu utwór dramatyczny zatytułowany *Brat naszego Boga*. Spłacając w ten sposób szczególny dług wdzięczności, jaki wobec niego zaciągnąłem. [3]

Całe jego życie, od wczesnej młodości, poprzez okres twórczości malarskiej połączonej z wewnętrznym zmaganiem o kształt właściwego swego powołania, aż po ostateczny wybór franciszkańskiego ideału brata tercjarza i sługi ubogich — całe to życie najkrócej i najgruntowniej streścił znakomity autor książki o nim w słowach: „duszę dał”. Właśnie. O cóż innego może chodzić w powołaniu kapłańskim, jak nie o to, żeby „duszę dać”. [4]

## Szkoccy, Kydryńscy... przyjaciele

W trudnych latach wojny, jak wspomniałem wcześniej, doznałem od ludzi wiele dobra. Mam tu na myśli w sposób szczególny rodzinę czy nawet kilka rodzin, z którymi się zaznajomiłem w czasie okupacji. Z Juliuszem Kydryńskim pracowaliśmy wspólnie naprzód w kamieniołomie, a potem w fabryce Solvay. Do tej grupy robotników-studentów należał także Wojciech Żukrowski i jego młodszy brat Antoni oraz Wiesław Kaczmarczyk. Z Juliuszem Kydryńskim spotkaliśmy się przed wojną na pierwszym roku polonistyki. W czasie wojny te więzi przyjaźni bardzo się zacieśniły. Poznałem jego matkę — wdowę, siostrę i młodszego brata.

W roku 1941 zmarł mój Ojciec, a było to 18 lutego. Wróciłem z pracy do domu i zastałem Ojca martwego. Właśnie w tym czasie rodzina Kydryńskich okazała mi wiele troskliwości, a ich przyjaźń była dla mnie ogromną pomocą. Poszerzała się ona jeszcze na inne rodziny, w szczególności na mieszkającą na ul. Księcia Józefa rodzinę państwa Szkockich. Tam zacząłem się uczyć języka francuskiego, dzięki mieszkającej w ich domu pani Jadwidze Lewaj. Najstarsza córka państwa Szkockich, Zofia Poźniakowa, której mąż znajdował się w obozie jenieckim, zapraszała nas nieraz na domowe koncerty. W ten sposób ponury okres wojny i okupacji był opromieniony światłem tego piękna, które czerpaliśmy z muzyki i poezji. Było to jeszcze przed moją decyzją wstąpienia do seminarium. [1]

## Sens koszmaru

Czas ostatecznego dojrzewania mojego powołania kapłańskiego, jak już wspomniałem, łączy się z okresem drugiej wojny światowej, z okresem okupacji nazistowskiej. Czy można to uważać za zwykły zbieg okoliczności? Czy też istnieje jakiś głębszy związek pomiędzy tym, co dojrzewało we mnie, a wydarzeniami historycznymi? Na tak postawione pytania trudno odpowiedzieć. W planach Bożych nic nie jest przypadkowe. Myślę, że skoro Bóg mnie posłyszał, to we właściwym momencie powołanie to musiało się objawić. A że tym momentem okazała się druga wojna światowa, to nadaje to całemu temu procesowi szczególnego zabarwienia. Powołanie, które dojrzewa w takich okolicznościach, nabiera nowej wartości i znaczenia. Wobec szerzącego się zła i okropności wojny sens kapłaństwa i jego misja w świecie stawały się dla mnie nadzwyczaj przejrzyste i czytelne.

Na skutek wybuchu wojny zostałem oderwany od studiów i od środowiska uniwersyteckiego. Straciłem w tym czasie mojego Ojca, ostatniego człowieka z mojej najbliższej rodziny. Wszystko to stanowiło także w znaczeniu obiektywnym jakiś proces odrywania od poprzednich własnych zamierzeń, poniekąd wyrywania z gleby, na której dotychczas rosło moje człowieczeństwo.

Jednakże nie był to tylko proces negatywny. Równocześnie bowiem coraz bardziej jawiło się w mojej świadomości światło: Bóg chce, ażebym został kapłanem. Pewnego dnia zobaczyłem to bardzo wyraźnie: był to rodzaj jakiegoś wewnętrznego olśnienia. To olśnienie niosło w sobie radość i pewność innego powołania. I ta świadomość napełniła mnie jakimś wielkim wewnętrznym spokojem.

Działo się to wszystko na tle wydarzeń straszliwych, jakie rozgrywały się wokół mnie w Krakowie, w Polsce, w Europie i na świecie. Uczestniczyłem bezpośrednio tylko w jakieś małej cząstce tego, co w okresie po 1939 roku przeżywali moi rodacy. Myślę tu szczególnie o bliskich mojemu sercu kolegach, także o tych pochodzenia żydowskiego, z klasy maturalnej w gimnazjum wadowickim. Byli wśród nich tacy, którzy wybrali służbę wojskową jeszcze w roku 1938. Zdaje się, że jako pierwszy poległ na wojnie najmłodszy kolega z klasy. A potem już tylko w zarysie znałem losy innych, którzy polegli na różnych frontach, zginęli w obozach koncentracyjnych; tych, którzy walczyli pod Tobrukiem, pod Monte Cassino, a z kolei również i tych, którzy znaleźli się na terenach Związku Radzieckiego: w Rosji i w Kazachstanie. O tym wszystkim dowiadywałem się stopniowo, zwłaszcza w czasie pierwszego zjazdu koleżeńskiego w roku 1948, z okazji dziesięciolecia matury w Wadowicach. [1]

# Dlaczego nie ja?

W latach mej młodości (...) byłem świadkiem ogromnych cierpień i bolesnych doświadczeń. (...) Pokolenie, do którego należę, zaznało okropności wojny, obozów koncentracyjnych, prześladowań. W mojej Ojczyźnie podczas drugiej wojny światowej kapłani i świeccy chrześcijanie byli wywożeni do obozów zagłady. W samym tylko Dachau więziono około trzech tysięcy księży. [1]

Otóż w tym wielkim i straszliwym *theatrum* drugiej wojny światowej wiele zostało mi oszczędzone. Przecież każdego dnia mogłem zostać wzięty z ulicy, z kamieniołomu czy z fabryki i wywieziony do obozu. Nieraz nawet zapytywałem samego siebie: tylu moich rówieśników ginęło, a dlaczego nie ja? Dziś wiem, że nie był to przypadek. W kontekście tego wielkiego zła, jakim była wojna, w moim życiu osobistym jakoś wszystko działało w kierunku dobra, jakim było powołanie. Wszystko poniekąd dopomagało ku dobremu. Nie mogę zapomnieć dobra doznanego w tamtym trudnym okresie od ludzi, których Bóg postawił na mojej drodze: zarówno z mojej rodziny, jak też wśród moich znajomych i kolegów. (...)

Mówię zaś o tym dlatego, ażeby uwydatnić, że moje kapłaństwo właśnie na tym pierwszym etapie wpisywało się w jakąś olbrzymią ofiarę ludzi mojego pokolenia, mężczyzn i kobiet. Mnie te najcięższe doświadczenia zostały przez Opatrzność oszczędzone, ale dlatego mam tym większe poczucie długu w stosunku do tylu znanych mi ludzi, a także jeszcze liczniejszych, owych bezimiennych, bez różnicy narodowości i języka, którzy swoją ofiarą na wielkim ołtarzu dziejów przyczynili się w jakiś sposób do mojego powołania kapłańskiego. W pewnym sensie wprowadzili mnie oni na tę drogę, w świetle ofiary ukazali mi prawdę — najgłębszą i najistotniejszą prawdę kapłaństwa Chrystusowego. [2]

Jeżeli patrzę na moją młodość, na tę młodość lat okupacji — straszliwych lat, to był koszmar — widzę, że źródłem „siły przebicia" była właśnie Eucharystia. I nie tylko dla mnie, dla wielu... [3]

## Święcenia kapłańskie

Sakrament Kapłaństwa otrzymałem (...) z rąk niezapomnianego księcia kardynała Adama Stefana Sapiehy, arcybiskupa metropolity krakowskiego. [1] (...) w dniu, w którym zwykle tego sakramentu się nie udziela: pierwszego listopada obchodzimy bowiem uroczystość Wszystkich Świętych i cała liturgia Kościoła jest nastawiona na przeżycie tajemnicy Świętych Obcowania i przygotowanie do Dnia Zadusznego. Jednakże książę metropolita wybrał ten dzień ze względu na to, że miałem wkrótce wyjechać do Rzymu na dalsze studia. Przyjmowałem święcenia sam, w prywatnej kaplicy biskupów krakowskich. Moi koledzy mieli otrzymać święcenia dopiero następnego roku, w Niedzielę Palmową.

Cały (...) październik był dla mnie miesiącem święceń subdiakonatu i diakonatu oraz trzech serii rekolekcji, jakie je poprzedzały. Naprzód odprawiłem sześciodniowe rekolekcje przed subdiakonatem, z kolei, po kilku dniach przerwy, trzy dni rekolekcji przed diakonatem, a zaraz potem sześć dni rekolekcji przed prezbiteratem. Te ostatnie rekolekcje odprawiałem sam, w kaplicy seminaryjnej. Następnie w dniu Wszystkich Świętych stawiłem się rankiem w rezydencji arcybiskupów krakowskich przy ul. Franciszkańskiej 3, aby otrzymać święcenia kapłańskie. W tej ceremonii uczestniczyła niewielka grupa moich krewnych i przyjaciół. [2]

## Stać się kapłanem

Tak więc w tej kaplicy, w czasie śpiewu *Veni, Creator Spiritus* oraz *Litanii do Wszystkich Świętych*, leżąc krzyżem, oczekiwałem na moment włożenia rąk. Jest to chwila szczególnie przejmująca. Później wielokrotnie sprawowałem ten obrzęd jako biskup, a także jako papież. Jest coś dogłębnie przejmującego w tej prostracji ordynandów: symbol głębokiego uniżenia wobec majestatu Boga samego, a równocześnie ich całkowitej otwartości, ażeby Duch Święty mógł zstąpić, bo przecież to On sam jest sprawcą konsekracji. *Veni, Creator Spiritus, mentes tuorum visita, Simple superna gratia quae Tu creasti pectora.* Tak jak we Mszy św. jest On sprawcą przeistoczenia chleba i wina w Ciało i Krew Chrystusa, tak i w Sakramencie Kapłaństwa On jest sprawcą konsekracji kapłańskiej czy biskupiej. 1

## Na posadzce

Mający otrzymać święcenia pada na twarz, całym ciałem, czołem dotyka posadzki świątyni, a w tej postawie zawiera

*...leżąc krzyżem, oczekiwałem na moment włożenia rąk. Później wielokrotnie sprawowałem ten obrzęd jako biskup, a także jako papież.*

się wyznanie jakiejś całkowitej gotowości do podjęcia służby, jaka zostaje mu powierzona. Ceremonia ta pozostawiła głęboki ślad w moim życiu kapłańskim. Kiedyś po latach — w Bazylice św. Piotra, na początku soboru — mając przed oczyma ten moment święceń kapłańskich, napisałem utwór poetycki, którego fragment warto tutaj przytoczyć:

> To Ty, Piotrze. Chcesz być tutaj Posadzką, by po Tobie
> przechodzili
> (...) by szli tam, gdzie prowadzisz ich stopy (...)
> Chcesz być Tym, który służy stopom — jak skała
> raciczkom owiec:
> Skała jest także posadzką gigantycznej świątyni.
> Pastwiskiem jest krzyż.
> *Posadzka* [1]

Pisząc te słowa, myślałem zarówno o Piotrze, jak i o całej rzeczywistości kapłaństwa służebnego, starając się uwydatnić głębię znaczenia owej liturgicznej prostracji. W tej postawie leżenia krzyżem przed otrzymaniem święceń wyraża się najgłębszy sens duchowości kapłańskiej: tak jak Piotr, przyjąć we własnym życiu krzyż Chrystusa i uczynić się „posadzką" dla braci. [2]

## Wawelskie prymicje

W związku z tym, że święcenia kapłańskie otrzymałem w uroczystość Wszystkich Świętych, wypadło mi odprawić Mszę św. prymicyjną w Dzień Zaduszny, 2 listopada 1946 roku. W tym dniu każdy kapłan może odprawić trzy Msze św. i dlatego też te moje prymicje miały charakter „troisty". Odprawiłem te trzy Msze św. w krypcie św. Leonarda, która stanowi część wcześniejszej, tzw. hermanowskiej, katedry biskupiej w Krakowie na Wawelu. (...) Ksiądz Figlewicz był obecny przy mnie jako tzw. *manuductor*. (...)

W tych wawelskich prymicjach uczestniczyło niewiele osób. Pamiętam, że była obecna moja chrzestna matka, starsza siostra mojej rodzonej Matki, Maria Wiadrowska. Pamiętam też, że do Mszy św. służył mi Mieczysław Maliński. Był on znakiem łączności ze środowiskiem Jana Tyranowskiego, który wtedy już był ciężko chory. 1

## Duch katedry wawelskiej

Obecnie krypta św. Leonarda należy do całości grobów królewskich. Wybierając tę kryptę na miejsce pierwszych Mszy św., chciałem dać wyraz szczególnej więzi duchowej z wszystkimi, którzy w tej katedrze spoczywają. Katedra wawelska jest niezwykłym fenomenem. Jest bowiem, tak jak żadna inna świątynia w Polsce, nasycona treścią historyczną, a zarazem teologiczną. Spoczywają w niej królowie polscy,

*Wybierając tę kryptę na miejsce pierwszych Mszy św., chciałem dać wyraz szczególnej więzi duchowej z wszystkimi, którzy w tej katedrze spoczywają.*
Krypta św. Leonarda na Wawelu.

poczynając od Władysława Łokietka. W tej świątyni byli oni koronowani i tu składano później ich doczesne szczątki. Ten, kto nawiedza katedrę wawelską, musi stanąć twarzą w twarz wobec historii narodu. [1]

Zdajemy sobie wszyscy dobrze sprawę, że wejść do tej katedry nie można bez wzruszenia. Więcej powiem: nie można do niej wejść bez drżenia wewnętrznego, bez lęku, bo zawiera się w niej — jak w mało której katedrze świata — ogromna wielkość, którą przemawia do nas cała nasza historia, cała nasza przeszłość; przemawia zespołem pomników, przemawia zespołem sarkofagów, ołtarzy, rzeźb; ale nade wszystko przemawia do nas cała nasza przeszłość, nasza historia — zespołem imion i nazwisk. Wszystkie te imiona i nazwiska znaczą i wyznaczają: znaczy każde dla siebie, a wszystkie razem wyznaczają olbrzymią, tysiącletnią drogę naszych dziejów.

I dlatego człowiek, który wchodzi do tej katedry nawet jako przygodny pielgrzym, musi zatrzymać się przed tą wielkością. [2]

Odprawiając prymicyjną Mszę św. w krypcie św. Leonarda, pragnąłem uwydatnić moją żywą więź duchową z historią narodu, która na wzgórzu wawelskim znalazła swą szczególną kondensację. Ale nie tylko to. [3]

## Czekają na zmartwychwstanie

Jest w tym fakcie także głęboki moment teologiczny. Święcenia kapłańskie, jak wspomniałem, przyjąłem w uroczystość Wszystkich Świętych, kiedy Kościół daje wyraz liturgiczny prawdzie o Świętych Obcowaniu — *Communio Sanctorum*. Święci to ci, którzy przez wiarę mają udział w tajemnicy paschalnej Chrystusa i oczekują ostatecznego zmartwychwstania.

Ci ludzie, których sarkofagi znajdują się w katedrze wawelskiej, także czekają tam na zmartwychwstanie. Cała katedra zdaje się powtarzać słowa Symbolu apostolskiego: „Wierzę w ciała zmartwychwstanie i żywot wieczny". A ludzie, którzy w niej spoczywają, są wielkimi „Królami-Duchami", którzy prowadzą naród poprzez stulecia. Są to nie tylko koronowani władcy i ich małżonki, czy też biskupi i kardynałowie, są to także wieszczowie, wielcy mistrzowie słowa, którzy tak ogromne znaczenie posiadali dla mojej chrześcijańskiej i patriotycznej formacji. (...)

Jako kapłan, a później jako biskup zawsze nawiedzałem kryptę św. Leonarda z wielkim wzruszeniem. [1]

## Pierwsze msze

Potem miały miejsca inne prymicje, najpierw w kościele parafialnym pod wezwaniem św. Stanisława Kostki na Dębnikach, a w następną niedzielę w kościele parafialnym pod wezwaniem Ofiarowania Najświętszej Maryi Panny w Wadowicach. Odprawiłem także Mszę św. przy Konfesji św. Stanisława w katedrze wawelskiej dla środowiska Teatru Rapsodycznego oraz podziemnej organizacji „Unia", z którą byłem związany w czasie okupacji. [1]

## Jak matka syna

...czuję się stale kapłanem archidiecezji krakowskiej. Bo to jest prawda; stałem się bowiem kapłanem w archidiecezji krakowskiej, [1] która mnie urodziła jak matka syna... [2]

...seminarium krakowskie przygotowało mnie do kapłaństwa. To wielka rzecz przygotować człowieka do kapłaństwa.

Okres, kiedy to się działo w moim życiu, był okresem szczególnym, wyjątkowym. Przeszedłem przez seminarium bardzo nietypowe. Gdyby ktoś zapytał, czy mam za sobą sześć lat seminarium, trzeba by się mocno zastanowić, jakich lat. 3

## Brat w powołaniu

Miejscem moich święceń, jak już powiedziałem, była prywatna kaplica arcybiskupów krakowskich. Pamiętam, że w czasie okupacji często przychodziłem do tej kaplicy, aby w godzinach porannych służyć jako kleryk do Mszy św. księciu metropolicie. Pamiętam także, iż przez pewien czas przychodził ze mną inny konspiracyjny kleryk — Jerzy Zachuta. Pewnego dnia nie przyszedł. Kiedy po Mszy św. zaszedłem do jego mieszkania na Ludwinowie (sąsiedztwo Dębnik), dowiedziałem się, że w nocy został zabrany przez gestapo. Wkrótce potem jego nazwisko znalazło się na liście Polaków przeznaczonych do rozstrzelania. Przyjmując święcenia kapłańskie w tej samej kaplicy, nie mogłem nie pamiętać tego mojego brata w powołaniu kapłańskim, którego Chrystus w inny sposób połączył z misterium swojej śmierci i swojego zmartwychwstania. 1

## Nieznana Europa

Pod koniec listopada [1946] nadszedł czas wyjazdu do Rzymu. W oznaczonym dniu wsiadłem do pociągu z wielkim wzruszeniem. 1

Ziemia przebiega w oknach, przebiegają drzewa i pola.
I mieni się śnieg na gałęziach, a potem w słońcu opada.

I znowu zieleń: młoda naprzód, potem dojrzała, wreszcie
gasnąca jak świece.
Ziemia polska przebiega w zieleniach, jesieniach
i śniegach.

*Stanisław* [2]

Wyjeżdżaliśmy razem ze Stanisławem Starowieyskim, moim młodszym kolegą, który miał odbyć w Rzymie całe studia teologiczne. Po raz pierwszy znalazłem się poza granicami Ojczyzny. Patrzyłem z okna wagonu na znane mi z podręczników geografii miasta. Po raz pierwszy oglądałem Pragę, Norymbergę, Strasburg i Paryż, gdzie zatrzymaliśmy się w Seminarium Polskim, przy rue des Irlandais. [3]

## Jechać do Rzymu

Czas naglił, więc wyjechaliśmy wkrótce do Rzymu, w ostatnich dniach listopada. Najpierw skorzystaliśmy z gościnności księży pallotynów. Pamiętam, że w pierwszą niedzielę po przyjeździe udaliśmy się ze Stanisławem Starowieyskim do Bazyliki św. Piotra, aby uczestniczyć w uroczystym nabożeństwie ku czci nowego błogosławionego. Z daleka widziałem postać papieża Piusa XII, niesionego na *sedia gestatoria*. Udział papieża w beatyfikacji ograniczał się wtedy do odmówienia modlitwy do nowego błogosławionego, natomiast sam obrzęd był celebrowany przez jednego z kardynałów w godzinach przedpołudniowych. Ta tradycja uległa zmianie dopiero przy beatyfikacji Maksymiliana Marii Kolbego, w październiku 1971 r. Papież Paweł VI osobiście przewodniczył obrzędom beatyfikacji polskiego męczennika Oświęcimia w czasie Mszy św. koncelebrowanej wraz z kardynałem Wyszyńskim i biskupami polskimi, w której i ja miałem radość uczestniczyć. [1]

# Śladami *Quo vadis?*

...kiedy jako młody, dwudziestosześcioletni ksiądz (...) przybyłem po raz pierwszy do Rzymu (...), starałem się jak najszybciej odkryć to, co nosiłem w duszy przez długi czas, gdyż ten nieznany Rzym nosiłem w sercu niczym marzenie czy ideał. Przygotowywałem się do tego spotkania przez lata studiów, umocniony długą tradycją katolicką mojej Ojczyzny. Przygotowywałem się, czytając przede wszystkim książkę, która choć napisana przez polskiego pisarza, poświęcona jest w całości Rzymowi pierwszych chrześcijan: *Quo vadis?*

(...) Przez długie lata nosiłem w sercu obraz Rzymu pierwszych chrześcijan, katakumb, i w pierwszych dniach mojego pobytu w Rzymie, w listopadzie 1946 roku, krążyłem po ulicach, wstępowałem do kościołów, ale nie mogłem odnaleźć owego obrazu wyrytego w moim sercu. W końcu dotarłem do katakumb, zwiedziłem pierwsze bazyliki chrześcijańskie, gdzie wyczuwało się nieomal obecność pierwszych chrześcijan, pierwszych chrześcijańskich pokoleń. Dopiero wtedy rozpoznałem Rzym, który żył w moim sercu. (...) Jest to wspomnienie, które na całe życie odcisnęło się w mej pamięci i związało z tym Rzymem, w którym w 1946 roku nawet nie myślałem, że powrócę do niego jako Piotr i pozostanę aż do ostatniego dnia życia jako biskup Rzymu. [1]

## Odkrywanie Wiecznego Miasta

Nie zapomnę nigdy wrażeń z moich pierwszych dni rzymskich, kiedy w roku 1946 zaczynałem zapoznawać się z Wiecznym Miastem. Zapisałem się na *biennium ad lauream* na Angelicum. Dziekanem Wydziału Teologicznego był wówczas o. prof. Ciappi OP, późniejszy teolog Domu Papieskiego i kardynał.

Ksiądz Karol Kozłowski, rektor seminarium krakowskiego, mówił mi wielokrotnie, że dla tego, kto ma szczęście zatrzymać się w stolicy chrześcijaństwa, bardziej niż studia (doktorat z teologii można zrobić wszędzie!) ważne jest uczyć się samego Rzymu. Z jego rady starałem się korzystać. (...) wspólnie z kolegami z Kolegium Belgijskiego, gdzie zamieszkałem, systematycznie zwiedzaliśmy Rzym pod kierunkiem wytrawnych znawców jego historii i zabytków. Natomiast przy okazji wakacji na Boże Narodzenie i Wielkanoc zwiedzaliśmy inne miasta Italii. Pamiętam pierwsze takie wakacje, kiedy idąc za książką duńskiego pisarza Jørgensena, odwiedzaliśmy miejsca związane z życiem św. Franciszka.

Stale w centrum naszego doświadczenia był jednak sam Rzym. Codziennie z Kolegium Belgijskiego przy via del Quirinale 26 chodziłem na wykłady na Angelicum, wstępując po drodze do jezuickiego kościoła św. Andrzeja na Kwirynale, gdzie spoczywają relikwie św. Stanisława Kostki, który mieszkał w przylegającym do tego kościoła nowicjacie. Tam też zakończył on swoje życie. Pamiętam, że wśród odwiedzających jego grób było wielu seminarzystów z Germanicum, których można było łatwo rozpoznać po czerwonych sutannach. W sercu chrześcijaństwa i w świetle tradycji świętych spotykały się narody i wznosząc się ponad tragedię wojny, która nas głęboko doświadczyła, stawały się jakby zaczątkiem zjednoczonego świata.

Tak więc moje kapłaństwo, moja formacja teologiczna i duszpasterska są prawie od samego początku wpisane w doświadczenie Rzymu. Dwa lata studiów, zakończone w roku 1948 doktoratem, to były równocześnie dwa lata intensywnego „uczenia się Rzymu". [1]

## Seminarzysta robotnik

Kolegium Belgijskie pomagało w codziennym osadzaniu mojego kapłaństwa w doświadczeniu stolicy chrześcijaństwa. Ułatwiało ono nawiązanie kontaktu z pewnymi awangardowymi formami apostolatu, które w tamtym okresie rozwijały się w Kościele. Mam na myśli przede wszystkim spotkania z ks. Josephem Cardijnem, twórcą JOC [ruch Chrześcijańskiej Młodzieży Robotniczej] i późniejszym kardynałem. Przyjeżdżał on czasem do Kolegium i miał spotkania z księżmi studentami. Wprowadzał nas w to szczególne doświadczenie ludzi pracy fizycznej. Do tego doświadczenia byłem w pewnej mierze przygotowany z uwagi na moją wcześniejszą pracę w kamieniołomie i w oczyszczalni wody w fabryce Solvay. (...)

Gdy (...) poprzez moich kolegów z Kolegium Belgijskiego zetknąłem się z problemem księży robotników oraz ruchem Chrześcijańskiej Młodzieży Robotniczej, wówczas uświadomiłem sobie, że to, co stało się tak bardzo ważne dla Kościoła i dla kapłaństwa na Zachodzie — kontakt ze światem pracy — ja właściwie już miałem wpisane w swoje doświadczenie życiowe.

Miałem za sobą doświadczenie wprawdzie nie „księdza robotnika", ale „seminarzysty robotnika". Wiedziałem, co to jest praca fizyczna, gdyż byłem robotnikiem. [1]

## Europejskie wakacje

Doświadczenie zdobyte w Kolegium Belgijskim zostało potem jeszcze poszerzone dzięki bezpośrednim kontaktom nie tylko ze środowiskiem belgijskim, lecz również francuskim i holenderskim. Mogliśmy bowiem wraz ze Stanisławem Starowieyskim, za zgodą kardynała Sapiehy, w czasie letnich wakacji w roku 1947 odwiedzić te kraje. W ten sposób wzbogaciło się moje doświadczenie Europy. [1]

Mój najdłuższy pobyt w życiu we Francji miał miejsce w 1947 roku, na przełomie lipca i sierpnia, podczas wakacji uniwersyteckich. [2] W Paryżu, mieszkając w Seminarium Polskim, mogłem z bliska zapoznać się z kwestią księży robotników. [3] Wtedy też czytałem z zapartym tchem *La France, pays de mission?* Godina i odwiedzałem parafię na przedmieściach robotniczych, gdzie proboszczem był ks. Michonneau. Czytałem także studia ks. Boulard. Miałem jakieś doraźne kontakty z Mission de France, Mission de Paris. [4] To wszystko w pierwszym i drugim roku kapłaństwa miało dla mnie ogromne znaczenie. [5]

W Marsylii trafiłem przelotnie do wspólnoty duszpasterskiej o. Loew. Uczestniczyłem w „Tygodniku Społecznym". Oczywiście, że byłem także w Lourdes i zwiedziłem przynajmniej niektóre z tych wspaniałych katedr, które stanowią szczyt francuskiego — i myślę, że światowego — gotyku. [6]

Pamiętam, że dzięki pomocy moich kolegów, zwłaszcza rodziców nieżyjącego już ks. Alfreda Delmé, mogliśmy wspólnie ze Stanisławem Starowieyskim spędzić dziesięć dni w Holandii. Uderzyła mnie niezwykle mocna struktura Kościoła i duszpasterstwa w tym kraju, prężne organizacje i żywotne wspólnoty kościelne. [7]

## Wśród polskich górników

Stosunkowo największą część tego wakacyjnego czasu spędziłem w Belgii. Przez miesiąc wrzesień roku 1947 byłem duszpasterzem polskiej misji katolickiej wśród górników w pobliżu Charleroi. Było to bardzo owocne doświadczenie.

Pierwszy raz byłem w kopalni węgla kamiennego właśnie tam. Mogłem zapoznać się z ciężką pracą górników. Odwiedzałem rodziny tych polskich emigrantów, rozmawiałem z nimi, spotykałem się z młodzieżą, z dziećmi. I znowu przyjmowano mnie z życzliwością i otwartością podobną do tej, jakiej doznawałem podczas pracy w Solvayu.

(...) Tak więc z różnych stron odsłaniała mi się coraz bardziej Europa Zachodnia, Europa powojenna, Europa wspaniałych gotyckich katedr, a równocześnie Europa zagrożona procesem sekularyzacji. Dostrzegałem wyzwanie, jakie ta sytuacja stanowiła dla Kościoła, a także potrzebę wyjścia na spotkanie tego zagrożenia przez odpowiednie formy duszpasterstwa, otwarte na większą obecność świeckich.

## Wielki proboszcz z Ars

Wracając z Belgii do Rzymu, miałem szczęście po raz pierwszy odwiedzić Ars. Było to już pod koniec października 1947 roku. Wypadała wtedy niedziela Chrystusa Króla. Z wielkim pietyzmem zwiedzałem stary kościółek — ten, w którym św. Jan Maria Vianney spowiadał, katechizował i głosił swoje kazania. Było to dla mnie doświadczenie głęboko przejmujące. Od czasów kleryckich żyłem pod wrażeniem postaci proboszcza z Ars, zwłaszcza po lekturze książki ks. Trochu. Święty Jan Maria Vianney zdumiewa przede wszystkim tym, że odsłania potęgę łaski działającej przez ubóstwo ludzkich środków. Byłem szczególnie wstrząśnięty jego heroiczną posługą konfesjonału. Ten pokorny kapłan, który spowiadał po kilkanaście godzin na dobę, odżywiając się niezwykle skromnie, przeznaczając na spoczynek kilka zaledwie godzin, potrafił w tym trudnym okresie dokonać duchowej rewolucji we Francji i nie tylko we Francji. Tysiące ludzi przechodziło przez Ars i klękało przy jego konfesjonale. Na tle dziewiętnastowiecznego zeświecczenia i antyklerykalizmu jego świadectwo było wydarzeniem dosłownie rewolucyjnym. [1] Myślę, że w imię żadnej nowej koncepcji, w imię wymowy żadnej „współczesności", nie możemy zrezygnować z takich wzorców. Nie możemy uznać ich za „wczorajsze", za „przedawnione" (...). Możemy tylko — owszem, nawet musimy — naśladować te wzory, odczytując je wedle coraz nowych „znaków czasu", niemniej w całej istotnej tożsamości. Gdyby Jan Vianney żył w naszej epoce, na pewno starałby się cały heroizm swego życia kapłańskiego, cały ów ewangeliczny radykalizm, jaki bije od jego postaci, przenieść w kontekst warunków współczesnego apostolatu i duszpasterstwa. Czy można pomyśleć, że zostałby księdzem robotnikiem? Chyba można, jeśli wziąć pod uwagę ten ewangeliczny radykalizm, jaki zawiera się także w tej koncepcji życia kapłańskiego. Można jednak przypuszczać, że po jakimś czasie towarzysze pracy powiedzieliby mu: przestań pracować, a zacznij nas spowiadać, zacznij odwiedzać naszych chorych, zacznij uczyć katechizmu nasze dzieci. [2]

*...nade wszystko w konfesjonale objawia się miłosierdzie Boże.*
Jan Paweł II w Wielki Piątek
w Bazylice św. Piotra.

Z zetknięcia się z jego postacią wyniosłem przekonanie, że kapłan realizuje zasadniczą część swojego posłannictwa poprzez konfesjonał — „stać się w sposób wolny więźniem konfesjonału". Nieraz spowiadając w Niegowici, na pierwszej parafii, a potem w Krakowie, wracałem myślą do tego niezapomnianego doświadczenia. A związek z konfesjonałem starałem się zachować zarówno w czasie pracy naukowej w Krakowie, spowiadając zwłaszcza w kościele Mariackim, jak i teraz w Rzymie, powracając nieomal symbolicznie co roku do konfesjonału w Wieki Piątek w Bazylice św. Piotra. [3]

## W drodze do Polski

Z początkiem lipca 1948 roku obroniłem pracę doktorską na Angelicum i zaraz potem wyruszyłem w drogę powrotną do Polski. Już wspomniałem uprzednio, że przez te prawie dwa lata pobytu w Wiecznym Mieście intensywnie „uczyłem się Rzymu": Rzymu katakumb, Rzymu męczenników, Rzymu Piotra i Pawła, Rzymu wyznawców. Są to czasy, do których zawsze wracam z głębokim przejęciem. Wyjeżdżając z Rzymu, wywoziłem stamtąd nie tylko pewną sumę wykształcenia teologicznego, ale także ugruntowanie mojego kapłaństwa i pogłębienie mojej wizji Kościoła. Ten okres intensywnych studiów przy grobach Apostołów dał mi pod tym względem bardzo dużo.

Można by było jeszcze poruszyć wiele szczegółów na temat tego decydującego doświadczenia, ale podsumowując, pragnę powiedzieć, że poprzez Rzym moje młode kapłaństwo wpisało się w jakiś nowy wymiar europejski i uniwersalny. Tak więc wracałem z Rzymu do Krakowa z pewnym poczuciem uniwersalności misji kapłańskiej, co potem zostało tak wspaniale sformułowane przez II Sobór Watykański, przede wszystkim w konstytucji dogmatycznej o Kościele — *Lumen gentium*. Nie tylko biskup, ale także każdy kapłan winien żyć troską o cały Kościół i poniekąd czuć się za niego odpowiedzialny. [1]

(...) W Rzymie (...) miałem sposobność lepiej zobaczyć, jak kapłaństwo jest związane z duszpasterstwem i apostolstwem świeckich. Między posługą kapłana a apostolstwem świeckich istnieje głęboka więź, co więcej — wzajemna koordynacja. Zastanawiając się nad tymi problemami duszpasterskimi, odkrywałem coraz bardziej sens i wartość kapłaństwa służebnego. [2]

## Niegowić — w wiejskiej parafii

Kiedy wróciłem do Krakowa, znalazłem w kurii metropolitalnej pierwszy przydział pracy — tzw. aplikatę. Książę metropolita był wtedy w Rzymie, więc jego wola dotarła do mnie za pośrednictwem tego pisma. Przyjąłem tę wolę z radością. Najpierw dowiedziałem się, jak dostać się do Niegowici, i udałem się tam w odpowiednim dniu. Dojechałem autobusem z Krakowa do Gdowa, a stamtąd jakiś gospodarz podwiózł mnie szosą w stronę wsi Marszowice i potem doradził mi iść ścieżką wśród pól, gdyż tak miało być bliżej. W oddali było już widać kościół w Niegowici. A był to okres żniw. Szedłem wśród łanów częściowo już skoszonych, a częściowo czekających jeszcze na żniwo. [1]

Ojczyzna — kiedy myślę — słyszę jeszcze dźwięk kosy,
gdy uderza o ścianę pszenicy,
łącząc się w jeden profil z jasnością nieboskłonu.

*Myśląc Ojczyzna...* [2]

Pamiętam, że w pewnym momencie, gdy przekroczyłem granice parafii w Niegowici, uklęknąłem i ucałowałem ziemię. Nauczyłem się tego gestu chyba od św. Jana Marii Vianneya. W kościele pokłoniłem się przed Najświętszym Sakramentem, a następnie poszedłem przedstawić się mojemu proboszczowi. Ksiądz prałat Kazimierz Buzała, dziekan niepołomicki i proboszcz w Niegowici, przyjął mnie bardzo serdecznie i po krótkiej rozmowie pokazał mi mieszkanie na wikarówce.

I tak rozpoczęła się moja praca duszpasterska na pierwszej parafii. Trwała ona tylko rok, a była wypełniona zwyczajnymi obowiązkami wikariusza i katechety. Uczyłem religii w pięciu szkołach podstawowych, w wioskach należących do parafii w Niegowici, do których dowożono mnie wozem konnym lub bryczką. Zapamiętałem życzliwość tak ze strony grona nauczycielskiego, jak i parafian. Klasy były różne. Niektóre grzeczne i spokojne, inne zaś rozbrykane. Do dziś pamiętam ciszę i skupienie, jakie panowały w klasach, gdy w wielkim poście przeprowadzałem lekcję na temat Męki Pańskiej.

W tym czasie parafia w Niegowici przygotowywała się do obchodu pięćdziesięciolecia święceń kapłańskich swego

*Pocałunek złożony na ziemi polskiej*
*ma jednak sens szczególny.*
*Jest to jakby pocałunek złożony*
*na rękach matki — albowiem Ojczyzna*
*jest naszą matką ziemską.*

proboszcza. Ponieważ stary kościół nie wystarczał już na potrzeby duszpasterskie, parafianie zadecydowali, iż najpiękniejszym darem dla Jubilata będzie budowa nowej świątyni. Zabrano mnie jednak dość szybko z tej pięknej wspólnoty.

Po roku zostałem przeniesiony do parafii św. Floriana w Krakowie. [3]

## Mój Kraków

Patrzę na Kraków. Mój Kraków, miasto mojego życia. Miasto naszych dziejów. [1] Kraków jest miastem ogromnie bogatym. Całe dzieje przeszły przez to miasto i chciały w nim pozostać. (...)

Moja miłość do Krakowa jest starsza niż mój pobyt w Krakowie. (...) urodziłem się poza Krakowem, ale żyjąc na co dzień poza Krakowem, w Wadowicach, stale do Krakowa tęskniłem i uważałem za wielki dzień w moim życiu, kiedy po zdaniu matury w 1938 roku już się tu na stałe przeprowadziłem i zacząłem uczęszczać na Uniwersytet Jagielloński, wydział wówczas filozoficzny i specjalizacja: filologia polska. [2]

## W świecie nauki i kultury

...Kraków, właśnie ten Kraków Uniwersytetu i kultury, należy ściśle do mojego życiorysu. (...) Wielka jest tradycja świata nauki w Krakowie. Nawet nie trzeba o tym wspominać. Jest wielka, bo bardzo długa, najdłuższa w Polsce. Jest wielka, bo znakomita. Zawsze ta nazwa: Uniwersytet Jagielloński — wywołuje na całym świecie skojarzenia najwyższej rangi.

(...) Cóż powiedzieć o innych dziedzinach kultury. Może najbliżej nauki zawsze znajdowała się sztuka. Kraków był umiłowanym miejscem artystów i jest nim nadal. (...) Trudno w Polsce być artystą, nie przeszedłszy przez Kraków. Mam na myśli wszystkie gałęzie sztuki. I tę gałąź, z którą byłem może najbliżej związany, to znaczy sztukę żywego słowa, sztukę teatru (...).

Mam na myśli medycynę krakowską, z którą byłem związany przede wszystkim jako pacjent. Starałem się być jak najmniej związany (...) [1] Muszę przyznać, że na pięćdziesiąt osiem lat tu przeżytych stosunkowo mało doświadczyłem szpitali. Trochę jako chłopiec z powodu mojego brata starszego, lekarza, oraz po wypadku, który miałem przy końcu okupacji — i tyle. O wiele więcej w Rzymie. Policlinico Gemelli w Rzymie już odwiedzałem (...), po kilka dni, po kilka tygodni. [2]

Natomiast zawsze patrzyłem na tę dziedzinę krakowskiej nauki, na medycynę, ze szczególną miłością, ponieważ ona była wybraną dziedziną mojego stosunkowo wcześnie zmarłego brata. Prócz tego miałem ogromnie wiele kontaktów w świecie lekarskim. [3]

## Humanista w świecie nauk ścisłych

Zacząłem też, tak się złożyło — ja, z powołania kapłan, z wykształcenia humanista, polonista — obcować przede wszystkim z ludźmi, którzy reprezentowali dziedzinę, na której się najmniej znałem i do dziś najmniej znam, to znaczy z przedstawicielami nauk ścisłych, w szczególności fizyki oraz techniki. To byli moi serdeczni przyjaciele. [1]

Pragnę wspomnieć o człowieku, którego wielu (...), tak jak ja — znało osobiście. Związany z krakowskim środowiskiem naukowym, był profesorem Politechniki Krakowskiej. Dla naszego pokolenia stał się jakimś szczególnym świadkiem nadziei. Myślę tu o Jerzym Ciesielskim, o słudze Bożym Jerzym Ciesielskim. Jego pasja naukowa była nierozerwalnie związana ze świadomością transcendentnego wymiaru prawdy. Swoją dociekliwość uczonego łączył z pokorą ucznia wsłuchanego w to, co o tajemnicy Boga i człowieka mówi piękno stworzonego świata. Posługę uczonego — „posługę myślenia" — uczynił drogą do świętości. Mówiąc o powołaniu człowieka nauki, nie możemy pominąć również i tej perspektywy. (...) Być pracownikiem nauki, to zobowiązuje! Zobowiązuje przede wszystkim do szczególnej troski o rozwój własnego człowieczeństwa. [2]

## U Świętego Floriana

...skierował mnie książę metropolita krakowski kardynał Adam Sapieha do parafii św. Floriana w Krakowie [1], z parafią tą byłem (...) głęboko związany. Tam bowiem było mi dane w znacznej mierze pogłębić moje kapłańskie i duszpasterskie doświadczenie [2]. Zgodnie z wolą proboszcza,

*...poprzez parafię św. Floriana wchodziłem w problematykę naszego Kościoła i w życie krakowskiej archidiecezji.*
Kościół św. Floriana w Krakowie, ul. Warszawska 1.

ks. prałata Tadeusza Kurowskiego, rozpocząłem katechizację starszych klas licealnych, a także duszpasterstwo wśród studentów szkół wyższych. [3]

Mogę powiedzieć, że poprzez parafię św. Floriana wchodziłem w problematykę naszego Kościoła i w życie krakowskiej archidiecezji. Tam, na Kleparzu, razem z kapłanami oraz ludźmi młodego i starszego pokolenia, oddanymi Kościołowi i tymi, którzy szukali Chrystusa w Kościele, odkrywałem wiele spraw i potrzeb człowieka naszych trudnych czasów. Tam dojrzała jakoś, w oparciu o doświadczenia innych, idea zorganizowanego i dostosowanego do potrzeb czasu duszpasterstwa akademickiego. Tam też dojrzewała i kształtowała się jego forma. Dzięki temu młodzież, ze wszystkimi jej sprawami, weszła w szczególny sposób w moje życie, w moje posłannictwo i posługę.

Tę osobistą więź, która w wielu wypadkach trwa do dziś, i więź z innymi środowiskami parafialnego apostolstwa, wspólne poszukiwania, refleksje, nade wszystko rekolekcje i modlitwę, wszystko to uważałem zawsze za dar Boga i moje szczególne bogactwo. (...) I dziś to wszystko: współbracia w kapłaństwie, parafianie, młodzież, pozwólcie, że wymienię także „chórek", staje żywo przed mymi oczami. [4]

## Duszpasterskie początki

Muszę przyznać, że nie byłem zbyt wytrwały w przywiązaniu do humanistyki. Skoro już w okresie okupacyjnym przeszedłem na inną drogę powołania i zacząłem na tej innej drodze powołania, to znaczy w kapłaństwie, pracować, to wówczas na nowo otworzył się przede mną świat uniwersytecki, ale już przede wszystkim od strony młodzieży akademickiej. Bardzo szybko zacząłem pracować jako duszpasterz akademicki. [1]

Duszpasterstwo akademickie w Krakowie miało swoje centrum przy kościele św. Anny, lecz w związku z powołaniem do istnienia nowych uczelni powstała potrzeba stworzenia nowego ośrodka, właśnie przy kościele św. Floriana. Rozpocząłem tam wygłaszanie co czwartek konferencji dla młodzieży akademickiej, poruszając podstawowe zagadnienia dotyczące istnienia Boga i duchowości duszy ludzkiej — tematy bardzo potrzebne w kontekście wojującego ateizmu władz komunistycznych. [2] (...) trafiłem tam na nazaretanki. (...) nazaretanki specjalnie zaważyły na mojej działalności duszpasterskiej jako młodego wikariusza, a zwłaszcza duszpasterza młodzieży, ponieważ — chociaż to były już czasy stalinowskie — miały jeszcze swój internat studentek. Ten internat studentek stał się jakimś punktem odniesienia dla działalności młodego wikarego, tym bardziej że zwykle tam gdzie są studentki, to się pojawiają także studenci. Otóż ja postanowiłem iść za tym, a równocześnie miałem wielką pociechę w parafii, ponieważ bardzo się w tej parafii ci młodzi ludzie udzielali — i studentki, i studenci. [3]

## Czasy stalinowskie

Młodsi już nie wiedzą, co to dokładnie znaczy, ale wiedzą ci, którzy to przeżyli. Oni wiedzą, że zwłaszcza pierwszy okres tzw. PRL-u stał pod znakiem terroru policyjnego. Jeśli nawet ten system terrorystyczny nie wydał najbardziej opłakanych owoców w postaci przesłuchań, uwięzień, szczególnej dyskryminacji, to przecież nawet tzw. życie normalne było przeniknięte symptomem codziennego zastraszenia, podejrzliwości oraz uzasadnionych obaw. Rzutowało to na życie Kościoła i duszpasterstwo, w szczególności na duszpasterstwo młodzieży. Ustrój i system wypowiedziały walkę religii i Kościołowi. Celem tej walki było narzucenie materialistycznej ideologii. Wszystkie szkoły, a zwłaszcza szkoły wyższe, miały służyć wychowaniu człowieka w tym właśnie duchu. W tym miejscu zderzenie z chrześcijańską tradycją i charakterem całego narodu było nieuniknione. Społeczeństwo czuło, że jest zagrożone na terenie najczulszym, na terenie swoich przekonań, na terenie wolności sumienia, i dawało temu wyraz. Rzec można, że młode pokolenie znajdowało się w pierwszym szeregu tej właśnie walki o duszę polskiego narodu. (...)

To wszystko staje mi przed oczami (...). Wiadomo, że zlikwidowano wszystkie organizacje katolickie, zwłaszcza młodzieżowe. Pozostała parafia i duszpasterstwo parafialne, kontakty na gruncie tego duszpasterstwa, a w szczególności na gruncie katechezy. W tym przypadku myślę przede wszystkim o katechezie studentów uniwersyteckich. Od katechezy prowadziła droga do powstawania takich środowisk (...), które nie ulegając naciskowi, starały się szukać form spotykania się i tworzenia wspólnot, wprawdzie nieformalnych, niemniej autentycznych. (...) Jest to historia dróg, na których żeśmy się spotykali. Te indywidualne poniekąd drogi łączyły się ze sobą i tak powstało właśnie „środowisko". [1]

## Turystyczne duszpasterstwo

Zacząłem jako kapłan, i to kapłan pracujący naukowo (ta okoliczność jest ważna), uprawiać turystykę dla wypoczynku. Wkrótce jednak zorientowałem się, że wypoczynek ten można wykorzystać jeżeli nie bardziej po kapłańsku, to z pewnością bardziej po duszpastersku. Oto istnieją młodzi ludzie, którzy nie tylko jeżdżą na nartach, wędrują po górach i szosach (rowery) i pływają kajakami po naszych wspaniałych północnych jeziorach, ale również uczestniczą we Mszy św., i to nie tylko z obowiązku raz w niedzielę, oraz przystępują do Komunii św. Ludzie ci — dodajmy — przyciągają się wzajemnie i nawet mimo woli szukają sobie podobnych, nie tylko świeckich (w grę wchodzą dziewczęta i chłopcy — ci młodzi ludzie myślą bowiem o zakładaniu rodzin w perspektywie kilku lat), ale również wśród księży. Obecność kapłana ułatwia przecież dalekie wędrówki po odludnych Bieszczadach albo też zapadanie w głuszę puszcz nad Brdą. Tam się wypoczywa po całym roku męczącej, nerwowej pracy na uczelni albo w biurze projektów czy w szpitalu, a chyba podobnie po roku w konfesjonale, na ambonie, na katedrze uniwersyteckiej. Wypoczywa się prawdziwie i do dna przez kontakt z przyrodą, której nie można podpatrzeć na żywo i w całej pełni poprzez werandy wczasowych domów czy nawet hoteli i schronisk turystycznych.

...ktoś mógłby pomyśleć, że duszpasterstwo akademickie to tylko chodzenie na wycieczki, wyprawy na kajakach. To jest bardzo błędny pogląd, bo wielu ludzi uprawia turysty-

*Dobrze jest człowiekowi, czyta w tej księdze przedziwnej, jaką jest „księga przyrody", szeroko otwarta dla każdego.* Podczas wypraw turystycznych młodego księdza nazywano Wujkiem.

kę, a z tego jeszcze całkiem nie wynika duszpasterstwo. Natomiast dla nas, dla księdza biskupa Jana (Pietraszki) i dla mnie, we wczesnych latach pięćdziesiątych stało się rzeczą jasną, że jeżeli to duszpasterstwo ma sięgać w różne wymiary życia młodych ludzi, studentów, to nie może się kończyć tylko na kościele, musi szukać sobie jeszcze innych terenów. Dzisiaj to jest prawda powszechnie znana, dzisiaj ten styl życia i styl działalności duszpasterstwa akademickiego jest powszechnie przyjęty. Ale wtedy to były początki. [2]

## Spotkanie z Bogiem

Wypoczywa się zaś w całej pełni — a lepiej można powiedzieć: w całej głębi, kiedy ów kontakt z przyrodą staje się kontaktem z Bogiem obecnym w przyrodzie i obecnym w duszy ludzkiej. [1]

Księga Mądrości, której echo znajdujemy u św. Pawła, śpiewa tę obecność Boga we wszechświecie, przypominając, że „z wielkości i piękna stworzeń poznaje się przez podobieństwo ich Stwórcę" (Mdr 13, 5; por Rz 1, 20). Jest to prawda, którą wyśpiewuje także starodawna żydowska tradycja chasydzka: „Dokądkolwiek pójdę, tam Ty jesteś! Gdziekolwiek się zatrzymam, tam Ty jesteś! Gdziekolwiek się zwrócę, cokolwiek podziwiam, tylko Ty jesteś, znowu Ty, zawsze Ty! (M. Buber, *Opowieści chasydów*). [2]

Przypominam sobie list, jaki raz otrzymałem od wielkiego niewątpliwie uczonego, przyrodnika. List, który mnie głęboko wzruszył. Autor bowiem pisze tak (będę cytował z pamięci, bo już gdzieś mi się zagubił oryginał tego listu, ale pamiętać go będę chyba do śmierci): właściwie na drogach mojej wiedzy nie znajduję Boga. Ale są takie momenty — bywa to najczęściej wobec majestatu przyrody, na przykład wobec piękna gór — i dzieje się ze mną rzecz dziwna; ja, który na drogach mojej wiedzy nie znajduję Boga, w tym momencie czuję z jakąś pewnością, że On jest! I wtedy zaczynam się modlić. 3

## Ksiądz na wycieczce

Zadaniem codziennym kapłana jest uobecniać Boga, Boga Odkupiciela, przez Mszę św. w każdym miejscu, na którym Mszę św. wolno mu sprawować. Poza tym zadaniem duszpasterza jest współżyć i obcować z ludźmi wszędzie, gdzie oni się znajdują, być z nimi we wszystkim „prócz grzechu". Może więc bardzo ważną rzeczą będzie zaznaczyć, że nie wszyscy młodzi ludzie, którzy wybierają się na wędrówki turystyczne, a nawet na spływy kajakowe, i to nawet w towarzystwie mieszanym, szukają w tym grzechu — większość z nich, chyba większość, tego właśnie nie szuka. Owszem, często szukają oddalenia od grzechu, od jego zalążków i zaczątków, które tkwią nie tylko w złej woli, ale też w całym zdenerwowaniu współczesnego życia, w podniecających zabawach i rozrywkach. Turystyka natomiast ma w sobie wiele radości (tendencyjnie nie piszę „przyjemności"), ale radości okupionej pewnym wysiłkiem i trudem, i to wysiłkiem zespołowym, społecznym. (...)

Jeżeli kapłan w wycieczce nie przeszkadza, jeżeli jest wręcz poszukiwany, to znak, że mamy do czynienia z możliwością duszpasterstwa indywidualnego, sięgającego do głębi młodej duszy na zasadzie obustronnego zaufania, a przy tym przedmiotem tego duszpasterstwa są właśnie ludzie młodzi, ludzie z rasy zdobywców. Nie można się wówczas cofnąć, kto wie nawet, czy nie wypada poszukać takiej możliwości. Jest ich więcej, niż się na ogół przypuszcza. Czas urlopu może być wówczas lepiej odkupiony, a odpoczynek stanie się bardziej twórczy. Nie jest to bez znaczenia, jeżeli ten czy ów młody człowiek powiada: „Tęsknię za tym naszym chrześcijańskim stylem życia na wycieczce", a ten „styl życia" wykazuje tendencję do przedłużania się w jakiejś bodaj mierze na inne, pozawycieczkowe, okresy życia, których jest rzecz jasna niewspółmiernie więcej.

Metody? Są one proste, podstawowe. Msza św. codzienna na ołtarzu przenośnym w różnych fantastycznych zakątkach naszej ziemi; ołtarz na wiosłach, ołtarz na śniegu, ołtarz na plecakach — żywa natura (nie tylko wytwór ludzkiej sztuki) bierze udział w Ofierze Syna Bożego. Msza św. więc stanowi modlitwę poranną i pierwszy zbiorowy czyn po pobudce. Przy tym kilka słów: myśl na cały dzień. Czy zawsze wokół niej krąży potem pamięć i wyobraźnia — nie wiadomo, ale to nie jest jeszcze takie ważne. W każdym razie myśl musi być w jakiś sposób potrzebna. Wieczorem powraca się do tej myśli przy wspólnej modlitwie. Poza tym metodą zasadniczą jest wysiłek sportowy i środowisko, potrzeba współdziałania, organizacji, życzliwości, koleżeństwa, przyjaźni. Na wędrówkach rozmawia się — ksiądz jest po to, aby z nim rozmawiać. Przedmiotem rozmów dwójkowych lub zbiorowych może być wszystko — od spraw sumienia do dowodów na istnienie Boga i katolickiej nauki społeczno-etycznej. Zresztą niekoniecznie muszą to być rozmowy zasadnicze. Chodzi o to, aby umieć rozmawiać o wszystkim, o filmie, o książce, o pracy zawodowej, o badaniach naukowych i o jazz-bandzie w sposób właściwy. Wycieczka musi być dobrze przygotowaną improwizacją. Najważniejsze jest, iż wszyscy uznają to, co ona w ich życie wnosi, że jej szukają i poniekąd pracują nad nią przez cały rok (podobny charakter mają też mniejsze „przecinki" wycieczkowe od czasu do czasu).

(...) Pragnę podkreślić, że nieraz w ciągu tych lat nachodziła mnie myśl, czy korzystając z różnych sposobności do uprawiania duszpasterstwa turystycznego, nie rozmieniam jakoś swojego kapłaństwa na drobne — cóż to jest w porównaniu z działalnością misjonarza czy nawet zwykłego wikarego (...). Zawsze jednak po długiej refleksji, po dniach skupienia i modlitwie dochodziłem do wniosku, że mogę, a nawet powinienem to czynić, jest to bowiem wbrew pozorom działalność kapłańska, może nawet wręcz pionierska. [1]

## „Środowisko"

...ukształtowało się w latach pięćdziesiątych. Początki sięgają parafii św. Floriana, na terenie której znajdował się Nazaret — dom studentek, a także Politechnika Krakowska. (...) Wokół kościoła św. Floriana, od czasu kiedy tam przybyłem jako wikariusz — a był to rok 1949 — rozwinęło się duszpasterstwo akademickie, w obrębie którego zaczęło się kształtować to, co później przywykliśmy nazywać „środowiskiem". Było to już poniekąd na dalszym etapie naszych kontaktów, które z początku miały charakter kościelny, liturgiczny, a w miarę możliwości pełniejszego duszpasterstwa indywidualnego rozwinęły się, zwłaszcza po moim odejściu od św. Floriana, przybierając stopniowo takie formy, jakie trzeba było znaleźć w ówczesnych warunkach.

(...) Naprzód zaczęto nazywać to „rodzinką", zwłaszcza jeszcze w okresie świętofloriańskim. Później jednak, jak nasza wspólnota oderwała się poniekąd od parafii św. Floriana, a równocześnie bardzo się poszerzyła, przestano już mówić o „rodzince", a powoli pojawił się wyraz „środowisko". Zresztą sam wyraz nie był taki ważny — ważna była rzeczywistość, a ta kształtowała się na wiele sposobów. U podstaw pozostaje zawsze wspólnota modlitwy, a zwłaszcza modlitwy liturgicznej, Eucharystii. Jednakże wspólnota ta, dzięki różnym charyzmatom, nabierała wielorakiego charakteru (...). Takie na przykład zadania, jak kontakty z niewidomymi czy inne podobne, świadczyły o potrzebie szukania dla wiary chrześcijańskiej wyrazu w czynach. Równocześnie i nade wszystko dochodziły do głosu te sprawy, które na młodzieńczym etapie życia były najistotniejsze (...). Tak więc sprawa małżeństwa i rodziny oraz właściwego do niego przygotowania stała się słusznie sprawą najważniejszą. [1]

...te dwie, szczególnie przeze mnie umiłowane dziedziny duszpasterstwa: duszpasterstwo młodzieży i duszpasterstwo małżeństw, czyli rodzin, zawsze stanowiły jakąś całość, jedno wynikało z drugiego, nieraz nawet mówiłem duszpasterzom akademickim: Tak, dobrze, że w ramach waszych konferencji podejmujecie różne tematy, ale najwięcej uczynicie, jeżeli młodych ludzi, przyszłą polską inteligencję, przygotujecie do życia w małżeństwie i w rodzinie chrześcijańskiej. [2]

## Jerzy Ciesielski

Nie zapomnę nigdy tego chłopca, studenta politechniki w Krakowie, o którym wszyscy wiedzieli, że zdecydowanie dąży do świętości. Miał taki program życia. Wiedział, że jest „stworzony do większych rzeczy", jak kiedyś wyraził się św. Stanisław Kostka. A równocześnie nie miał żadnych wątpliwości, że jego powołaniem nie jest ani kapłaństwo, ani życie zakonne. Wiedział, że ma być świeckim. Pasjonowała go praca zawodowa, studia inżynierskie. Szukał towarzyszki życia i szukał jej na kolanach, w modlitwie. Nie zapomnę nigdy tej rozmowy, w której powiedział mi po specjalnym dniu skupienia: „Myślę, że to ta dziewczyna ma być moją żoną, że

Pan Bóg mi ją daje". Jak gdyby nie szedł za głosem tylko własnych upodobań, ale przede wszystkim za głosem Boga samego. Wiedział, że od Niego pochodzi wszystko dobro, i wybrał dobrze. Mówię o Jerzym Ciesielskim, który stracił życie w tragicznym wypadku w Sudanie, gdzie został zaproszony z wykładami na uniwersytet... 1

## A „środowisko" trwa

Wiem, że dzieci, a czasem już i wnuki, wchodzą w ślady swoich rodziców. Kiedy czytam na przykład przysłane przez nich opisy wypraw kajakowych, widzę, jak bardzo w nich trwa i rozwija się to, co zostało wypracowane przez pokolenie ich ojców i dziadków. Tak więc poprzez drugie i trzecie pokolenie znajdujemy odpowiedź na to pytanie, które stawialiśmy sobie w latach pięćdziesiątych: jak przeżyć — w tych nowych warunkach, pod presją ustroju marksistowskiego — jak przeżyć życie ludzkie tak, by było ono autentyczne, godne naszego dziedzictwa jako Polaków i chrześcijan, aby było szlachetne i dobre, otwarte ku Bogu i ku ludziom? 2

## Wyprawy, wycieczki, wędrówki

W dziejach „środowiska" są także powołania kapłańskie i zakonne — powiedziałbym, że we właściwej proporcji. Jednakże w większości są powołania do życia rodzinnego (...).

Jeżeli do powołania małżeńskiego, rodzinnego, bardzo ważna jest sprawa pracy zawodowej, to w tym właśnie kontekście rodziła się też sprawa właściwych form odpoczynku.

Dzieje „środowiska" są poniekąd dziejami różnych wycieczek i wędrówek, które wszystkim nam zapadły głęboko w serce. W tej dziedzinie zdaje się, że przełomowy był rok

1953 oraz wielka wyprawa w Bieszczady. Oczywiście nie ona jedna. Do tradycji „środowiska" należą różne formy wycieczek i wędrówek pieszych, rowerowych, kajakowych, narciarskich. (...) Odnowiłem w sobie moje własne umiejętności turystyczne: nauczyłem się nocować pod namiotem, uczestniczyć w biwakach, a przy tej sposobności poznawać nieznane mi przedtem uroki polskiej ziemi, zarówno na południu, w obszarze górskim, jak też na północy, w rejonie pojezierzy. Nigdy bez was nie byłbym nawiedził, a przez to nie umiłował jeszcze bardziej, tylu miejsc, które należą do bogactwa mojej Ojczyzny; nie wchłonąłbym tego całego bogactwa w sposób bardzo prosty, a równocześnie w sposób bardzo autentyczny. Do tego była potrzebna właśnie wasza młodość, wasze umiejętności, które mi pozwoliły — mnie, niewiele starszemu od niektórych wśród was — na nowo czuć się młodym. Kiedy byłem w waszym wieku, nie było mi dane doświadczyć tego wszystkiego. Był to czas drugiej wojny światowej i okupacji. Kiedy okupacja się skończyła, nastały wprawdzie czasy stalinowskie, ale okazało się, że młodość jest silniejsza od tych zagrożeń, jakie system niósł w sobie, i że znajduje drogę do prawdziwych wartości, że je odnajduje w kontekście wielkiego dziedzictwa, które jest nie tylko dziedzictwem kultury, ale przedtem jeszcze dziedzictwem kraju ojczystego i krajobrazu. [1]

## Mogłem modlić się

...przemierzałem rosnące na zboczach gór lasy, podziwiając piękno natury i majestatyczny krajobraz (...). A przede wszystkim mogłem modlić się (...). [1]

Wróciliśmy z gór. Było pięknie. Namioty schły w słońcu.
Żywica się sączy po konarach, trawy wysokie,

środkiem biegnie ścieżyna,
ledwo, ledwo przedeptana w trawie. Więc człowiek
może się zaszyć
i dumać. Odkrywać głębie istot cudzych i własnej —
odkrywać, dosięgać. Dosięgać tym, co jest we mnie, tego
— co w Tobie.
(...)
Potem sosny — piramidy cienia. Potem niskie krzewy
pełne jagód
i potok. [2]

Ilekroć mam możność udać się w góry i podziwiać górskie krajobrazy, dziękuję Bogu za majestat i piękno stworzonego świata. Dziękuję Mu za Jego własne piękno, którego wszechświat jest jakby odblaskiem, zdolnym zachwycić wrażliwe umysły i pobudzić je do wielbienia Bożej wielkości.

W górach znajdujemy nie tylko wspaniałe widoki, które można podziwiać, ale niejako szkołę życia. Uczymy się tutaj znosić trudy w dążeniu do celu, pomagać sobie wzajemnie w trudnych chwilach, razem cieszyć się ciszą, uznawać własną małość w obliczu majestatu i dostojeństwa gór. [3]

## Jestem człowiekiem gór

...ja z rodu jestem człowiekiem gór (...) [1] chociaż moją Ojczyzną jest cała Polska, wszędzie, gdzie jest Polska, i wszystko, co jest polskie — to jednak z tą częścią Ojczyzny (...) byłem szczególnie związany, bo tam się urodziłem, bo tam spędziłem prawie całe moje życie, tam zostałem powołany do kapłaństwa, do biskupstwa — byłem (...) góralskim biskupem, góralskim kardynałem, a na końcu zostałem góralskim papieżem. [2]

# W Tatrach

Człowiekowi potrzebne jest to piękno [1] naszych Tatr, które same chwalą Boga, które same wzywają człowieka, ażeby stał się głosicielem Jego chwały (...). [2] Dziękuję Bogu za czas odpoczynku w ciszy tych gór, których majestatyczna panorama porywa duszę do kontemplacji mądrości i dobroci Stwórcy. (...)

Góry (...) pozwalają doświadczyć trudu wspinaczki, strome podejścia kształtują charakter, a kontakt z przyrodą daje pogodę ducha. [3] I dlatego też nic dziwnego, że ciągną tutaj ludzie z różnych stron Polski, a także i spoza Polski. Ciągną latem i zimą. Szukają odpoczynku. Pragną odnaleźć siebie w kontakcie z przyrodą. Pragną odzyskać siły w zdrowym marszu, w podejściu, we wspinaczce, w zjeździe narciarskim. Ej, łza się w oku kręci... [4]

Jako dziecko ślizgałem się na łyżwach, jako młody człowiek, jako kapłan, jako biskup, jako papież pozostałem jeszcze trochę narciarzem. [5]

Jest też ten gościnny kraj terenem wielkiej pracy duszpasterskiej, bo nie tylko siły ciała przychodzą tu krzepić lu-

*Dziękuję Bogu za czas odpoczynku w ciszy tych gór...*

dzie, ale też siły ducha. (...) Ta piękna ziemia jest jednocześnie i ziemią trudną. Kamienistą. Górską. Nie tak urodzajną, jak równiny nad Wisłą. [6]

## Sądecczyzna

Sądecczyzna. Ten zakątek jest mi dobrze znany. Wprawdzie to już nie jest ziemia krakowska, nie jest to Podhale, ale jest to sąsiedztwo, bliskie sąsiedztwo. W każdym razie Podkarpacie (...). Ten zakątek jest mi dobrze znany. Znany jest mi z wody, przede wszystkim z Dunajca, mniej z Popradu, ale trochę też; znany mi z gór, z całego Beskidu Sądeckiego, który schodziłem w różnych kierunkach, i to latem, wiosną, jesienią, a także niemało zimą. Tak że zakątek (...) stanął mi żywo przed oczyma duszy i wzbudził jakąś tęsknotę. Bo to piękna ziemia, piękny zakątek, jeden z najpiękniejszych na całej ziemi polskiej. A piękno przyrody idzie jakoś w serce ludzkie i ten zakątek rodzi też pięknych ludzi. (...) Piękno ludzkie wyraża się w kulturze, w dziełach kultury. (...)

W każdej sytuacji, nawet bardzo ciężkiej, potrzebne jest to piękno, które niesie w sobie ojczysta kultura. Również ta kultura ludu, najbardziej podstawowy przejaw kultury narodu. Potrzebne jest to piękno, ażeby zachwycało, żeby podnosiło człowieka, żebyśmy nie chodzili z głowami spuszczonymi w dół, tylko podniesionymi do góry, bo nie ma powodu, żeby spuszczać głowy w dół. „Piękno na to jest, by zachwycało do pracy. Praca, by się zmartwychwstało". Norwid tu się wypowiedział jako chrześcijanin i jako Polak, jako człowiek XIX wieku i XX wieku — naszych czasów. [1]

...stają mi przed oczyma te kościoły drewniane — coraz już rzadsze — na całej ziemi polskiej, ale przede wszystkim na Podhalu i Podkarpaciu: prawdziwe skarby architektury ludowej. [2]

Ta ziemia od lat była mi bliska. Wpatrywałem się z podziwem w uroki jej krajobrazu, wędrowałem górskimi pasmami i dolinami wzdłuż potoków. Doznawałem wiele gościnności. [3]

## W Beskidzie

Specjalnym źródłem (...) radości są Beskidy. [1] ...pasma Beskidu Średniego (...) są mi dobrze znane z dawnych lat. Wędrowałem tędy wielokrotnie, albo w stronę Bieszczad, albo też w kierunku przeciwnym, od Bieszczad, poprzez Beskid Niski, aż do Krynicy. Mogłem też poznać tutejszych ludzi, uprzejmych i gościnnych, chociaż czasem trochę zdziwionych gromadą młodzieży wędrującej z ciężkimi plecakami po górach. [2]

> Sobótkom się kłaniaj ode mnie
> i świątkom starego Wowra
> post sprawującym po drogach:
> ascetycznym, wychudłym świątkom.
>
> — Płomień sobótki się zegnie,
> zakotli nad goryczkami,
> na dwóch zakolebie się nogach —
> Kłaniaj się też pasterzom — i pasterzątkom
> (...)
> Madohorze się kłaniaj ode mnie
> z poszarpanymi sosnami —
> Ładnie dziś u nas — w górach.
>
> *Sonet I* [3]

# Beskid Śląski i Żywiecki

...te strony znam na różne sposoby, nie tylko z mapy, ale znam je dobrze, naprzód na podstawie własnego doświadczenia, bo schodziłem te Beskidy Śląskie, Beskid Żywiecki po wielokroć (...). Więc wiem, jak raduje oko krajobraz beskidzki w różnych porach roku.

Pamięć prowadzi mnie wzdłuż doliny Soły ku północy i ku południowi. Przypominam sobie wszystkie parafie, aż do Ujsół i Zwardonia, które nieraz odwiedzałem. Powinien bym je teraz wymienić po kolei, tak jak rozłożyły się one w dolinie Soły, u stóp Beskidu Żywieckiego. (...) Powinien bym wreszcie podziękować za gościnność, której tak wiele doznawałem na ziemi żywieckiej. I wszystko to czynię dzisiaj z całego serca, przemierzając w myśli ten obszar dawnej archidiecezji krakowskiej: z biegiem Soły, poprzez Porąbkę, aż do Kęt i dalej do Oświęcimia. (...)

Jest jeszcze bardzo wiele myśli i uczuć, które się rodzą w pamięci — obraz tych stron, tych gór, tych wspaniałych hal, lasów, szczytów, które się zwiedzało w ciągu życia i któ-

*...uprawialiśmy nawet trochę życie leśnych ludzi...*
Biskup Karol Wojtyła
w Beskidzie Niskim, 1961 r.

re należą już do przeszłości, do odbytej dotąd drogi. Ale ta droga trwa. [3]

Udaję się w duchu do wszystkich sanktuariów maryjnych ziemi żywieckiej — przede wszystkim zaś do niedalekiego Rychwałdu, gdzie dane mi było kiedyś z kardynałem Stefanem Wyszyńskim koronować cudowny obraz Bogarodzicy. Śpiewam tę wielkanocną antyfonę razem z ziemią żywiecką, razem z doliną Soły, razem z tymi górami Beskidu Żywieckiego i Śląskiego, które wielokrotnie przewędrowałem o różnych porach roku, znajdując w nich radość i wytchnienie. [4]

## Powtórka z geografii

A teraz jeszcze powtórka z geografii. Jesteśmy (...) w Starym Sączu. Stąd wyruszamy ku Dzwonkówce, Wielkiej Radziejowej, na Prehybę, dochodzimy do Wielkiej Raczy. Wracamy na Prehybę i schodzimy albo zjeżdżamy na nartach z Prehyby do Szlachtowej i do Krościenka. W Krościenku na Kopiej Górce jest centrum Oazy. W Krościenku przekraczamy Dunajec, który płynie razem z Popradem w kierunku Sącza, Nowego i Starego, i jesteśmy w Sączu z powrotem. A kiedy na Dunajcu jest wysoka woda, to można w pięć, sześć godzin przepłynąć do Nowego Targu i do Nowego Sącza. To tyle tej powtórki z geografii. [1]

## Mazury

Trwa w mojej pamięci urocza ziemia augustowska ze swym sanktuarium maryjnym w Studzienicznej i Krasnymborze; rozległa i piękna Suwalszczyzna, Suwałki i bliskie mi Wigry, ongiś stolica diecezji wigierskiej, a potem Sejny, również dawna siedziba diecezji sejneńskiej, ze swą bazyliką i maryjnym sanktuarium. (...) Bogactwo natury, siła życia przyrody zawsze mnie tutaj pociągały. [1]

...ziemi mazursko-augustowsko-suwalskiej (...) ogromnie wiele zawdzięczam. (...) Ta ziemia była dla mnie zawsze bardzo gościnna, kiedy tu przebywałem. (...)

Niejednokrotnie ją nawiedzałem, szukając tu także odpoczynku, zwłaszcza na wspaniałych jeziorach (...). Miałem wtedy możliwość podziwiać bogactwo przyrody tego zakątka Ojczyzny i cieszyć się spokojem jezior i lasów. [2]

## Warmia

...na pagórkach rozłożona jest (...) ziemia warmińska pośród tylu, tylu jezior. (...) mam dług wdzięczności wobec tej ziemi, która tyle razy, przez tyle lat udzielała mi schronienia, odpoczynku, dawała mi możliwość nabrania sił wewnętrznych, uspokojenia. To jest wielkie dobrodziejstwo tej ziemi, tych lasów, tych jezior, z którego korzystałem i które na pewno do dzisiaj jeszcze mi pomaga. Więc w imieniu tego, co było, i tego, co jest, dziękuję Warmii za papieża. Kiedyś już w dziejach kapituła warmińska wybrała na biskupa we Fromborku Eneasza Piccolomini, który tego wyboru wprawdzie nie przyjął, ponieważ został wybrany papieżem jako Pius II. To jest wydarzenie z dalekiej przeszłości, które kiedyś przypominałem, nawiedzając Warmię jako biskup i kardynał z Krakowa. (...)

Niech Bóg zachowa ten wielki skarbiec pięknej przyrody warmińskiej, pojezierza, lasów. Niech Bóg zachowa ten wielki skarbiec. Nie dajcie go nigdy w żaden sposób zniszczyć, czy nawet uszkodzić, bo to jest wielkie dobrodziejstwo. [1]

## Kajaki na Brdzie

Chętnie wracam pamięcią do tego czasu, kiedy miałem okazję podziwiać piękno tej ziemi, zwłaszcza podczas spływów kajakowych na Brdzie. Słyszę, że ten czas utrwaliliście w polnej kapliczce w parafii Brusy. Bóg wam za to zapłać! (...) Kiedy w roku 1953 pierwszy raz płynąłem Brdą, tak się nam ta rzeka spodobała, chociaż już był wrzesień, że przy końcu wybuchł bunt. Wszyscy kajakarze krzyczeli: „Nie płyniemy do Bydgoszczy!" [1]

## Pozdrówcie Czarną Hańczę

Woda, powietrze, ziemia, las, zwierzęta, rośliny zostały stworzone przez Boga i zasługują na szacunek ze strony człowieka. A przy okazji proszę was, pozdrówcie przynajmniej Czarną Hańczę (...) na białostockiej ziemi, która należy do najpiękniejszych w Polsce, ze wspaniałą Puszczą Białowieską. [1]

## Błękit nieba, zieleń lasów...

Kiedy wędruję poprzez polską ziemię, od Bałtyku, przez Wielkopolskę, Mazowsze, Warmię i Mazury, kolejne ziemie wschodnie od białostockiej aż do zamojskiej, [1] na zachód i na wschód od Sanu, wzdłuż górskich łańcuchów Bieszczad ku południowi, wzdłuż rzecznych dolin w stronę Wisły ku północy, [2] i kontempluję piękno tej ojczystej ziemi, uprzytamniam sobie ten szczególny wymiar zbawczej misji Syna Bożego. Tutaj z wyjątkową mocą zdaje się przemawiać błękit nieba, zieleń lasów i pól, srebro jezior i rzek. Tutaj śpiew ptaków brzmi szczególnie znajomo, po polsku. A wszystko świadczy o miłości Stwórcy, o ożywczej mocy Jego Ducha i o Odkupieniu, którego Syn dokonał dla człowieka i dla świata. Wszystkie te istnienia mówią o swojej świętości i godności, które odzyskały wtedy, gdy Pierworodny z całego stworzenia przyjął ciało z Maryi Dziewicy. [3]

Niełatwo jest zrezygnować z powrotu do Ojczyzny, „do tych pól malowanych zbożem rozmaitem, wyzłacanych pszenicą, posrebrzanych żytem" — jak pisał Mickiewicz, do tych gór i dolin, i jezior, i rzek, do tych ludzi umiłowanych (...) — ale skoro taka jest wola Chrystusa, trzeba ją przyjąć. Więc przyjmuję. Proszę was tylko (...), nie zapominajcie o mnie w modlitwie. Na Jasnej Górze i w całej naszej Ojczyźnie. Niech ten papież, który jest krwią z waszej krwi i sercem z waszych serc, dobrze służy Kościołowi i światu... [4]

I muszę się (...) przyznać, że bardzo trudno mi rozstać się z polską przyrodą, i z górami, i z jeziorami. Nie wiem, jak to będzie! [5]

*I muszę się (...) przyznać, że bardzo trudno mi rozstać się z polską przyrodą, i z górami, i z jeziorami. Nie wiem, jak to będzie!*

# Naukowiec

W ciągu wakacji 1951 roku, po dwóch latach pracy w parafii św. Floriana, ks. arcybiskup Eugeniusz Baziak, który przejął rządy w archidiecezji krakowskiej po śmierci kardynała Sapiehy, skierował mnie do pracy naukowej. Miałem przygotować habilitację z etyki i teologii moralnej. Wiązało się to z pewnym ograniczeniem zajęć duszpasterskich, do których tak bardzo rwało się moje serce. Kosztowało mnie to, ale odtąd moją ustawiczną troską było, aby oddając się nauce, studiom teologii i filozofii, nie tylko nie „zapomnieć" być kapłanem, lecz raczej by mi to pomagało być nim coraz pełniej.

...miałem zajmować się nauką jako wykładowca i profesor etyki na Wydziale Teologicznym w Krakowie i na Katolickim Uniwersytecie Lubelskim. Owocem tych studiów była najpierw praca doktorska o św. Janie od Krzyża, a następnie habilitacja na temat myśli Maxa Schelera, to znaczy, na ile jego fenomenologiczny system etyczny może być pomocny w kształtowaniu teologii moralnej. Tej pracy osobiście bardzo dużo zawdzięczam. (...) W ten sposób włączyłem się w nurt współczesnego personalizmu filozoficznego (...). Mam tu na myśli przede wszystkim książkę *Osoba i czyn*. [1]

## *Miłość i odpowiedzialność*

Było to już w czasie powojennym, kiedy rozgorzała polemika z marksizmem, a dla mnie najważniejszą rzeczą stali się młodzi ludzie, którzy przychodzili do mnie nie tyle z pytaniami o istnienie Boga, ile z pytaniami o to, jak żyć. Jak żyć, to znaczy jak znaleźć rozwiązanie dla problemów miłości i małżeństwa, a także dla problemów pracy zawodowej. To byli właśnie ci młodzi ludzie z okresu pookupacyjnego, którzy głęboko zapisali się w mojej pamięci, którzy swoimi pytaniami w pewnym sensie mnie wskazywali drogę. Z obcowania z nimi, z uczestniczenia w ich życiowych problemach zrodziło się naprzód studium, którego treść zawarłem w tytule: *Miłość i odpowiedzialność*. Praca na temat osoby i czynu powstała później, ale zrodziła się z tego samego źródła. Poniekąd nie można było do tego tematu nie dojść, skoro już się raz wkroczyło na obszar tych egzystencjalnych pytań człowieka, a myślę, że chodzi tu nie tylko o człowieka naszych czasów, ale (...) o człowieka wszystkich czasów. Pytanie o dobro i zło nie opuszcza nigdy człowieka, jak o tym świadczy ów ewangeliczny młodzieniec, który zapytał Jezusa: „co mam czynić, aby osiągnąć życie wieczne?" (Mk 10, 17) [1]

Książka pt. *Miłość i odpowiedzialność* (...) po raz pierwszy ukazała się w 1960 roku (...). Tematem książki są zagadnienia etyki seksualnej — stąd jest ona zaadresowana do wszystkich, których te zagadnienia interesują bądź w sposób teoretyczny, bądź też praktyczny. (...) zawdzięcza swoje powstanie wielu współautorom. Jedni z nich świadomie wspierali autora w pisaniu książki, pomagając mu przy tym w różny sposób (...), inni przyczynili się do jej powstania w sposób nieświadomy, dostarczając bodźców do jej napisania. (...)

Istnieje pogląd, że na temat małżeństwa mogą się wypowiadać tylko ci ludzie, którzy w nim żyją, a na temat miłości pomiędzy kobietą a mężczyzną tylko te osoby, które ją przeżywają. Pogląd ten domaga się osobistego i bezpośredniego doświadczenia, jako podstawy wypowiadania się w danej dziedzinie. Tak więc duchowni i osoby żyjące w celibacie nie mogą mieć nic do powiedzenia w sprawach miłości i małżeństwa. Pomimo to przemawiają oni często i często też piszą na te tematy. Brak doświadczenia własnego, osobistego, nie przeszkadza przy tym o tyle, że posiadają bardzo bogate doświadczenie pośrednie płynące z pracy duszpasterskiej. W pracy duszpasterskiej spotykają się bowiem tak często i w tak różnych momentach czy sytuacjach właśnie z tymi problemami, że tworzy się z tego jakieś inne doświadczenie, niewątpliwie bardziej pośrednie i „cudze", ale równocześnie o wiele szersze. [2]

Tak więc genealogia moich prac skoncentrowanych na człowieku, na osobie ludzkiej, jest przede wszystkim duszpasterska. Właśnie z perspektywy duszpasterskiej sformułowałem w książce *Miłość i odpowiedzialność* koncepcję normy personalistycznej. (...) Osoba jest takim bytem, że właściwym do niej odniesieniem jest miłość (...). Miłość osoby wyklucza traktowanie jej jako przedmiotu użycia (...). Przykazanie miłości domaga się nie tylko wykluczenia wszystkiego, co jest traktowaniem osoby jako przedmiotu użycia — domaga się czegoś więcej: domaga się afirmacji osoby dla niej samej (...). Człowiek najpełniej afirmuje siebie, dając siebie. To jest pełna realizacja przykazania miłości. To jest równocześnie pełna prawda o człowieku, której Chrystus nauczył nas swoim życiem. [3]

## *Osoba i czyn*

„Co jest godnością człowieka, czym są prawa człowieka?" Ten właśnie problem stawał stopniowo w centrum moich także osobistych zainteresowań. Było dla mnie poniekąd wielkim zaskoczeniem, kiedy stwierdziłem, że te zainteresowania dla człowieka i jego godności stały się wbrew przewidywaniom głównym tematem polemiki z marksizmem, a to dlatego, że marksiści sami postawili sprawę człowieka w punkcie centralnym. Kiedy po wojnie doszli do władzy w Polsce i zaczęli sobie podporządkowywać nauczanie uniwersyteckie, z początku można było oczekiwać, że program materializmu dialektycznego, który oni z sobą przynosili, wyrazi się przede wszystkim poprzez filozofię przyrody. Trzeba przyznać, że Kościół był w Polsce do tego również przygotowany. (...) Ale, o dziwo, (...) wnet pojawił się człowiek, i to on właśnie, wraz ze swoją moralnością, stał się problemem centralnym w dyskusji (...). Kiedy napisałem książkę pod tytułem *Osoba i czyn*, pierwszymi, którzy na nią zwrócili uwagę, oczywiście, aby ją poddać krytyce, byli marksiści: stanowiła dla nich niewygodny element w polemice z religią i Kościołem. (...)

Ale (...) moje zainteresowanie osobą i czynem wcale nie zrodziło się na gruncie polemiki z marksizmem, a przynajmniej nie miało tej polemice służyć. Zainteresowanie człowiekiem jako osobą było we mnie bardzo dawne. Może pochodziło także z tego, że nigdy nie miałem szczególnego zamiłowania do nauk przyrodniczych. Człowiek interesował mnie od zawsze: naprzód — na studiach polonistyki — jako twórca języka, jako temat literacki, a z kolei gdy odkryłem drogę powołania kapłańskiego, zaczął mnie interesować jako centralny temat duszpasterski.

## Katolicki Uniwersytet Lubelski

Powstał w jesieni 1918 roku i trwa do dnia dzisiejszego, jako wyraz nowej dojrzałości Kościoła i katolicyzmu polskiego. (...) historia jego rozwija się niejako krok w krok z historią narodu, który w 1918 roku odzyskał wolność.

...przez szereg lat był moim warsztatem pracy. (...) Wydział Filozoficzny nie chciał zrezygnować z mojej pracy nawet wówczas, gdy jako arcybiskup krakowski mogłem ją wypełniać tylko bardzo fragmentarycznie. Prawdą jest jednak, że aż do roku 1978 utrzymywałem kontakty naukowe z uniwersytetem, a przede wszystkim, dzięki wspaniałym współpracownikom, którzy mnie wyręczali na miejscu —

mogłem „zdalnie" kierować katedrą etyki. Jeżeli pomimo kilkakrotnej prośby o zwolnienie dziekanat i rektorat stale decydował się podtrzymywać ten układ, znajdowałem w tym pewnego rodzaju „rozgrzeszenie". [2]

## Zostałem wezwany...

Zostałem biskupem dwanaście lat po święceniach kapłańskich. [1] Z (...) rąk arcybiskupa Eugeniusza Baziaka [2] otrzymałem sakrę biskupią w katedrze na Wawelu, w dniu 28 września 1958 roku, i aż do jego śmierci byłem najbliższym jego współpracownikiem w biskupim posługiwaniu Kościołowi krakowskiemu, któremu zmarły metropolita lwowski opatrznościowo pasterzował w latach od 1951 do 1962. [3]

...zostałem wezwany z łodzi. Zostałem wezwany, ażeby być biskupem, w czasie kiedy byłem na kajakach, można by powiedzieć — na łodziach. I wcale nie było łatwe to wezwanie, bo wypadło w samym środku wędrówki po bardzo trudnej trasie. [4]

*...moment, kiedy sam zostałem wezwany z łodzi.*
Studenci żegnają biskupa nominata, Święta Lipka 1958 r.

# ...i poślubiony

Szczególnym symbolem związku biskupa z Kościołem jest pierścień — znak zaślubin. Jest to znak nie osobisty tylko — ale społeczny. [1]

Dlaczego papież i wszyscy biskupi noszą pierścienie? Dlatego że są zaślubieni z Kościołem. (...) Ja, nosząc ten pierścień, jestem zaślubiony z Kościołem (...) i muszę być wiernym oblubieńcem tego mojego Kościoła — mojej Oblubienicy. Oto dlaczego nosi się pierścień.

Patrząc na niego, muszę stale zadawać sobie pytanie, czy jestem wierny, czy robię wszystko dla tego mojego Kościoła-Oblubienicy, dla wszystkich wiernych, dla wszystkich parafii, dla wszystkich starszych, chorych, młodzieży, rodzin i tych dopiero mających się narodzić. [2]

Pragnę opisać Kościół —
mój Kościół, który związał się z moją ziemią (...).
Ziemia leży w dorzeczu Wisły, dopływy wzbierają
wiosną, gdy śniegi topnieją w Karpatach.

*...sam byłem przez dwadzieścia lat biskupem w Krakowie...*
Biskup Karol Wojtyła, 1958 r.

Kościół związał się z moją ziemią, aby wszystko, co na niej zwiąże, było związane w niebie.
*Stanisław* 3

# Metropolita krakowski

Dnia 30 grudnia 1963 roku Ojciec Święty Paweł VI powołał mnie na stanowisko arcybiskupa metropolity krakowskiego. Po wyrażeniu mojej zgody decyzja ta została podana do wiadomości z Rzymu dnia 18 stycznia. (...)

W Krakowie zostałem wyświęcony na kapłana w roku 1946, a w dwunastym roku kapłaństwa konsekrowany na biskupa. Święceń kapłańskich udzielił mi śp. książę kardynał Adam Stefan Sapieha, jego zaś następca, śp. ks. arcybiskup Eugeniusz Baziak, powołał mnie jako biskupa pomocniczego na swego najbliższego współpracownika. Po jego śmierci w czerwcu 1962 roku zostałem wybrany przez Kapitułę Metropolitalną na stanowisko wikariusza kapitulnego i w tym charakterze zarządzałem archidiecezją krakowską aż do chwili powołania mnie przez Ojca Świętego na obecne stanowisko.

Wybór mój na to stanowisko traktuję w świetle wiary jako wolę Boga, bowiem „nikt sam nie bierze sobie tej godności, lecz tylko ten, kto jest powołany przez Boga" (Hbr 5, 4). (...)

Zdaję sobie (...) dobrze sprawę z tego, czym jest w Kościele katolickim, a także w Ojczyźnie naszej prastara stolica św. Stanisława biskupa i męczennika oraz bł. Wincentego Kadłubka. Zdaję też sobie sprawę z tego, na jakiej wysokości postawił ją arcybiskup metropolita Adam Stefan kardynał Sapieha, tak bardzo umiłowany przez krakowian i czczony przez wielu Polaków. Postać jego kojarzy się nam zawsze z tym, co Pan Jezus powiedział o dobrym pasterzu, który

„daje życie swoje za owce" (J 10, 11). (...) Pragnę również (...) objąć hołdem śp. arcybiskupa metropolitę Eugeniusza Baziaka, który w ciągu krótkich lat swego pasterzowania tak wiele uczynił dla naszej archidiecezji. 1

## Arcybiskup Eugeniusz Baziak

Świętej pamięci ks. arcybiskup Eugeniusz Baziak przybył do naszej archidiecezji przy końcu życia swego poprzednika ks. kardynała Adama Stefana Sapiehy. Wspierał go w ostatnim roku życia jako arcybiskup koadiutor, a po jego śmierci w lipcu 1951 roku został przez Stolicę Świętą mianowanym administratorem apostolskim Archidiecezji Krakowskiej. Rządził nią w tym charakterze w ciągu prawie jedenastu lat. Wypadło mu kierować nami w okresie bardzo trudnym. 1

Przejął sukcesję nad wyraz trudną, wypadałoby rzec: dramatyczną. Tak. Jego biskupie posługiwanie Boża Opatrzność wpisała w wielki dziejowy dramat. Czyż nie było takim dramatem to, co nastąpiło w wyniku decyzji jałtańskich? Czyż

*Wiele skarbów kryje w sobie katedra wawelska. Dane mi było przez szereg lat być jej gospodarzem i pierwszym sługą.*
Kaplica Oczyszczenia Najświętszej Marii Panny w katedrze wawelskiej.

nie był takim dramatem dla pasterza przymus opuszczenia starożytnej stolicy metropolitów łacińskich, czcigodnej lwowskiej katedry i tylu wspaniałych świątyń tego miasta oraz całej archidiecezji? [2]

Opatrzność Boża dopomogła mu przeprowadzić tę cząstkę Kościoła Chrystusowego, jaką stanowi Archidiecezja Krakowska, przez bardzo ciężkie próby. Wśród tych prób wyniszczyły się stopniowo jego własne siły, aż do zupełnego wyczerpania. W ten sposób życie całe, aż do ostatniego tchu, poświęcił dla sprawy Bożej. Wraz z wielką godnością i dostojeństwem kościelnym dźwigał ciężki krzyż, który drogę jego życia ziemskiego dołącza do tej drogi, jaką wszystkich ludzi prowadzi Zbawiciel świata. Miał też zmarły ks. arcybiskup szczególne nabożeństwo do Matki Bożej Bolesnej, w dniu bowiem Jej święta, 15 września 1933 roku, otrzymał nominację biskupią. (...) Ksiądz arcybiskup zmarł w pięćdziesiątym roku swego kapłaństwa, prawie w przeddzień własnego jubileuszu... [3]

Ja sam zaciągnąłem wobec metropolity lwowskiego olbrzymi dług. Dane mi było (...) przyjąć z jego rąk święcenia biskupie w katedrze na Wawelu, aby jako biskup wspomagać pasterską posługą arcybiskupa Eugeniusza aż do jego śmierci w czerwcu 1962 roku. [4]

## Długi wdzięczności

W ciągu tych dwudziestu lat biskupstwa, kiedy dane mi było spełniać posługę w Kościele krakowskim — naprzód przy boku śp. arcybiskupa Eugeniusza Baziaka (metropolity osieroconej stolicy lwowskiej), z kolei w charakterze metropolity krakowskiego i kardynała, następcy śp. księdza kardynała Adama Stefana Sapiehy na stolicy św. Stanisława — nagromadziło się w sercu moim ogromnie wiele długów wdzięczności, które spłacam, jak umiem, pamięcią i modlitwą w stosunku do polskich kardynałów, arcybiskupów i biskupów zarówno żyjących jeszcze, jak też i zmarłych. Ci zmarli nie przemijają w pamięci, zwłaszcza jeśli dane mi było poprzez współpracę znaleźć się bliżej, w zasięgu promieniowania ich osobowości (...). Chciałbym ich tutaj wymienić po imieniu i po nazwisku. Można by napisać monografię o każdym, jak ich pamiętam, i według kryterium, co od nich otrzymałem. [1]

## Rozpocząłem wizytacje parafii

Jako młody biskup rozpocząłem wizytacje parafii. Wizytacje te odbywały się wedle przyjętego tradycyjnie rytuału liturgicznego, ale także i pewnego religijno-społecznego obyczaju. Były one wydarzeniem doniosłym w życiu każdej odwiedzanej parafii. Uświadomiłem sobie wkrótce, że (...) u podstaw trzeba założyć i urzeczywistniać wspólne przeżycie sakramentalnego wymiaru Kościoła. W tej nowej perspektywie chodziło już nie tylko o świadomość, że Kościół jest miejscem, gdzie udziela się sakramentów i gdzie się je przyjmuje — świadomość bardzo głęboko związaną już z okresem pierwszej spowiedzi i Komunii św. — ale o coś innego jeszcze: Kościół żyje poprzez sakramenty swoim najbardziej własnym życiem, które jest równocześnie życiem wspólnoty i życiem każdego w tej wspólnocie. [1]

## Spotkania z małżeństwami

Uważałem to zawsze jakby za klucz odwiedzin w parafii. Spotkać się z małżonkami, modlić się z nimi razem w sprawach, które stanowią treść ich powołania i cel ich życia. Złączyć się z nimi wspólnotą eucharystycznej ofiary i błogosławić każdą parę małżeńską i rodzicielską (o ile to było możliwe — wspólnie z dziećmi), ażeby odnowić w nich łaskę Sakramentu Małżeństwa.

## Wśród krakowskiej inteligencji

Jako (...) metropolita krakowski, pragnąłem pozostawać w kontakcie z (...) bogatym światem (i zróżnicowanym światem) krakowskiej inteligencji na różne sposoby: przede wszystkim posługując jako duszpasterz, głosząc rekolekcje, a potem jako biskup zapraszając do siebie reprezentantów poszczególnych dziedzin nauki czy też profesji inteligenckiej na spotkania, na sesje naukowe, czasem na sesje specjalistyczne, a najczęściej na spotkania okolicznościowe, zwłaszcza w okresie Bożego Narodzenia. (...) mogliśmy łamać się opłatkiem, (...) mogliśmy śpiewać kolędy. (...)

Mam też wiele wspomnień; dotyczą one poszczególnych duszpasterzy akademickich, z którymi często się kontaktowałem, (...) różnych spotkań duszpasterskich. Najczęściej zapraszaliście mnie na opłatki. Cieszył mnie ten rozwój poszczególnych środowisk akademickich, cieszył mnie akademicki rozwój Krakowa.

## W obronie teologii

Wszystkim znane są dobrze moje starania z okresu, kiedy byłem metropolitą krakowskim, o przyznanie należytych praw tej uczelni, Papieskiej Akademii Teologicznej w Krakowie, spadkobierczyni wydziału Teologicznego Uniwersytetu Jagiellońskiego. (...) Z Wydziałem tym byłem ściśle związany poprzez studia filozoficzno-teologiczne w czasie okupacji, a więc studia podziemne, a potem przez doktorat i habilitację. Dzisiaj stają mi przed oczyma przede wszystkim lata dramatycznych zmagań o istnienie Wydziału w okresie dyktatury komunistycznej. W zmaganiach tych uczestniczyłem osobiście jako metropolita krakowski. Ten bolesny okres zasługuje ze wszech miar na rzetelną dokumentację i pogłębione studium historyczne. Kościół nigdy nie pogodził się z faktem jednostronnej i niesprawiedliwej likwidacji Wydziału przez ówczesne władze państwowe. Robił wszystko, aby środowisko uniwersyteckie Krakowa nie było pozbawione akademickiego studium teologii. Pomimo wielu trudności i szykan ze strony władz Wydział istniał i działał przy Krakowskim Seminarium Duchownym, najpierw jako Papieski Wydział Teologiczny, a następnie sprawa dojrzała do tego, iż mogła w Krakowie powstać Papieska Akademia Teologiczna, jako uczelnia trójwydziałowa, będąca moralną kontynuatorką prastarego Wydziału Teologicznego UJ.

## Z oazowiczami

Po roku 1989 mogły się w Polsce rozwinąć różne ruchy apostolskie — tak że młodsze pokolenie nie pamięta tego, czym było dla nas, w okresie rządów komunistycznych, doświadczenie Oaz Żywego Kościoła. Uczestniczyłem w tym doświadczeniu jako biskup i uczestniczyłem całym sercem. Wielokrotnie odwiedzałem wraz z księdzem Franciszkiem Blachnickim grupy oazowe, odprawiając rekolekcje w różnych miejscach archidiecezji. Radowałem się przy każdym spotkaniu, zwłaszcza w czasie wakacyjnym, w miesiącach letnich. Odwiedzałem oazy w różnych miejscach krakowskiej archidiecezji, a także broniłem ruchu oazowego przed zagrożeniami pochodzącymi od ówczesnych służb bezpieczeństwa. Wszyscy o tym wiedzieli — zarówno kapłani, jak sama młodzież — że kardynał z Krakowa jest z nimi, że ich popiera, wspomaga i gotów bronić w razie zagrożenia. [1]

Pamiętam, że dokładnie trzydzieści lat temu (...) w Błyszczu koło Tylmanowej, nad Dunajcem, uczestniczyłem w tzw. Dniach Wspólnoty. Powiedziałem wtedy, że osobiście bliski jest mi ten styl życia, który zainaugurował i zaproponował młodym sługa Boży ks. Franciszek Blachnicki. Bogu dziękuję za ten ruch, który przyniósł tyle błogosławionych owoców w sercach młodzieży w minionych latach, a i dzisiaj stanowi prężne środowisko duchowego rozwoju młodzieży i rodzin.

Kochani oazowicze! Jako biskup Krakowa starałem się wspierać was swą obecnością, a jako Biskup Rzymu nieustannie jestem z wami w moich modlitwach i serdecznych myślach. [2]

## W Kalwarii Zebrzydowskiej

Kalwaria Zebrzydowska: sanktuarium Matki Bożej i — dróżki. Nawiedzałem je wiele razy, począwszy od moich lat chłopięcych i młodzieńczych. Nawiedzałem je jako kapłan. Szczególnie często nawiedzałem sanktuarium kalwaryjskie jako arcybiskup krakowski i kardynał. Przybywaliśmy tu wiele razy z kapłanami, koncelebrując przed Matką Bożą... (...) Przybywaliśmy też w dorocznej pielgrzymce sierpniowej. Tego kalwarianie i pielgrzymi bardzo pilnowali: czy kardynał jest, czy go nie ma, a jeżeli zdarzyło się, że go nie było raz i drugi, to mu to zawsze wypomnieli. (...) Przybywaliśmy tu także w pielgrzymkach stanowych na wiosnę i w jesieni. Jednakże najczęściej przybywałem tutaj sam, tak żeby nikt nie wiedział, nawet kustosz klasztoru. Kalwaria ma to do siebie, że się można łatwo ukryć. Więc przychodziłem sam i wędrowałem po dróżkach Pana Jezusa i Jego Matki, rozpamiętywałem Ich najświętsze tajemnice. To jest zupełnie przedziwna rzecz — te dróżki... ale o tym jeszcze powiem. A prócz tego polecałem Panu Jezusowi przez Maryję sprawy szczególnie trudne i sprawy szczególnie odpowiedzialne w całym moim posługiwaniu biskupim, potem kardynalskim. Widziałem, że coraz częściej muszę tu przychodzić, bo po pierwsze, spraw takich było coraz więcej, a po drugie, dziwna rzecz, one się zwykle rozwiązywały po takim moim nawiedzeniu na dróżkach. (...) Kalwaria ma w sobie coś takiego, że człowieka wciąga. Co się do tego przyczynia? Może i to naturalne piękno krajobrazu, który stąd się roztacza, u progu polskich Beskidów. [1]

Zawsze kiedy tu przychodziłem, miałem świadomość, że zanurzam się w tym właśnie rezerwuarze wiary, nadziei i miłości, który naniosły na te wzgórza, na to sanktuarium, całe pokolenia Ludu Bożego ziemi, z której pochodzę, i że ja z tego skarbca czerpię. Nawet niewiele dodając od siebie — czerpię...

Zawsze podziwiałem te tradycyjne modlitwy, które na dróżkach kalwaryjskich odmawiali ze swoimi kompaniami przewodnicy świeccy. (...) Wiem, że to przewodniczenie grupom pielgrzymim, tzw. kompaniom, idącym na Kalwarię, czasem przechodziło w jednym rodzie z dziada na ojca, z ojca na syna, z syna na wnuka, tak że od całych pokoleń ten ród łączył się z przewodnictwem na Kalwarię... Podobno mój pradziadek i dziadek rodem z Czańca był takim właśnie przewodnikiem kalwaryjskim. [2]

Historia mówi, że u początków XVII wieku Mikołaj Zebrzydowski, fundator sanktuarium, położył fundamenty pod kaplicę Golgoty, wzniesioną na wzór jerozolimskiego kościoła Ukrzyżowania. Pragnął w ten sposób przybliżyć sobie i innym nade wszystko tajemnicę męki i śmierci Chrystusa. Potem jednak, gdy planował budowę dróg Męki Pańskiej od Wieczernika do Grobu Chrystusa, wiedziony maryjną pobożnością i Bożym natchnieniem, postanowił umieścić na nich również kaplice upamiętniające przeżycia Maryi. I tak powstały inne dróżki i nowe nabożeństwo, które jest niejako uzupełnieniem Drogi Krzyżowej: nabożeństwo zwane Drogą Współcierpienia Matki Bożej — „I Ty, któraś współcierpiała..."

Od czterech wieków kolejne pokolenia pielgrzymów wędrują tu po śladach Odkupiciela i Jego Matki, czerpiąc obficie z tej miłości, która przetrwała cierpienie i śmierć i w chwale nieba znalazła swoje ukoronowanie.

A w ciągu tych stuleci wiernie towarzyszą pątnikom duchowi opiekunowie kalwaryjskiego sanktuarium, ojcowie franciszkanie, zwani bernardynami.

# Święty Maksymilian

...byłem przyjęty na audiencji przez Ojca Świętego Pawła VI. Po dłuższej rozmowie zapytał mnie Ojciec Święty tak: „Co bym mógł dla Kościoła i narodu w Polsce uczynić?" Odpowiedziałem: „Ojcze Święty, my Polacy przede wszystkim czekamy na beatyfikację lub kanonizację któregoś z naszych rodaków — kandydatów na ołtarze". „Którzy to są?" Powiadam papieżowi: „Jest tych kandydatów na ołtarze, albo do beatyfikacji, albo też już błogosławionych — do kanonizacji — z narodu polskiego pięćdziesięciu. Najbardziej chyba oczekuje naród polski na beatyfikację ojca Maksymiliana Kolbego". Papież wysłuchał moich słów, kazał je zanotować, łącznie z imionami — zresztą dobrze sobie znanymi — i powiedział: „Wiem, że wam to jest bardzo potrzebne, że bardzo trzeba, ażeby jakiś Polak w krótkim czasie został wyniesiony na ołtarze". (...)

Zwykle na beatyfikację i kanonizację sług Bożych czeka się długo. Tym razem czekaliśmy krótko. (...)

„Nikt nie ma większej miłości od tej, gdy ktoś życie swoje oddaje za przyjaciół swoich" (J 15, 13). (...) Kościół pragnie nazywać świętym człowieka, któremu dane było w sposób szczególnie dosłowny wypełnić powyższe słowa Odkupiciela. Oto bowiem pod koniec lipca 1941 roku, kiedy na rozkaz obozowego dowódcy ustawiali się w jednym szeregu więźniowie przeznaczeni na śmierć głodową, ten człowiek, Maksymilian Maria Kolbe, wystąpił dobrowolnie, wyrażając gotowość pójścia na śmierć w zastępstwie jednego z nich. [1]

## Kościoły w Nowej Hucie

Od krzyża w Nowej Hucie zaczęła się nowa ewangelizacja: ewangelizacja drugiego milenium. Kościoły również są jej świadkiem i sprawdzianem.

*Trzeba (...) domagać się tego, ażeby były budowane kościoły...*
Kościół Matki Bożej Królowej Polski, zwany Arką Pana, w Krakowie Nowej Hucie.

...mogłem budować (...) Nową Hutę (...) na fundamencie Chrystusowego Krzyża, (...) nie tylko w Bieńczycach, ale także w Mistrzejowicach. [1]

Pamiętam pierwsze początki tego trudnego, po ludzku ryzykownego dzieła, które łączyły się z salką katechetyczną i do niej dołączonym zadaszeniem na ołtarz. Odprawiałem przy tym ołtarzu pierwszą mistrzejowicką pasterkę w 1971 roku. Do salki przychodziły dzieci i młodzież na katechizację, przy ołtarzu, pod gołym niebem, gromadzili się — przy bardzo różnej pogodzie — parafianie z coraz bardziej rozbudowującego się osiedla Mistrzejowice.

...wracam modlitwą i sercem do trumny śp. pamięci księdza Józefa (Kurzei), który to dzieło zapoczątkował, wkładając w nie wszystkie siły, składając na jego ołtarzu całe swoje młode życie. [2]

Natchnienie świętego Maksymiliana trwało (...), nadszedł dzień konsekracji kościoła w Mistrzejowicach, w Krakowie Nowej Hucie: kościoła pod wezwaniem Świętego Maksymiliana Marii Kolbego, pierwszego wśród polskich świętych, który należy już do drugiego tysiąclecia. (...) Jest to moja wielka radość. [3]

A była to parafia szczególna. Pamiętam do dnia dzisiejszego dramatyczne wprost zmagania z władzami państwowymi o jej powstanie. Pamiętam, jak wielką ilością ofiar i poświęceń zostało ono okupione ze strony duszpasterzy i wiernych. Budowałem się wówczas ich wiarą i ich postawą. A w tamtym okresie podobnych przypadków w archidiecezji krakowskiej i w całej Polsce było wiele. O miejsce dla Boga w życiu narodu trzeba było wtedy walczyć, gdyż tego prawa ówczesne władze państwowe Bogu systematycznie odmawiały. [4]

## Podróże

Kiedy jeszcze byłem w Polsce arcybiskupem Krakowa, odwiedzałem różne Polonie, to znaczy grupy emigranckie polskie, zwłaszcza w Ameryce, Australii, także w Europie... [1]

## Sobór Watykański II

Miałem to szczególne szczęście, że dane mi było uczestniczyć w soborze od pierwszego do ostatniego dnia. To wcale nie było takie proste, ponieważ władze komunistyczne mojego Kraju traktowały wyjazd do Rzymu jako przywilej, którym bez reszty dysponują. Jeżeli więc w tych warunkach dane mi było w soborze uczestniczyć od początku do końca, to słusznie można w tym upatrywać szczególny dar Boży. (...) Rozpoczynałem swe uczestnictwo w soborze jako młody biskup. Pamiętam, że moje miejsce było najpierw bliżej wejścia do Bazyliki Świętego Piotra, a od trzeciej sesji, odkąd zostałem mianowany arcybiskupem krakowskim, przeniosłem się bliżej ołtarza.

Sobór służył słuchaniu innych, ale służył też twórczemu myśleniu. Oczywiście, że starsi i bardziej doświadczeni biskupi pracowali bardziej na rzecz dojrzewania myśli soborowej. Ja, jako młodszy, raczej się uczyłem, ale stopniowo doszedłem także do dojrzalszej i bardziej twórczej formy uczestnictwa w soborze. Tak więc już podczas trzeciej sesji znalazłem się w zespole przygotowującym tak zwany Schemat XIII, późniejszą konstytucję pastoralną *Gaudium et spes*, i mogłem uczestniczyć w niezwykle ciekawych pracach tego zespołu. (...) Sobór był wielkim przeżyciem Kościoła...

Na podstawie soborowego doświadczenia powstała książka *U podstaw odnowy*. Na początku tej książki stwierdzam, że jest ona próbą spłacenia długu, jaki każdy biskup zaciągnął wobec Ducha Świętego, uczestnicząc w soborze. [1]

Vaticanum II można by także nazwać soborem tożsamości chrześcijan: każdego i wszystkich. (...) myślę, że można by znaczenie tej „tożsamości" poszerzyć poza krąg wspólnoty katolickiej — można by nadawać mu wymiar ekumeniczny. Sobór stał się dla Kościoła i w Kościele odkryciem i stwierdzeniem tej prawdy, że chrześcijanie swoją pełną tożsamość mogą mieć tylko w jedności Kościoła, a skoro jedność ta została rozbita poprzez różne dziejowe podziały — zatem tejże swojej chrześcijańskiej tożsamości nie mogą osiągnąć inaczej, jak tylko poprzez szczere i intensywne dążenie do jedności. [2]

Przypominam sobie, z jak ogromną radością przyjęli biskupi zgromadzeni na drugiej sesji soboru słowa Ojca Świętego Pawła VI, kiedy przemawiając na zakończenie tej sesji, zapowiedział, że udaje się po raz pierwszy jako pielgrzym do Ziemi Świętej. [3]

## W pielgrzymce do Ziemi Świętej

...po zakończeniu drugiej sesji soboru, (...) w dniach od 5 do 15 grudnia 1963 roku, (...) miałem szczęście wraz z kilkudziesięcioma innymi biskupami z różnych narodów uczestniczyć w pielgrzymce do Ziemi Świętej. (...)

Udziału tego nie traktowałem jako osobistej tylko czy też prywatnej własności, ale jako łaskę daną mi przez Opatrzność również dla drugich. (...) Pielgrzymka nasza nie rozwijała się według chronologii życia Chrystusa Pana, rozpoczynaliśmy ją bowiem od Jerozolimy, a skończyliśmy w Galilei. [1]

Tej ziemi trudno powiedzieć: „jesteś piękna".
Brązowieją głazem nawisłym zbocza, wnikają
w pochyłość chmur.
Samochody prują powietrze i deszcz. Darmo szukać
choćby śladu zieleni.
Ludzie odeszli daleko. Nie sposób tutaj żyć.
Droga nie prowadzi do tych miejsc, lecz od nich ucieka.

*Wędrówka do miejsc świętych* 2

## Śladami Zbawiciela

Miejsca (...), które w Starym i Nowym Testamencie były świadkami Bożych interwencji aż po największą z nich, czyli po tajemnicę Wcielenia i paschy Chrystusa, (...) trwale zapisały się w mojej pamięci, gdy w 1965 roku dane mi było nawiedzić Ziemię Świętą. Było to niezapomniane przeżycie. Do dzisiaj chętnie wracam do pełnych wzruszenia stronic, jakie wówczas zapisałem: „Do tych miejsc trafiam, które wypełniłeś sobą raz na zawsze. (...) Ach, miejsce! Ileż razy, ilokrotnie się przeobrażałoś, nim z Jego miejsca stałoś się moim! Kiedy On cię wypełnił po raz pierwszy, nie byłoś jeszcze żadnym miejscem zewnętrznym, byłoś tylko łonem Jego Matki. Jakże pragnąłbym wiedzieć, że kamienie, po których stąpam w Nazarecie, to te same, których dotknęła Jej stopa, gdy była jedynym miejscem Twoim na ziemi. Spotkanie z Tobą przez kamień, którego dotknęła stopa Twojej Matki! Ach, miejsce, miejsce ziemi, miejsce ziemi świętej — jakimże miejscem jesteś we mnie! Dlatego właśnie nie mogę po tobie stąpać, musze klęknąć. Przez to dzisiaj potwierdzam, że byłoś miejscem spotkania. Przyklękam — przez to wyciskam na tobie pieczęć. Zostaniesz tutaj z moja pieczęcią — zostaniesz, zostaniesz — a ja zabiorę ciebie i przeobrażę w sobie na miejsce nowego świadectwa. Odchodzę jako świadek, który świadczy poprzez tysiąclecia".

Gdy ponad trzydzieści lat temu pisałem te słowa, nie mogłem sobie wyobrażać, że świadectwo, któremu wówczas przyrzekłem być wierny, będę dzisiaj składał jako następca Piotra, postawiony jako sługa całego Kościoła. To świadectwo włącza mnie w długi szereg ludzi, którzy w ciągu tych dwóch tysięcy lat poszukiwali „śladów" Boga na tamtej ziemi, słusznie nazywanej „świętą", wypatrując ich niejako na kamieniach, na górach i wodach, które tworzyły scenerię ziemskiego życia Syna Bożego.

## Prymas Tysiąclecia

Wciąż mam przed oczami postać kardynała Stefana Wyszyńskiego, prymasa Polski — wciąż jakbym słyszał słowa prymasowskiej homilii.

Pozostaje mi zawsze bardzo bliska jego postać; chociaż dzieliło nas prawie dwadzieścia lat, to jednak czuliśmy się

*Nie byłoby na Stolicy Piotrowej Papieża Polaka (...), gdyby nie było Twojej wiary...*
Z prymasem Wyszyńskim
23 października 1978 r.

bardzo blisko, rozumieliśmy się i jestem mu wdzięczny za to, co mi powiedział na początku pontyfikatu (...): „Masz wprowadzić Kościół w trzecie tysiąclecie". (...) On sam wprowadził Kościół polski w drugie tysiąclecie chrześcijaństwa. [2] Pierwsze dni sierpnia to były co roku jego urodziny. Zawsze go też, dopóki byłem w Polsce, w tych dniach odwiedzałem, bo urodziny i imieniny obchodził razem. (...)

Bóg odwołał już do siebie kardynała Stefana Wyszyńskiego... [3]

Nie mogłem przybyć do Warszawy na jego pogrzeb w dniu 31 maja 1981 roku, z powodu zamachu na moje życie w dniu 13 maja, co spowodowało kilkumiesięczny pobyt w szpitalu.

...Dziękuję Bożej Opatrzności za to, że w trudnym okresie naszych dziejów, po drugiej wojnie światowej, na przełomie pierwszego i drugiego tysiąclecia — dała nam tego prymasa, tego Męża Bożego, tego miłośnika Jasnogórskiej Bogarodzicy, tego nieustraszonego sługę Kościoła i Ojczyzny. [4]

Określenie kardynała Stefana Wyszyńskiego jako wielkiego pasterza zwykło się kojarzyć z dziełem przygotowania Kościoła w Polsce do wejścia w nowe milenium. Gdy zaś mówimy o nim jako o mężu stanu, mamy najczęściej na myśli jego zdecydowaną postawę wobec komunistycznego ateizmu, totalitaryzmu, dzięki której Kościołowi udało się w warunkach ciężkiej próby utrzymać własną pozycję w narodzie i właściwy kierunek swego wewnętrznego rozwoju. Wydaje się, że takie widzenie jego osoby, choć ze wszech miar słuszne, wymaga dziś pewnego rozszerzenia. Trzeba podkreślić to, co, zdaje się, rzadko jest uwypuklane, że zarówno jako pasterz, jak i mąż stanu kardynał Wyszyński kładł wielki nacisk na rolę szeroko rozumianej kultury w kształtowaniu duchowego oblicza Kościoła i narodu. [5]

# Spotkania z Pawłem VI

...wspomnienie o zmarłym Ojcu Świętym Pawle VI (...) pragnę (...) oprzeć na tych spotkaniach, jakie miałem szczęście od roku 1962 wprowadzić w mój biskupi, a z kolei kardynalski życiorys. Każde bowiem z tych spotkań uważam za datę ważną w moim życiu, z każdego wyszedłem wzbogacony i umocniony, każde pozostanie w mojej pamięci do końca.

Pierwsze z tych spotkań miało miejsce w czasie pierwszej sesji soboru, gdy Ojciec Święty Paweł VI był jeszcze kardynałem Giovannim Battistą Montinim, arcybiskupem Mediolanu. Zwróciłem się do niego w bardzo szczególnej sprawie. Jako ówczesny wikariusz kapituły diecezji krakowskiej przedstawiłem prośbę parafii św. Floriana w Krakowie — jej proboszcza — o dar dzwonów. Nie znaczy to, że parafian św. Floriana nie było stać na sprawienie nowych dzwonów do kościoła, skąd zostały one zabrane podczas wojny i okupacji niemieckiej. Ale chodziło o symbol, o znak jedności i więzi pomiędzy kościołami. (...) Dzwony istotnie zostały ofiarowane (...) i w kwietniu 1965 roku mogłem je poświęcić w Krakowie.

...Wiele można by mówić o darach od niego otrzymywanych przy sposobności różnych spotkań. Ale wspomnę tylko o jednym, szczególnie wymownym. Było to jeszcze podczas soboru. Ojciec Święty bardzo interesował się sprawą kościoła w Nowej Hucie. Pamiętam, gdy opowiadałem mu, w jaki sposób tamtejsi parafianie uczestniczą we Mszy św. pod gołym niebem, i to nieraz na deszczu czy na mrozie, mój rozmówca, słuchając tego, co mówiłem po włosku, przerwał, mówiąc po polsku: „Mróz, tak, to pamiętam z czasów, kiedy jeszcze lepiej znałem wasz język". Finał tych rozmów był taki, że Paweł VI sam, osobiście pobłogosławił kamień węgielny dla kościoła w Nowej Hucie, a kamień pochodził ze starej, konstantyniańskiej Bazyliki św. Piotra, i złożył szczodrą ofiarę na budowę tego kościoła. [1]

...Paweł VI. Pierwszy po wielu stuleciach papież pielgrzym (...). Dziękujemy więc Bożej Opatrzności (...) za cały ten styl papieża pielgrzyma, jaki zapoczątkował wraz z Soborem Watykańskim II. Gdy bowiem Kościół cały uświadomił sobie na nowo, iż jest ludem Bożym — ludem, który uczestniczy w posłannictwie Chrystusa, ludem, który z tym posłannictwem idzie przez dzieje, „pielgrzymuje", papież nie mógł dłużej pozostać „więźniem Watykanu". Musiał stać się na nowo Piotrem pielgrzymującym... [2]

Zwykł on powtarzać, że „chrześcijaństwo nie jest łatwe, lecz szczęśliwe", podkreślając, że mimo swoich wymagań orędzie ewangeliczne nie niszczy możliwości człowieka, lecz otwiera je na radość życia". [3]

Ostatni raz widziałem Pawła VI w dniu 19 maja 1978 roku (...), wiadomość, która dotarła do mnie w południe w dniu 7 sierpnia, była zaskoczeniem i ciosem. [4]

## Trzydzieści trzy dni pontyfikatu

W uroczystość Matki Bożej Jasnogórskiej, w sobotę 26 sierpnia, został wybrany nowy — po śmierci Pawła VI — następca św. Piotra, kardynał Albino Luciani z Wenecji, który przybrał sobie imię Jana Pawła I. Wyboru dokonało konklawe złożone ze 111 kardynałów, reprezentujących Kościół katolicki na wszystkich kontynentach współczesnego świata. [1] Na ogół nie spodziewano się tak rychłego wyboru. Raczej przypuszczano, że konklawe potrwa nieco dłużej, mając zwłaszcza na uwadze liczbę kardynałów — tak wielką jak nigdy przedtem. [2] Jan Paweł I (...) wspominał, że (...) gdy już wszystko wskazywało na to, że on właśnie zostanie wybrany, siedzący obok niego kardynałowie szeptali mu do uszu: Odwagi! (*Corragio!*). (...)

Jego śmierć — po trzydziestu trzech dniach pontyfikatu — zaskoczyła cały świat i cały świat przejęła głęboką żałobą. (...) Nie zostawił nam — jak wiadomo — żadnego spisanego testamentu, śmierć przyszła do niego nagle i nieoczekiwanie. [3]

## 16 października 1978

...Papież jako Biskup Rzymu jest następcą św. Piotra (...). To do Szymona Piotra powiedział Pan Jezus owe pamiętne słowa: „Ty jesteś opoką, a na tej opoce zbuduję Kościół mój, a bramy piekielne nie zwyciężą go. I tobie dam klucze do Królestwa Niebieskiego; cokolwiek zwiążesz na ziemi, będzie związane w niebie, a cokolwiek rozwiążesz na ziemi, będzie rozwiązane w niebie" (Mt 16, 18–19). [1]

A cóż mam powiedzieć o sobie ja, któremu po trzydziestotrzydniowym pontyfikacie Jana Pawła I wypadło z niezbadanych wyroków Bożej Opatrzności przejąć po nim dziedzictwo i sukcesję apostolską na Stolicy Świętego Piotra w dniu 16 października 1978 roku? Cóż mam powiedzieć ja, pierwszy po 455 latach papież wezwany na Stolicę Rzymską spoza Włoch? Cóż mam powiedzieć ja, Jan Paweł II, pierwszy w dziejach Kościoła i Ojczyzny papież Polak, papież Słowianin. (...)

I oto rzecz znamienna, po ludzku trudna do wytłumaczenia. Właśnie w (...) ostatnich dziesięcioleciach Kościół w Polsce nabrał szczególnego znaczenia w wymiarach Kościoła powszechnego i w wymiarach chrześcijaństwa (...). Bez przyjęcia tego faktu trudno zrozumieć (...) to konklawe, które w dniu 26 sierpnia — w święto Matki Bożej Częstochowskiej — przyniosło Kościołowi wspaniały dar w osobie Ojca Świętego Jana Pawła I; i z kolei to, które po jego nieodżałowanej śmierci, po trzydziestotrzydniowym pontyfikacie, powołało na Stolicę Piotrową kardynała Polaka. Trudno zrozumieć, że ten wybór nie spotkał się ze sprzeciwem, ale ze zrozumieniem i nawet życzliwym przyjęciem. [2]

## Przyjmuję!

Myślę, że wynik konklawe w dniu 16 października 1978 roku był zaskoczeniem nie tylko dla mnie! Bóg, który kieruje wydarzeniami, jakie dzieją się w wymiarze zewnętrznym, jest jednak równocześnie Panem serc — i wspiera je od wewnątrz, aby mogły sprostać wydarzeniom, które od zewnątrz, po ludzku, zaskakują nas i przerastają. Na tym polega tajemnica każdego właściwie powołania. Powołanie zawsze oznacza, że mamy zobaczyć nowy projekt naszego własnego życia — inny niż ten, z jakim egzystowaliśmy dotąd. Jest rzeczą zdumiewającą, w jaki sposób Pan Bóg pomaga nam od wewnątrz, w jaki sposób „na różnych długościach fali" naszego życia przygotowuje człowieka, ażeby w odpowiednim czasie umiał wejść w ten nowy projekt, umiał utożsamić się z nim — umiał po prostu dostrzec wolę Ojca i przyjąć ją. I to pomimo całej swojej słabości i zakorzenienia we wszystkich własnych „projektach".

Może to dziwne, że mówię o tym w kontekście (...) konklawe 16 października 1978 roku. Wszystko, co mogłem wówczas pomyśleć, wyraziło się właściwie w odpowiedzi, jaką dałem na pytanie kardynała Villot, który wedle regulaminu konklawe miał stwierdzić, czy elekt przyjmuje wybór. Powołałem się wówczas na zalecenie tegoż samego regulaminu (konstytucja apostolska *Romano Pontefice eligendo,* 86). Zwraca się ono do tego, na którego padnie wybór konklawe, z prośbą, ażeby o ile możności wybór ten przyjął, widząc w nim wolę Bożą i owoc działania Ducha Świętego. [1] Kiedy 16 października 1978 roku, po wyborze na Stolicę Piotrową, zadano mi pytanie: „Czy przyjmujesz?", odpowiedziałem: „W posłuszeństwie wiary wobec Chrystusa, mojego Pana, zawierzając Matce Chrystusa i Kościoła — świadom wielkich trudności — przyjmuję" (*Redemptor hominis*, 2). Od tamtej pory staram się spełniać to zadanie, czerpiąc każdego dnia światło i siły z wiary, która wiąże mnie z Chrystusem. [2]

Przyjąłem również te same imiona, jakie wybrał mój umiłowany poprzednik Jan Paweł I. Już bowiem w dniu 26 sierpnia, kiedy wobec Świętego Kolegium ujawnił, że chce się nazywać Jan Paweł — a ta dwoistość była bez precedensu w historii — dostrzegłem w tym jakby wymowny znak Łaski na drodze nowego pontyfikatu. A ponieważ pontyfikat ten trwał tylko trzydzieści trzy dni, wypada mi go nie tylko kontynuować, ale niejako podjąć w samym punkcie wyjścia, o którym świadczy naprzód wybór tych dwu właśnie imion. [3]

## Pomoc prymasa Wyszyńskiego

Nie zapomnę słów, które w dniu 16 października — w dniu świętej Jadwigi Śląskiej — wypowiedział do mnie w momencie, gdy zbliżała się decyzja konklawe: „Jeśli wybiorą, proszę nie odmawiać". Bardzo mi wówczas dopomógł Prymas Tysiąclecia. Mogłem odpowiedzieć na pytanie zadane mi po wyborze: „przyjmuję". [1]

...po wyborze kardynał prymas, Kardynał Tysiąclecia, powiedział do mnie: „Masz teraz wprowadzić Kościół w trzecie tysiąclecie". [2]

## *Barka*

O Panie, to Ty na mnie spojrzałeś,
Twoje usta dziś wyrzekły me imię.
Swoją barkę pozostawiam na brzegu,
Razem z Tobą nowy zacznę dziś łów.

Chcę powiedzieć (...), że właśnie ta oazowa pieśń wyprowadziła mnie z Ojczyzny (...). Miałem ją w uszach, kiedy słyszałem wyrok konklawe. Z nią, z oazową pieśnią, nie rozstawałem się przez wszystkie te lata. Była jakimś ukrytym tchnieniem Ojczyzny. Była też przewodniczką na różnych drogach Kościoła. I ona przyprowadzała mnie wielokrotnie (...) na (...) krakowskie Błonia, pod kopiec Kościuszki.

Dziękuję ci, pieśni oazowa! [1]

## Skąd mogłem wiedzieć?

Wierzcie mi, że udając się do Rzymu na konklawe, najbardziej pragnąłem wrócić (...) do mojej umiłowanej Archidiecezji i do Ojczyzny. Skoro jednak inna była wola Chrystusa Pana, zostaję i podejmuję to nowe posłannictwo, które mi wyznaczył.

...Skąd mogłem wiedzieć, że (...) wszystkie lata mojego życia, studiów, kapłaństwa, biskupstwa (...) przygotują mnie do tego wezwania, które wypowiedział Chrystus w dniu 16 października 1978 roku w Kaplicy Sykstyńskiej? A jednak z perspektywy tego dnia muszę raz jeszcze popatrzeć na wszystkich, którzy mnie do niego przygotowali — z pewnością nie wiedząc o tym. A więc moi ukochani Rodzice, od dawna nieżyjący, i moja parafia wadowicka pod wezwaniem Ofiarowania Matki Bożej, i szkoły podstawowe i średnie, i Uniwersytet Jagielloński, i Wydział Teologiczny, i Seminarium Duchowne. A cóż powiedzieć o moim wielkim poprzedniku na stolicy św. Stanisława, księciu kardynale Adamie Stefanie Sapieże, i wielkim wygnańcu, arcybiskupie Eugeniuszu Baziaku, o biskupach, o kapłanach, o tylu żarliwych duszpasterzach, głębokich i znakomitych profesorach, wzorowych zakonnikach i zakonnicach? A cóż powiedzieć o tylu spotykanych przeze mnie w życiu ludziach świeckich z różnych środowisk, o kolegach z ławy szkolnej, z lat uniwersyteckich i seminaryjnych, o robotnikach z Solvayu, o intelektualistach, pisarzach, artystach, ludziach różnych zawodów, o tylu małżeństwach, o młodzieży studiującej, o środowiskach apostolskich, oazowych, o tylu chłopcach i dziewczętach szukających sensu życia z Ewangelią w ręku, a nieraz także trafiających na drogę powołania kapłańskiego czy zakonnego?

Wszystko to noszę w sercu i niejako zabieram z sobą: cały mój umiłowany Kościół krakowski, szczególną cząstkę Kościoła Chrystusowego w Polsce i szczególną zarazem cząstkę dziejów naszej Ojczyzny. Kraków stary — i Kraków nowy, nowe dzielnice, nowych ludzi, nowe osiedla, Nową Hutę, starania o nowe kościoły i nowe parafie, o nowe potrzeby i warunki ewangelizacji, katechizacji, duszpasterstwa. To wszystko jakoś wraz ze mną zostało powołane na Stolicę Świętego Piotra. To wszystko stanowi jakąś niepozbywalną warstwę mojej duszy, mojego doświadczenia, mojej wiary i mojej miłości. Rozprzestrzenia się to na tyle miejsc umiłowanych, do sanktuariów Chrystusa i Jego Matki, żeby wspomnieć Mogiłę i Ludźmierz, i Myślenice, Staniątki czy Rychwałd, a przede wszystkim Kalwarię Zebrzydowską z dróżkami, po których tak bardzo lubiłem wędrować. Zachowuję w oczach i w sercu cały krajobraz ziemi krakowskiej, Żywiecczyzny, Śląska, Podhala, Beskidów i Tatr. Składam Bogu w ofierze tę umiłowaną ziemię i całą polską przyrodę.

A nade wszystko ludzi. [1]

# Milczenie przed Bogiem

Cóż powiedzieć? Wszystko, co bym mógł powiedzieć, będzie blade w stosunku do tego, co czuje w tej chwili moje serce. A także w stosunku do tego, co czują wasze serca. Więc oszczędźmy słów. Niech pozostanie tylko wielkie milczenie przed Bogiem, które jest samo modlitwą. (...)

Nie lękajcie się! Otwórzcie, otwórzcie na oścież drzwi Chrystusowi! [1]

# Trudno opuścić Kraków

A moje serce było — i nie przestało być — (...) związane z tym miastem, z tym dziedzictwem, z tym „polskim Rzymem".

Wierzcie mi, że niełatwo jest opuścić Kraków.

Tu, na tej ziemi, się urodziłem.

Tutaj, w Krakowie, spędziłem większość lat mojego życia, poczynając od wpisu na Uniwersytet Jagielloński w 1938 roku.

Tutaj też doznałem łaski powołania kapłańskiego, w trudnym okresie życia narodu, w czasie okupacji niemieckiej, kiedy pracowałem jako robotnik w kamieniołomach, w fabryce chemicznej Solvayu w Borku Fałęckim. Tak Bóg kierował.

Tutaj też, w katedrze wawelskiej, otrzymałem konsekrację biskupią — a od stycznia 1964 roku przejąłem wielkie dziedzictwo biskupów krakowskich po śp. księdzu kardynale Adamie Stefanie Sapieże i po śp. księdzu arcybiskupie Eugeniuszu Baziaku, metropolicie lwowskim.

Kraków od najmłodszych lat mojego życia, od lat dziecięcych jeszcze, był dla mnie szczególną syntezą wszystkiego, co polskie i co chrześcijańskie. Zawsze mówił mi o wielkiej przeszłości mojej Ojczyzny. Zawsze najpełniej wyrażał jej dzieje Kraków stary, który pamiętam z lat młodzieńczych i studenckich, nawet jeszcze okupacyjnych, i Kraków nowy — ten, który wraz z powstaniem Nowej Huty rozrósł się już trzykrotnie w stosunku do tego przedwojennego — a może i więcej? — ten, w którego problemach uczestniczyłem jako duszpasterz, jako profesor, jako biskup, jako kardynał. [1]

## Służyć Polsce

A to, co się stało w dniu 16 października (...), co jest jakimś *arcanum Dei misterium* — niezbadaną tajemnicą Bożą, to także pragnę, ażeby przysłużyło się oczywiście Kościołowi powszechnemu, bo takie jest posługiwanie Piotra, ale żeby przysłużyło się w jakiejś mierze szczególnie Ojczyźnie mojej, kulturze polskiej, nauce polskiej, narodowi polskiemu, wszystkiemu, co Polskę stanowi.

...W każdym razie, żebym nie przyniósł ujmy mojemu narodowi. Przynajmniej tyle. Żebym mógł — nie myślę o tym, żebym zasłużył na groby zasłużonych na Skałce — ale żebym mógł jako tako służyć Polsce, służąc całemu Kościołowi. [1]

Ojczyzna — kiedy myślę — wówczas wyrażam siebie
i zakorzeniam,
mówi mi o tym serce, jakby ukryta granica, która ze
mnie przebiega ku innym,
aby wszystkich ogarniać w przeszłość dawniejszą
niż każdy z nas:
z niej się wyłaniam... gdy myślę Ojczyzna — by zamknąć
ją w sobie jak skarb.
Pytam wciąż, jak go pomnożyć, jak poszerzyć tę
przestrzeń, którą wypełnia.

*Myśląc Ojczyzna...* [2]

# Przede wszystkim: biskup Rzymu

...pierwszym i podstawowym zadaniem następcy Piotra jest być biskupem Rzymu. (...) Posłannictwo następcy Piotra i jego posługa o charakterze uniwersalnym jest ściśle zakorzeniona w fakcie, że jest on biskupem Rzymu. Przewodniczy wielkiej wspólnocie Kościoła oraz braterskiej wspólnocie kolegium biskupiego (...). Chrystus powiedział do Apostołów, którzy jako „kolegium dwunastu" są pierwowzorem kolegium biskupiego: „jesteście braćmi". Myślę, że tę prawdę musi głęboko nosić w sercu następca Piotra. Jeśli „braterskość" jest głęboko wpisana w powołanie każdego chrześcijanina, wydaje się ona w sposób szczególny wpisana w kolegialność urzędu biskupiego w Kościele. Hierarchiczna struktura Kościoła ma służyć realizacji słów Chrystusa: „wy wszyscy braćmi jesteście" (Mt 23, 8). [1]

Wstępuje na Stolicę Rzymską biskup, który nie jest rzymianinem, jest synem narodu polskiego. Ale z tą chwilą staje się również rzymianinem. Tak — rzymianinem! Także dlatego, że jest synem narodu, którego historia od zarania dziejów i którego tysiącletnia tradycja związana jest żywym, mocnym, nigdy nie naruszonym, głęboko odczuwalnym węzłem ze Stolicą Piotrową; narodu, który zawsze pozostał jej wierny. [2]

Odwiedziny rzymskich parafii (...) zawsze były dla mnie przyjemnym i radosnym obowiązkiem. Mogłem spędzić popołudnie albo poranek wśród wiernych w różnych dzielnicach, spotkać się z proboszczami i kapłanami, z zakonnikami i ze światem świeckim; sprawować Msze św. w kościołach parafialnych; przemawiać do dzieci i młodzieży, do rad parafialnych, by zachęcić każdego do podjęcia dzieła nowej ewangelizacji. Wszystko to miało i wciąż ma dla mnie ogromne znaczenie, pozwala mi bowiem coraz bardziej zbliżać się do ludzkiej, społecznej i duchowej, rzeczywistości diecezji. (...) mam przed oczyma twarze tak wielu proboszczów i ich współpracowników, z którymi spotykałem się z radością, najpierw, gdy zapraszałem ich w gościnę, do mojego stołu, a potem, gdy widziałem ich przy pracy w duszpasterstwie parafialnym. (...)

Jest to szczególnie ważne dla papieża pochodzącego z „dalekiego kraju". Jeśli dziś mogę powiedzieć, że czuję się w pełni „rzymianinem", to również dzięki wizytom w parafiach tego niezwykłego i pięknego miasta. [3]

## Opieram się na polskich sercach

Opatrzność Boża tak przedziwnie zrządziła, że właśnie w tej epoce, na progu drugiego tysiąclecia dziejów Polski i chrześcijaństwa, Pan Bóg powołał biskupa z Polski na Stolicę Rzymską. Jest to wyłącznie łaska Boża. Jest w tym na pewno także jakieś zamierzenie Boże. Modlę się o to stale, ażeby tej łasce odpowiedzieć i temu zamierzeniu sprostać. Wiem, że o to modlą się w szczególny sposób moi rodacy. (...) cały Kościół, ale w szczególny sposób moi rodacy. Czuję tę solidarność polską, solidarność wszystkich moich braci i moich sióstr mówiących tym samym językiem i noszących w sobie to samo historyczne doświadczenie. (...) Ja się stale opieram na polskich sercach, na polskich modlitwach, na polskich sanktuariach, w szczególności na Jasnej Górze, na każdej polskiej parafii i codziennie pielgrzymuję w modlitwie — zwłaszcza podczas Mszy św. — dotykając w tej modlitwie eucharystycznej, a więc najgłębszej i najpełniejszej, najważniejszych spraw Kościoła i narodu w naszej Ojczyźnie. [1]

# Moje polskie dziedzictwo

...wszędzie podkreślam moje polskie pochodzenie — trudno inaczej! Nie ma powodu, żebym tego nie czynił. A równocześnie czyniąc to, nie popadam w żaden nacjonalizm. [1]

Wśród różnych doświadczeń mojego posługiwania stale jestem świadomy tego, ile zawdzięczam tutaj temu dziedzictwu wiary, kultury i historii, jakie wyniosłem z mojej ojczystej ziemi. (...) zabrałem ze sobą całą polską historię, kulturę, doświadczenie, język. Dziś jeszcze, kiedy mam coś pisać, piszę po polsku. Język ojczysty jest niezastąpiony. [2]

...jestem niesłychanie wdzięczny mojemu narodowi, polskiej szkole, polskiemu uniwersytetowi, polskiemu Kościołowi, polskim doświadczeniom historycznym, że mogę na spotkanie tych wszystkich współczesnych doświadczeń ludzkości (...) wychodzić tak adekwatnie przygotowany. (...) to, że na horyzoncie Kościoła pojawił się polski papież, ma swoje znaczenie dla Polaków, swoje znaczenie uczuciowe, ale myślę, że jest to przede wszystkim dzieło Opatrzności, która przygotowała nasz naród, przez różne doświadczenia do tego momentu, w którym właśnie Polak będzie najlepiej (...) duchowo przygotowany (...), nawet przez wielkie cierpienia swojego narodu, do tego, ażeby zrozumieć współczesny moment świata. Ja tego nie mówię w poczuciu żadnym innym, tylko w poczuciu wdzięczności i dla Opatrzności, i dla mojego narodu — dla historii tego narodu, dla jego duchowych dziejów, dla jego wielkich cierpień, ponieważ czuję się synem i dziedzicem tego wszystkiego. [3]

...to dziedzictwo stale pozwala mi otwierać się na wielorakie bogactwo ludów i narodów we wspólnocie powszechnego Kościoła. Moje własne rodzime dziedzictwo nie ogranicza mnie w sobie, ale pomaga odkrywać i rozumieć innych. Pozwala uczestniczyć w sytuacji wielkiej rodziny ludzkości, w której stale aktualne pozostaje oczekiwanie pokoju i sprawiedliwości. Oczekiwanie to zaś związane jest organicznie z dziedziną praw i zadań: praw człowieka i zadań człowieka. Praw narodu i zadań narodu. (...) 4

Jestem synem narodu, który przetrwał najstraszliwsze doświadczenia dziejów, który wielokrotnie sąsiedzi skazywali na śmierć — a on pozostał przy życiu i pozostał sobą. 5

Fakt, że żyłem w kraju wystawionym na agresję i w różny sposób uzależnionym od sąsiadów, pozwolił mi głęboko zrozumieć kraje Trzeciego Świata i inny rodzaj zależności, przede wszystkim ekonomicznej. Rozmawiałem o tym wiele razy z afrykańskimi przywódcami. Zrozumiałem, czym jest wyzysk, i od razu stanąłem po stronie ubogich, wydziedziczonych, uciskanych, zepchniętych na margines i bezbronnych. Możni tego świata nie zawsze patrzą życzliwie na takiego papieża. Czasami patrzą na niego wręcz wrogo, także ze względu na sprawy związane z zasadami moralnymi. Domagają się na przykład zgody na aborcję, na środki antykoncepcyjne, na rozwód — czego papież zrobić nie może, ponieważ zadaniem, jakie Bóg mu powierzył, jest obrona osoby ludzkiej, jej godności i jej podstawowych praw, wśród których głównym jest prawo do życia. 6

## Wizja kapłaństwa

Tu i ówdzie sugerowano, że papież usiłuje narzucić polski model kapłaństwa całemu Kościołowi. Ale były to raczej głosy oderwane. W większości przyjęto ten list z zadowoleniem, jako bardzo proste, jasne, jednoznaczne, a przy tym braterskie postawienie spraw, które dla naszej współpracy w Kościele powszechnym są podstawowe. (...) Czasem podnosiły się głosy obawy, że Kościół nie wytrzyma z tą wizją kapłaństwa w dzisiejszym zsekularyzowanym świecie. A ja z Polski wyniosłem takie głębokie przekonanie, że tylko z tą wizją kapłaństwa Kościół wytrzyma. Tylko z tą wizją kapłaństwa. Czasem wyrażano obawy, że właśnie ta wizją kapłaństwa związanego z celibatem, kapłaństwa, któremu człowiek poświęca się bez reszty, że ona odstrasza, hamuje proces powołań. A ja z Polski wyniosłem przeświadczenie, że jest odwrotnie, że tylko ta wizja kapłaństwa może otworzyć na nowo fale powołań, przyrost powołań na całym świecie. Bo młodzi ludzie pragną wiedzieć, czemu się poświęcają, jeśli się poświęcają...

Dzisiaj w Kościele wiele mówi się na temat kryzysu tożsamości kapłana w różnych krajach. Myślę, że ten problem w Polsce istnieje w bardzo małym stopniu. (...) Wiemy, kim jesteśmy, że tacy, jacy jesteśmy, dzięki temu, czym jesteśmy, jesteśmy ludziom potrzebni. [1]

## Gotów do podróży

Zostając biskupem Rzymu i papieżem w tej epoce wędrowców, musiałem i ja stać się wędrowcem. [1] Nie, to nie było tak, że zaplanowałem te podróże czy też zamierzałem odbywać je w sposób tak systematyczny. Ale myślę, że od pierwszej chwili była we mnie pewna gotowość. Tak jakbym je nosił w sobie, jakbym był już przygotowany przez doświadczenie posługi pasterskiej w diecezji. (…) Ta gotowość była już we mnie. [2]

Przede wszystkim, nie ja otwarłem ten rozdział. Został on otwarty przez obu moich wielkich poprzedników, papieży Vaticanum II, przede wszystkim przez Pawła VI. Jednakże już Jan XXIII dawał do poznania, że papież powinien nie tylko być nawiedzany przez Kościół, ale także sam nawiedzać Kościół. Przy swoich osiemdziesięciu latach uczynił w tym kierunku pierwszy krok, udając się przed rozpoczęciem soboru do sanktuarium Matki Bożej w Loreto. Paweł VI uczynił już z tego wyraźny program pontyfikatu. Pamiętam, z jakim entuzjazmem aula soborowa przyjęła na zakończenie drugiej sesji jego zapowiedź, że uda się jako pielgrzym do Ziemi Świętej. Trudno było lepiej rozpocząć.

Tak więc ten rozdział w dziejach papieskiej posługi zastałem już otwarty. Wkrótce też nabrałem przekonania, że należy go kontynuować. [3]

Mówiłem sobie: trzeba pójść tą drogą. Ale w rzeczywistości wszystko zaczęło się od tego, że w Puebli w Meksyku miała się odbyć III Konferencja Generalna Episkopatu Ameryki Łacińskiej. Zaproszono na nią Pawła VI, który już wtedy chorował. Zmarł w sierpniu 1978 roku. Konferencja została odłożona na pewien czas, by mógł na nią przybyć następca Pawła VI. Jednak papież Jan Paweł I czuł się zbyt zajęty na początku pontyfikatu, a być może przeczuwał też ukrytą chorobę, która miała doprowadzić do nagłej, nieoczekiwanej śmierci. Tak więc zaproszenie do Puebli pozostało aktualne również dla nowego papieża. Niektóre osoby w kurii były zdania, że może lepiej będzie nie jechać. Mnie natomiast wydawało się rzeczą naturalną, że papież będzie obecny na tym ważnym spotkaniu (...). Ostatecznie postanowiłem tam jechać. [4] Tak więc już w styczniu 1979 roku mogłem się udać do Meksyku. Z kolei odwiedziny w mojej Ojczyźnie w związku z dziewięćsetleciem śmierci św. Stanisława, do którego jako arcybiskup krakowski przygotowywałem się od siedmiu lat. [5]

Zaczęły napływać inne zaproszenia. Coraz wyraźniej ujawniało się w Kościele pragnienie, by papież był „bardziej obecny". I to nie tylko w Kościele. (...) kształtowała się pewna nowa sytuacja: z jednej strony była moja gotowość, w której się coraz bardziej utwierdzałem; z drugiej, coraz powszechniejsze pragnienie, by papież odwiedzał różne kościoły lokalne. Pielgrzymi podczas audiencji generalnych w Watykanie pytali mnie, kiedy do nich przyjadę. Jednocześnie mnożyły się zaproszenia od episkopatów. Wzrastało ich zainteresowanie. Coraz większą uwagę przyciągała ta forma posługi misyjnej, pasterskiej, czy może raczej ta kolegialna misja biskupa Rzymu. [6]

A potem poszły następne odwiedziny, których tu już nie wymieniam, bo na ogół są znane. Przyszły także następne zaproszenia, których lista stopniowo się realizuje, a w większości czeka na realizację. Oczywiście, jak Pan Bóg pozwoli. [7]

## Myślę kategoriami proboszcza

Chciałbym teraz jeszcze powiedzieć, jak widzę osobiście uzasadnienie owych papieskich podróży. A więc osobiście muszę tutaj sięgnąć do moich przeszło dwudziestoletnich doświadczeń biskupich. Zawsze w tym okresie przywiązywałem szczególną wagę do wizytowania parafii. Rozumiałem te wizytacje jako odwiedziny nade wszystko duszpasterskie, które pomagają danej wspólnocie gruntowniej przeżyć swoją chrześcijańską jedność. [1]

Kościół znajduje się bezustannie w stanie misji: co również oznacza pójście na spotkanie. Misja skierowana jest nade wszystko na zakładanie kościołów, na tworzenie stałych punktów, wymaga jednak także wyjścia na spotkanie z ludźmi.

Myślę kategoriami proboszcza. Kiedyś wszędzie ludzie szukali go w parafii. Dzisiaj on musi iść pomiędzy nich, musi być obecny pośród ludzi. Skoro jest to ważne dla proboszcza, w naturalny sposób jest ważne dla biskupa. A także — chociaż na płaszczyźnie uniwersalnej — i dla papieża. [2]

Niektórzy w Europie uważają, że papież nie powinien tak podróżować. Powinien siedzieć w Rzymie, tak jak dawniej.

Nieraz słyszę takie rady, czytam w gazetach. Natomiast ludzie tutejsi mówią: „Bogu dzięki, że tu przyjechałeś, bo tylko jak tu przyjedziesz, to wiesz, kim my jesteśmy! A nie możesz być naszym pasterzem, jeżeli nie będziesz nas znał! Jeżeli nie będziesz wiedział, kim jesteśmy, jak żyjemy, jaki jest nasz moment dziejowy". I to utwierdza mnie w tym przekonaniu, że przyszła pora (...), ażeby biskupi rzymscy, papieże, stali się nie tylko następcami świętego Piotra, ale także naśladowcami świętego Pawła, który — wiadomo — spokojnie nie usiedział: stale był w drodze. [3]

## Wędrujący pasterz

W Europie Zachodniej niektórzy powiadają: „Papież nie powinien uczestniczyć w tak wielkich uroczystościach, nie powinien gromadzić wokół siebie takich tłumów, bo to jest triumfalizm i przeszkoda dla procesu ekumenicznego; byłoby dużo lepiej, gdyby przyjechał, aby prowadzić dialog". Ale przecież to właśnie czynię co dzień z ludźmi, których spotykam. Czynię to podczas wizyt apostolskich. (...) Czy to może nie jest dialog? Czyż nie są dialogiem przygotowania do podróży, sama podróż? [1] Wszystkie te podróże (...) miały na celu służbę sprawie pokoju (...). Oczywiście służyły one całkowicie celom religijnym, pasterskim i ekumenicznym, ale prowadząc papieża w różne punkty globu, stworzyły zarazem okazję do spotkań ze społeczeństwami, z rzeczywistościami, z bardzo zróżnicowanymi systemami politycznymi. Jakżeż nie dostrzec, że wizyty te przyczyniły się do zbliżenia? A taka jest przecież rola Kościoła, który chce łączyć, który chce służyć braterstwu między ludźmi i między narodami, ponad tym, co je dzieli, a czasem zwraca jedne przeciw drugim. (...)

Są to podróże wiary i modlitwy, które zawsze koncentrują się na medytacji i głoszeniu słowa Bożego, sprawowaniu Eucharystii, wzywaniu Maryi, Matki Kościoła. Są to podróże miłości, pokoju i powszechnego braterstwa. Są one także okazją do „wędrownej katechezy", do przedłużonego na cały świat głoszenia Ewangelii... [2]

Głosząc kazania już od lat, za każdym razem mam wrażenie, że robię to na nowo. Za każdym razem jest jakieś małe odkrycie. Zawsze znajduję coś odmiennego. Rzeczywistość, której jesteśmy świadkami, jest tak bogatą tajemnicą, że się nie może wyczerpać. Człowiek jest indywiduum, jednostką, podmiotem, który bezustannie się ujawnia. Trzeba pokładać więcej nadziei w bogactwie rzeczywistości, która ciągle na nowo ukazuje swe tajemnice. Poza tym fakt zobaczenia tej samej rzeczy w nowy sposób już jest jakimś objawieniem. To także może być sprawdzianem pożytku, który płynie z podróży. [3]

Wszędzie, gdzie mogę, nawiedzam (...) Kościół powszechny poprzez różne kościoły lokalne żyjące w poszczególnych krajach i na różnych kontynentach. Stałem się takim wędrującym pasterzem, wędrującym papieżem, i w ten sposób pragnę służyć Kościołowi powszechnemu i Kościołowi w różnych krajach świata, wśród różnych ludów i narodów, tak jak mnie na to stać. [4] Będę szedł naprzód tak długo, jak długo Opatrzność da mi siły. [5]

## Chciałem wrócić do Polski

Na pewno chciałem, powinienem był wrócić do Polski. Już od wielu lat, od 1972 roku, prowadziłem przygotowania do jubileuszu św. Stanisława, by w 1979 roku uczcić dziewięćsetną rocznicę jego śmierci, a jednocześnie zakończyć synod diecezji krakowskiej. To wszystko jednak nie było takie proste. Ówczesna ekipa rządząca w politycznym kontekście tego, czym był wtedy blok radziecki, mogła nie mieć prawa do wolnej decyzji. I może rzeczywiście podróż do Meksyku okazała się tu pomocna. Albo przynajmniej powstał szereg nowych okoliczności, które umożliwiły podróż do Polski. 1

...podczas mojej pierwszej pielgrzymki do Ojczyzny, razem z rzeszami zgromadzonymi we wspólnocie modlitwy (...), przywoływałem Ducha Świętego: 2

Nie sposób zrozumieć dziejów narodu polskiego — tej wielkiej tysiącletniej wspólnoty, która tak głęboko stanowi o mnie, o każdym z nas — bez Chrystusa. Jeślibyśmy odrzucili ten klucz do zrozumienia naszego narodu, narazilibyśmy się na zasadnicze nieporozumienie. Nie rozumielibyśmy samych siebie.

I wołam ja, syn polskiej ziemi, a zarazem ja, Jan Paweł II papież, wołam z całej głębi tego tysiąclecia (...), wołam wraz z wami wszystkimi:

Niech zstąpi Duch Twój!
Niech zstąpi Duch Twój!
I odnowi oblicze ziemi.
Tej ziemi.

*Chwile pożegnania zawsze są trudne.* Koniec pierwszej pielgrzymki do Ojczyzny. Prymas Stefan Wyszyński żegna Jana Pawła II.

Więc mówię za Chrystusem samym: „Weźmijcie Ducha Świętego"! (J 20, 22). I mówię za Apostołem: „Ducha nie gaście!" (1 Tes 5, 19). I mówię za Apostołem: „Ducha świętego nie zasmucajcie!" (por. Ef 4, 30). Musicie być mocni, drodzy bracia i siostry! Musicie być mocni tą mocą, którą daje wiara! Musicie być mocni mocą wiary! Musicie być wierni! Dziś tej mocy bardziej wam potrzeba niż w jakiejkolwiek epoce dziejów. Musicie być mocni mocą nadziei, która przynosi pełną radość życia i nie dozwala zasmucać Ducha Świętego! Musicie być mocni mocą miłości, która jest potężniejsza niż śmierć... [3]

W tamtych trudnych czasach (...) było to wołanie płynące z wiary, z wiary, że Bóg działa i mocą Ducha Świętego odnawia i uświęca wszystko. Było to wołanie o odnowę oblicza ziemi, tej ziemi. (...) nie wiedzieliśmy wtedy jeszcze, jaki kształt przyjmą polskie przemiany. Dzisiaj już wiemy. Wiemy, jak głęboko sięgnęło działanie Bożej mocy, która wyzwala, leczy i oczyszcza. (...) Jakże dziś nie dziękować Bogu w Trójcy Jedynemu za to wszystko, co na przestrzeni ostatnich dwudziestu lat odczytujemy jako Jego odpowiedź na tamto nasze wołanie! [4]

## Moc Ducha Świętego

Pozostało mi głęboko w pamięci spotkanie gnieźnieńskie w czerwcu 1979 roku, gdy po raz pierwszy papież rodem z Krakowa mógł sprawować Eucharystię na Wzgórzu Lecha, w obecności niezapomnianego Prymasa Tysiąclecia, całego Episkopatu, wielu pielgrzymów nie tylko z Polski, ale również z krajów ościennych. Dzisiaj (...) wypadałoby powrócić do tamtej homilii gnieźnieńskiej, która stała się poniekąd programem pontyfikatu (...). Mówiłem wtedy: „Czyż Chrystus tego nie chce, czy Duch Święty tego nie rozrządza, ażeby ten papież Polak, papież Słowianin, właśnie teraz odsłonił duchową jedność chrześcijańskiej Europy, na którą składają się dwie wielkie tradycje: Zachodu i Wschodu? Tak. Chrystus tego chce". (...) Z tego miejsca rozlała się wówczas potężna fala, moc Ducha Świętego. Tutaj zaczęła przybierać konkretne formy myśl o nowej ewangelizacji. W tym czasie bowiem dokonały się wielkie przemiany, powstały nowe możliwości, pojawili się nowi ludzie. Runął mur dzielący Europę. W pięćdziesiąt lat po zakończeniu drugiej wojny światowej jej skutki przestały żłobić oblicze naszego kontynentu. Skończyło się półwieczne rozdzielenie, za które szczególnie straszliwą cenę płaciły miliony mieszkańców Europy Środkowej i Wschodniej. [1]

## Przyszło nowe

Sprawy polskie leżą mi bardzo na sercu. Wiem, jak zmieniła się nasza Ojczyzna od czasu mojej pierwszej wizyty w roku 1979. [1]

Jakże inny był to czas, jakże różne były te czasy z perspektywy historii. Inne doświadczenia i wyzwania, jakie wtedy stały przed narodem. Wtedy mówiłem do was, ale także w jakiś sposób za was. Dzisiaj jest inaczej i Bogu dzięki. Ze wzruszeniem o tym wspominam, świadomy wielkich rzeczy, jakie dokonały się w naszej Ojczyźnie od tamtego czasu. „Przyszło nowe", przyszło do tej ziemi (...).

„Solidarność" otworzyła bramy wolności w krajach zniewolonych systemem totalitarnym, zburzyła mur berliński i przyczyniła się do zjednoczenia Europy rozdzielonej od czasów drugiej wojny światowej na dwa bloki. Nie wolno nam nigdy tego zatrzeć w pamięci. To wydarzenie należy do naszego dziedzictwa narodowego. Słyszałem wtedy w Gdańsku (...): „Nie ma wolności bez «Solidarności»". Dzisiaj wypada powiedzieć: Nie ma solidarności bez miłości. Więcej, nie ma przyszłości człowieka i narodu bez miłości, bez tej miłości, która przebacza, choć nie zapomina, która jest wrażliwa na niedolę innych, która nie szuka swego, ale pragnie dobra dla drugich, tej miłości, która służy, zapomina o sobie i gotowa jest do wspaniałomyślnego dawania. Jesteśmy wezwani (...) do budowania przyszłości opartej na miłości Boga i bliźniego. Do budowania „cywilizacji miłości". (...)

Niech Wam Bóg błogosławi. To jest jedno, co mogę Wam dać: błogosławieństwo. [2]

## Uważajcie!

Napisałem (...), że wolności nigdy nie można posiadać. Jest bardzo niebezpiecznie ją posiadać. Wolność trzeba stale zdobywać. [1] Dar wolności. Trudny dar wolności człowieka (...). [2]

Zdaję sobie sprawę z tego, że po długich latach braku pełnej suwerenności państwowej i autentycznego życia publicznego nie jest rzeczą łatwą tworzenie nowego demokratycznego ładu i porządku instytucjonalnego. [3] I (...) wszyscy czujemy, po długim okresie podmiotowości ograniczonej poprzez system totalitarny, że ta suwerenna podmiotowość jest nie tylko osiągnięciem, ale jest także nowym wyzwaniem. (...) Zdajemy egzamin z naszego człowieczeństwa i z naszego chrześcijaństwa, z naszej polskości i z naszej europejskości.

Egzamin w przeszłości był trudny. Zdawaliśmy go, a wynik ogólny przyniósł nam uznanie. Potwierdziliśmy się. Jednakże w tym miejscu nie można się zatrzymać. Egzamin z naszej wolności jest przed nami. Wolności nie można tylko posiadać. Trzeba ją stale, stale, stale zdobywać. Zdobywa się ją, czyniąc z niej dobry użytek — czyniąc użytek w prawdzie, bo tylko prawda czyni wolnymi (por. J 8, 32) ludzi i ludzkie wspólnoty, społeczeństwa i narody. Tak uczy Chrystus. 4

Jak dzisiaj obronić dar wolności?

Jak we współczesnym świecie być naprawdę wolnym — tą wolnością, którą ofiarował nam Chrystus?

„Miłością ożywieni służcie sobie wzajemnie!" (Ga 5, 13).

Oto droga do prawdziwej wolności, droga, którą wskazuje Apostoł: postawa służby i miłość wzajemna. (...) Jak bardzo ta lekcja wolności potrzebna jest dzisiaj nam, Polakom, kiedy Ojczyzna po długim okresie totalitarnego zniewolenia odzyskała wolność. Jawi się bowiem na horyzoncie jako widmo „złotej wolności" w zmienionych czasach, w każdym razie wolności, która nie buduje, lecz niszczy.

Słowa św. Pawła: „A jeśli u was jeden drugiego kąsa i pożera, baczcie, byście się wzajemnie nie zjedli" (Ga 5, 15). 5

## Głos Boga

...działanie Boga stało się jakby widzialne w dziejach naszego stulecia poprzez upadek komunizmu. Nie byłbym skłonny do zbytniego upraszczania tych rzeczy. To, co nazywamy komunizmem, ma swoją historię. Jest to historia sprzeciwu wobec ludzkiej niesprawiedliwości, co przypomniałem w encyklice *Laborem exercens*. Sprzeciw wielkiego świata ludzi pracy. Sprzeciw, który stał się ideologią. (...)

Byłoby (...) uproszczeniem powiedzieć, że Opatrzność Boża obaliła komunizm. Komunizm jako system upadł w pewnym sensie sam. Upadł w konsekwencji swoich własnych błędów i nadużyć. Okazał się „lekarstwem groźniejszym od samej choroby". Nie dokonał prawdziwej reformy społecznej, choć stał się dla całego świata potężną przestrogą i wyzwaniem. Ale upadł sam, z własnej immanentnej słabości. (...)

A cóż powiedzieć o trojgu portugalskich dzieciach z Fatimy, które nagle, w przeddzień wybuchu rewolucji październikowej, usłyszały, że „Rosja się nawróci", że „na końcu moje Serce zwycięży"...? Tego nie mogły one wymyślić. Nie znały na tyle historii i geografii, a jeszcze mniej orientowały się w ruchach społecznych i w rozwoju ideologii. A jednak to właśnie się stało, co zapowiedziały. Może również na to został wezwany z „dalekiego kraju" ten papież, może na to był potrzebny zamach na placu św. Piotra właśnie 13 maja 1981 roku, ażeby to wszystko stało się bardziej przejrzyste i zrozumiałe, ażeby głos Boga mówiącego poprzez dzieje człowieka w „znakach czasu" mógł być łatwiej słyszany i łatwiej zrozumiany? [1]

## 13 maja 1981

...wrócę do tego, co (...) wydarzyło się w Rzymie na placu św. Piotra. Wszyscy pamiętamy tę godzinę popołudniową. Wszyscy pamiętamy, że w stronę papieża padły strzały, które miały go pozbawić życia. Kulę, która przeszyła jego wnętrzności, przyjęło sanktuarium fatimskie, pas zaś, który przeszył pocisk — sanktuarium na Jasnej Górze. Wiemy wszyscy, że to macierzyńska ręka kierowała biegiem tej kuli i papież, odwieziony w agonii do polikliniki Gemelli, zatrzymał się na progu śmierci. [1]

To nawet nie była odwaga, (...) ale w chwili, kiedy padałem na placu św. Piotra, miałem wyraźne przeczucie, że wyjdę z tego. Ta pewność nigdy mnie nie opuściła, nawet w najgorszych chwilach — bądź po pierwszej operacji, bądź w czasie choroby wirusowej. (...) Czyjaś ręka strzelała (...), ale Inna Ręka prowadziła kulę. 2

## Pan posłał swego anioła

W czasie długich tygodni przebywania w poliklinice Gemelli przychodziło mi (...) często na myśl opisane w Dziejach Apostolskich wydarzenie z najwcześniejszych dni Kościoła w Jerozolimie. Oto Herod Agryppa (...) „uwięził Piotra", a „kiedy go pojmał, osadził w więzieniu i oddał pod straż czterech oddziałów, po czterech żołnierzy każdy, zamierzając po święcie Paschy wydać go ludowi. Strzeżono więc Piotra w więzieniu, a Kościół modlił się za niego nieustannie do Boga. W nocy, po której Herod miał go wydać, Piotr, skuty podwójnym łańcuchem, spał między dwoma żołnierzami, a strażnicy przed bramą strzegli więzienia. Wtem zjawił się anioł Pański i światłość zajaśniała w celi. Trąceniem w bok obudził Piotra i powiedział: «Wstań szybko!» Równocześnie z rąk [Piotra] opadły kajdany. «Przepasz się i włóż sandały!»

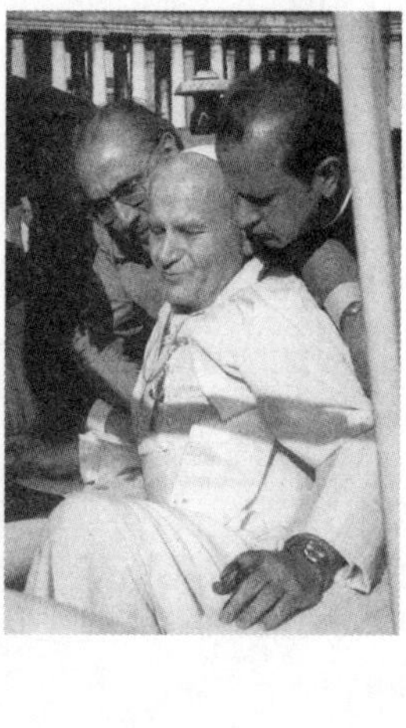

*Było to na placu Świętego Piotra. Tam w czasie audiencji generalnej został wymierzony do mnie strzał, który miał mnie pozbawić życia.*

— powiedział mu anioł. A gdy to zrobił, rzekł do niego: «Narzuć płaszcz i chodź za mną!».

Wyszedł więc i szedł za nim, ale nie wiedział, czy to, co czyni anioł, jest rzeczywistością; i zdawało mu się, że to widzenie. Minęli pierwszą i drugą straż i doszli do żelaznej bramy, prowadzącej do miasta. Ta otwarła się sama przed nimi. Wyszli więc, przeszli jedną ulicę i natychmiast anioł odstąpił od niego. Wtedy Piotr przyszedł do siebie i rzekł: «Teraz wiem na pewno, że Pan posłał swego anioła i wyrwał mnie z ręki Heroda i z tego wszystkiego, czego oczekiwali Żydzi»..." (Dz 12, 3–11).

To wydarzenie z pierwszych dni Kościoła w Jerozolimie często przychodziło mi na pamięć w czasie pobytu w szpitalu. Chociaż okoliczności ówczesne i współczesne zdają się tak bardzo do siebie niepodobne — to jednak trudno było rekonwalescentowi, który jest następcą Piotra na Rzymskiej Stolicy biskupiej, nie rozważać tych słów Apostoła: „Wiem na pewno, że Pan (...) wyrwał mnie z ręki Heroda i z tego wszystkiego, czego oczekiwano"...

Przytoczyłem ten zapis Dziejów Apostolskich również i dla tych słów, jakie w nim znajdujemy, a które stanowiły dla mnie w tym okresie tak wielkie oparcie. Kiedy „strzeżono Piotra w więzieniu", (...) „Kościół modlił się za niego nieustannie do Boga".

Doświadczyłem tej modlitwy w tym samym dniu 13 maja, w miarę jak wiadomość o zamachu środki przekazu roznosiły na cały świat. Wiadomość ta wywołała reakcje pochodzące z różnych stron świata, z różnych krajów, od głów państw i przywódców społeczeństw, od tylu różnych ludzi i środowisk. Nade wszystko ta wiadomość gromadziła ludzi na modlitwę. Zapełniały się katedry biskupie i kościoły parafialne. Modlili się wspólnie z nami bracia prawosławni, protestanci. Ale nie tylko. Modlili się również wyznawcy Mojżesza i Mahometa. I jeszcze inni.

I nie mogę — myśląc o tej wielkiej modlitwie — zapomnieć o tych słowach z Dziejów Apostolskich, które odnoszą się do Piotra: „Kościół modlił się za niego nieustannie do Boga". (...)

Jednakże w tym okresie dotarły do mnie tysiące i tysiące listów, w których ludzie ze wszystkich stron świata wyrażają swoje współczucie i zapewniają o swojej modlitwie. Chciałbym (...) przytoczyć jeden spośród wielu, list pewnej dziewczynki, która tak do mnie pisze: „Drogi Ojcze Święty, życzę Ci, abyś szybko wyzdrowiał i mógł wrócić do czytania Ewangelii i Słowa Bożego. Wiem, że przebaczyłeś człowiekowi, który Cię zranił, i ja też tak chcę przebaczyć tym, co na mnie skarżą i którzy mnie biją. Spraw, abym zawsze była grzeczna i żeby wszędzie panował pokój".

## W poliklinice Gemelli

...trzynastego maja, po zamachu na moje życie, znalazłem natychmiast skuteczną pomoc w (...) domu, który nosi nazwę Policlinico Universitaria A. Gemelli. (...)

Kiedy nazajutrz po wyborze na stolicę Piotrową przybyłem z wizytą do polikliniki Gemelli, powiedziałem, że „pragnę oprzeć moje papieskie posługiwanie na tych, którzy cierpią".

Opatrzność zrządziła, bym do polikliniki Gemelli powrócił jako pacjent. Potwierdzam dzisiaj przekonanie wypowiedziane wtedy: cierpienie przyjęte w zjednoczeniu z cierpiącym Chrystusem ma nieporównywalną z niczym skuteczność w urzeczywistnianiu Bożego planu zbawienia. Powtarzam za św. Pawłem: „Teraz raduję się w cierpieniach za was i ze swej strony w moim ciele dopełniam braki udręk Chrystusa dla dobra Jego Ciała, którym jest Kościół" (Kol 1,24).

Klinikę Gemelli można by nazwać „Watykanem numer trzy", bo „Watykan numer jeden" to plac św. Piotra, a „numer dwa" to Castel Gandolfo. Poliklinika Gemelli stała się już „numerem trzecim". (...) Dziękuję temu „Watykanowi numer trzy", czyli poliklinice Gemelli, za całe dobro, jakiego tu zaznałem od profesorów, od lekarzy, od pielęgniarek i całego personelu. [2]

## Jestem dłużnikiem

Tak jest. Stałem się jeszcze bardziej dłużnikiem wszystkich.

Jestem dłużnikiem tych, którzy bezpośrednio ratowali moje życie i pomagali mi wracać do zdrowia: profesorów i lekarzy, sióstr pielęgniarek i świeckiego personelu w poliklinice Gemelli. Jestem równocześnie dłużnikiem tych, którzy otaczali mnie ową rozległą falą modlitwy na całym świecie. Jestem dłużnikiem.

I stałem się na nowo dłużnikiem Najświętszej Dziewicy i Wszystkich Świętych Patronów. Czyż mogę zapomnieć, że wydarzenie na placu św. Piotra miało miejsce w tym dniu, w którym od sześćdziesięciu z górą lat wspomina się w portugalskiej Fatimie pierwsze pojawienie się Matki Chrystusa ubogim wiejskim dzieciom? Wszak we wszystkim, co mnie w tym właśnie dniu spotkało, odczułem ową niezwykłą macierzyńską troskę i opiekę, która okazała się mocniejsza od śmiercionośnej kuli. [1]

## W Fatimie

...kiedy (...) na placu św. Piotra miał miejsce zamach, gdy odzyskałem świadomość, myśli moje natychmiast pobiegły ku temu sanktuarium, ażeby w Sercu Matki Bożej złożyć podziękowanie za uratowanie mnie od niebezpieczeństwa. We wszystkim, co się wydarzyło, zobaczyłem — stale będę to powtarzał — specjalną opiekę macierzyńską Matki Bożej. I poprzez zbieg okoliczności — a proste zbiegi okoliczności nie istnieją w planach Bożej Opatrzności — dostrzegłem także wezwanie, a być może zwrócenie uwagi na przesłanie, które przed sześćdziesięciu pięciu laty stąd wyszło za pośrednictwem pokornego, wiejskiego ludu, tak właśnie powszechnie znanych: trojga pastuszków z Fatimy. (...)

To „dzięki Panu nie zostałem unicestwiony" — powiedziałem po raz pierwszy w dniu święta Matki Bożej Różańcowej i powiedziałem (...) w Fatimie, która tyle mówi o różańcu, o odmawianiu „cząstek różańca", jak mówili mali pasterze. Różaniec, cząstka różańca... Trwa i zawsze trwać będzie modlitwa wdzięczności, miłości i ufnego błagania, modlitwa Matki Kościoła!

Przybyłem na fatimską pielgrzymkę (...) z imieniem Matki Bożej na ustach i z pieśnią dziękczynienia Bogu w sercu: On także i mnie „uczynił wielkie rzeczy (...), a miłosierdzie Jego z pokolenia na pokolenie" (por. Łk 1, 49–50). [1]

## W Ostrej Bramie

...dane mi było spojrzeć w Oblicze Matki Bożej Ostrobramskiej w Wilnie i mówiłem do niej słowami polskiego wieszcza Adama Mickiewicza: „Panno święta, co Jasnej bronisz Częstochowy i w Ostrej świecisz Bramie! (...) Jak mnie (...) do życia przywróciłaś cudem!" Tak powiedziałem na zakończenie modlitwy różańcowej w Ostrej Bramie. Wtedy głos mi się załamał. Wiedziałem, że Ostra Brama czekała na to wyznanie papieża. Czekała Ostra Brama i czekały także te przedziwne sanktuaria: naprzód rzymskie Koloseum, a potem Wzgórze Krzyży na Litwie, a potem tyle innych „koloseów naszego stulecia" po jednej i drugiej stronie tego szlaku ewangelizacji, która przebiega ku północy z Rzymu i Konstantynopola. (...) A to wszystko było echem strzału na placu św. Piotra, który miał pozbawić papieża życia już przed trzynastoma laty. A tymczasem śmiercionośna kula zatrzymała się i papież żyje — żyje, ażeby służyć! [1]

## Na Krzeptówkach

...sanktuarium na Krzeptówkach jest mi w najszczególniejszy sposób bliskie i drogie (...). Z historią tego sanktuarium łączy się (...) wydarzenie, które miało miejsce na placu św. Piotra w dniu 13 maja 1981 roku. Doznałem wówczas śmiertelnego zagrożenia życia i cierpienia, a równocześnie wielkiego miłosierdzia Bożego. Za przyczyną Matki Bożej Fatimskiej życie zostało mi na nowo darowane. (...) Wtedy też narodził się plan budowy (...) u podnóża Giewontu sanktuarium Matki Bożej Fatimskiej jako wotum dziękczynnego za uratowanie mojego życia. Wiem, że to sanktuarium (...) wznosiło wiele rąk i wiele serc zjednoczonych pracą, ofiarą i miłością do papieża. Trudno mi o tym mówić bez wzruszenia... *Totus Tuus*... [1]

## To była Łaska

Wydarzenie z dnia 13 maja pozwoliło mi w nowy sposób spojrzeć na całe życie — na to życie, którego początek wiąże się z pamięcią moich Rodziców, a równocześnie z tajemnicą Chrztu św. oraz z imieniem św. Karola Boromeusza.

Czyż Chrystus nie mówił o ziarnie, które wpadłszy w ziemię, obumiera, ażeby przynieść owoc? (por. J 12, 24)

Czyż Chrystus nie mówił: „Bo kto chce zachować swoje życie, straci je; a kto straci swe życie z mego powodu, znajdzie je"? (Mt 16, 25) …

Jakkolwiek (…) zamach na życie papieża, a także jego konsekwencje związane z operacją i leczeniem w poliklinice Gemelli mają swój całkowicie ludzki wymiar — to jednak wymiar ten nie może przesłonić głębszego jeszcze wymiaru: właśnie wymiaru Boskiego Doświadczenia. (…)

Bóg pozwolił mi doświadczyć w ciągu minionych miesięcy cierpienia, pozwolił mi doświadczyć zagrożenia życia. Pozwolił mi równocześnie jasno i dogłębnie zrozumieć, że jest to szczególna Jego Łaska dla mnie samego jako człowieka, a równocześnie — z uwagi na posługę, którą sprawuję jako biskup Rzymu i następca św. Piotra — łaska dla Kościoła.

Chrystus (…) dał mi tę Łaskę, że mogłem cierpieniem, zagrożeniem własnego życia i zdrowia dać świadectwo Jego prawdzie i Jego miłości. To właśnie poczytuję sobie za szczególną Łaskę — i za to składam szczególne dziękczynienie Duchowi Świętemu… [1]

## „Moc w słabości się doskonali"

Ja także jestem tutaj pielgrzymem. Jestem przybyszem, któremu z woli Kościoła wypadło pozostać i przejąć następstwo na Rzymskiej Stolicy po tylu wielkich papieżach, biskupach Rzymu. I ja także czuję głęboko moją ludzką słabość — i dlatego z ufnością powtarzam słowa Apostoła: „Moc bowiem w słabości się doskonali" — *„virtus in infirmitate perficitur"* (2 Kor 12, 9). I dlatego też z wielką wdzięcznością dla Ducha Świętego myślę o tej słabości, jakiej pozwolił mi doświadczyć od dnia 13 maja, wierząc i ufając pokornie, że mogła ona posłużyć ku umocnieniu Kościoła, a także mojej własnej osoby. 1

## Tajemnica serca

Przebaczenie. Chrystus nauczył nas przebaczać. Wielokrotnie i na różne sposoby mówił o przebaczeniu. Kiedy Piotr pytał Go, do ilu razy ma przebaczyć swojemu bliźniemu: „Czy aż siedem razy?", Jezus odpowiedział, że ma przebaczyć „aż siedemdziesiąt siedem razy" (Mt 18, 21 n.) — to znaczy praktycznie: za każdym razem (liczba bowiem „siedemdziesiąt siedem" jest symboliczna i oznacza nie tylko określoną ilość, ale także nieskończoność). (...) „Przebaczenie" jest słowem, które wypowiadają usta człowieka pokrzywdzonego. Bardziej jeszcze jest słowem serca ludzkiego. W tym słowie serca każdy z nas usiłuje przekroczyć granicę nieprzyjaźni, jaka może oddzielić go od drugiego (...). Przebaczenie jest łaską, o której należy myśleć z głęboką pokorą i wdzięcznością. Jest ona tajemnicą serca ludzkiego, o której

*Jest rzeczą bardzo ważną,*
*aby przekroczyć próg nadziei,*
*nie zatrzymywać się przed nim,*
*ale pozwolić się prowadzić.*
16 sierpnia 1981 r.

trudno jest mówić za wiele. Dlatego też pragnę poprzestać na tym, co powiedziałem. [1]

## Modlę się za brata, który mnie zranił

...pragnę (...) powrócić do wydarzenia z 13 maja (...), ażeby przypomnieć to, co już w tym samym dniu zostało wypowiedziane wobec Chrystusa (...), z kolei zaś zostało wypowiedziane głośno i publicznie (...) 17 maja przy modlitwie *Regina coeli*. Oto słowa, które dzisiaj nie tylko przytaczam, ale także powtarzam, aby wyrazić zawartą w nich prawdę, która tak samo dzisiaj, jak wtedy, jest prawdą mojej duszy: mojego serca i sumienia.

„Drodzy bracia i siostry. Wiem, że w tych dniach, specjalnie w tej godzinie modlitwy *Regina coeli*, jesteście zjednoczeni ze mną. Ze wzruszeniem dziękuję wam za modlitwy i wszystkich was błogosławię. Jestem szczególnie blisko dwom osobom, zranionym wraz ze mną, oraz modlę się za brata, który mnie zranił, a któremu szczerze przebaczyłem. Zjednoczony z Chrystusem, Kapłanem — Ofiarą, składam moje cierpienie w ofierze za Kościół i świat. Tobie, Maryjo, powtarzam: *Totus Tuus ego sum*". [1]

## Cały Twój

*Totus Tuus*... Formuła ta nie ma tylko charakteru pobożnościowego, nie jest wyrazem tylko dewocji, lecz jest czymś więcej. Muszę dodać, że przekonanie do takiego właśnie nabożeństwa zrodziło się we mnie w okresie, gdy podczas drugiej wojny światowej pracowałem jako robotnik w fabryce. (...) Dzięki św. Ludwikowi Grignion de Montfort (...) nauczyłem się na nowo maryjności i ten dojrzały kształt nabożeństwa do Matki Bożej idzie ze mną od lat (...).

Uczestnicząc w soborze (...), odnalazłem wszystkie moje dawniejsze doświadczenia od lat młodzieńczych, odnalazłem też tę szczególną więź, jaka łączy mnie z Bogarodzicą w coraz to nowych wymiarach.

Wymiar pierwszy, najdawniejszy, to jest modlitwa w dzieciństwie przed obrazem Matki Bożej Nieustającej Pomocy w wadowickim kościele parafialnym, to jest tradycja karmelitańskiego szkaplerza, głęboko wymowna i symboliczna, z którą związałem się od czasu mojej młodości poprzez klasztor karmelitów na Górce, w moim rodzinnym mieście. To jest tradycja pielgrzymek do sanktuarium w Kalwarii Zebrzydowskiej, jednego z tych miejsc ściągających rzesze pielgrzymów, zwłaszcza z południowej Polski oraz z drugiej strony Karpat. To sanktuarium regionalne ma jeszcze jedną właściwość, mianowicie jest ono nie tylko maryjne, ale też i głęboko chrystocentryczne. Pielgrzymki zaś, które przybywają, w ciągu dni swego pobytu na Kalwarii przede wszystkim odbywają „dróżki", a są one po prostu „drogą

*Zawsze czytałem, na ile to było możliwe, chociaż nigdy nie byłem „pożeraczem książek".*

krzyżową", na której człowiek odnajduje swoje miejsce przy Chrystusie poprzez Maryję. (...) Osobny rozdział stanowi Jasna Góra ze swą ikoną Czarnej Madonny. [1]

## U Królowej Polski

Jasna Góra — *Clarus Mons, Chiaromonte*: sanktuarium Królowej Polski! [1] Jest to sanktuarium całego narodu. U swej Pani i Królowej naród polski szukał przez wieki i szuka nadal oparcia i siły duchowego odrodzenia. Jest to miejsce szczególnej ewangelizacji. Wielkie wydarzenia w życiu Polski są zawsze jakoś z tym miejscem związane. [2]

Najbardziej znane to obrona Jasnej Góry, Polski i wolności sumienia podczas najazdu szwedzkiego zwanego „potopem". Sanktuarium pełniło też niezastąpioną rolę w obronie wiary, ducha, kultury i w zachowaniu tożsamości narodowej w długim okresie rozbiorów Polski.

W czasie drugiej wojny światowej papież Pius XII powiedział: „Nie zginęła Polska i nie zginie, bo Polska wierzy, Polska się modli, Polska ma Jasną Górę". W trudnych latach powojennych, w latach zorganizowanej i systematycznej ateizacji, Jasna Góra stała się dla Kościoła i Episkopatu Polski, pod przewodnictwem prymasa kardynała Stefana Wyszyńskiego, bazą w tworzeniu programów i duszpasterskich inicjatyw, (...) punktem odniesienia dla zdrowych motywów społecznego odrodzenia, jak „Solidarność" czy inne grupy i ruchy odnowy moralnej. [3]

Pamiętam, czym (...) stała się dla mojej Ojczyzny w okresie odważnego zmagania się z materialistycznym systemem marksistowskim. Wówczas to z inicjatywy Episkopatu Polski, a w szczególności kardynała Wyszyńskiego, znany i powszechnie czczony obraz Matki Boskiej Jasnogórskiej wyruszył z Częstochowy, ażeby nawiedzać wszystkie polskie parafie i wspólnoty. To pielgrzymowanie Maryi trwało prawie dwadzieścia pięć lat. Próbowano wielokrotnie uniemożliwić to „nawiedzenie", sekwestrując obraz i zatrzymując go na Jasnej Górze. Wówczas pielgrzymowały puste ramy, a wymowa tych pustych ram była poniekąd jeszcze bardziej przejmująca, jeszcze więcej mówiła uczestnikom nawiedzenia. Jeszcze wymowniej świadczyła o braku wolności religijnej, do której naród miał prawo. [4]

Stąd właśnie biorą się często lapidarne i trafne określenia sanktuarium, jak: „tu bije nieśmiertelne serce Polski", „tutaj zawsze byliśmy wolni", „Jasna Góra jest duchową stolicą Polski". A obraz bywa często nazywany „ikoną wolności" i „znakiem jedności chrześcijańskiego Wschodu i Zachodu".

Wielu papieży darzyło jasnogórski obraz czcią i miłością. W naszym wieku św. Pius X ofiarował mu złote korony. Pius XI urządził w Castel Gandolfo kaplicę z kopią Czarnej Madonny. Znane są wyrazy miłości Jana XXIII do Jasnogórskiej Pani. Paweł VI chciał do Niej odbyć pielgrzymkę, którą udaremniono. [5]

*I pozwalaliśmy Matce Bożej nawiedzać nas duchowo, skutecznie, bez obrazu...*
Jan Paweł II obok kopii obrazu jasnogórskiego, 28 maja 1989 r.

Jasna Góra została wpisana w dzieje mojej Ojczyzny (...) jako swoiste: „Nie lękajcie się!", wypowiedziane przez Chrystusa ustami Jego Matki. Kiedy w dniu 22 października 1978 roku przejmowałem rzymskie dziedzictwo posługi Piotrowej, miałem z pewnością głęboko w pamięci przede wszystkim to polskie doświadczenie maryjne.

(...) Wiedziałem też z ust kardynała Stefana Wyszyńskiego, że jego poprzednik, kardynał August Hlond, umierając, powiedział te znamienne słowa: „Zwycięstwo, jeśli przyjdzie, przyjdzie ono przez Maryję"... Na przestrzeni kilkudziesięciu lat mojego posługiwania pasterskiego w Polsce byłem świadkiem, w jaki sposób te słowa urzeczywistniały się.

Wchodząc w sprawy Kościoła powszechnego, wraz z wyborem na papieża, przynosiłem z sobą to przeświadczenie, że również w tym uniwersalnym wymiarze zwycięstwo, jeśli przyjdzie, będzie odniesione przez Maryję (...). Miałem więc takie przeświadczenie, chociaż wówczas jeszcze bardzo mało wiedziałem o Fatimie (...). I oto przyszedł dzień 13 maja 1981 roku. Kiedy zostałem ugodzony kulą zamachowca na placu św. Piotra, także nie uświadamiałem sobie tego, że jest to właśnie ów dzień, kiedy Maryja objawiła się trojgu dzieciom w portugalskiej Fatimie i miała wypowiedzieć do nich słowa, które z końcem stulecia zdają się przybliżać do swego wypełnienia.

Czy poprzez całe to wydarzenie jeszcze raz Chrystus nie wypowiedział swojego: „Nie lękajcie się!"? [6]

Muszę dodać, że to moje osobiste i jak najbardziej wewnętrzne odniesienie do Matki Chrystusa płynęło od młodości w szerokim łożysku pobożności maryjnej, która w Polsce ma szczególną historię, a prócz tego wiele dopełniających się nurtów. O historii mówi najwięcej Jasna Góra — i to, co się wokół niej dokonywało przez wieki, a także, co się dokonało w latach 1956–1966 (czyli w związku z Tysiącleciem Chrztu Polski), a także z kolei w latach posoborowych.

Myślę, że to, co powiedziałem, wystarczająco tłumaczy maryjną pobożność obecnego papieża, a nade wszystko jego postawę całkowitego zawierzenia Maryi — owo *Totus Tuus*.

## Moje sanktuarium

Maryja jest z nami. Jej sanktuaria rozrzucone po całym ziemskim globie świadczą o Jej prawdziwej obecności, która stara się zapobiec wszelkiemu złu, jakie grozi nie tylko jednostkom i rodzinom, ale całym narodom. Czyż nie tak należy tłumaczyć maryjną obecność oraz Jej dyskretne wezwanie w meksykańskiej Gwadalupie, w polskiej Jasnej Górze i w tylu sanktuariach w środkowej i wschodniej Europie, w Lourdes i w Fatimie u początku naszego stulecia, a także w tylu innych sanktuariach świata (...).

Ja sam pragnę, by każdą z moich pasterskich wizyt znaczyła pielgrzymka do wielkiego sanktuarium maryjnego. (...)

Poczynając od mojej młodości, w moim Kraju, było dla mnie rzeczą zwyczajną odbywać pielgrzymki do sanktuariów Matki Bożej. Odbywałem je także, kiedy byłem biskupem i kardynałem. Wiem bardzo dobrze, że każdy lud, każdy naród, a w niektórych regionach niemal każde miasto i wieś, mają własne sanktuarium maryjne, małe lub wielkie, głęboko związane z dziejami religijnymi, a niekiedy także z całą jego przeszłością.

Niezliczone pokolenia pielgrzymowały na przestrzeni dziejów do wielkich i małych sanktuariów, by „oddać hołd Pannie Najświętszej w Jej wizerunkach — wspaniałych i skromnych — znajdowały tam łaskę i pocieszenie, światło wiary i siłę nawrócenia, schronienie od przeciwności losu i kryzysów duszy".

Prawdopodobnie każdy z nas nosi w sercu wspomnienie sanktuarium maryjnego, z którym czuje się związany, które pozostawiło w jego życiu ślad łagodnego i stanowczego zarazem wezwania Matki Bożej: „Uczyń to, co powie ci mój Syn" (por. J 2, 5) [2]. Sanktuarium maryjnym, z którym związany byłem osobiście od młodości i do którego wracałem stale w latach kapłaństwa i biskupstwa, jest położona opodal Krakowa (i Wadowic, miejsca mego urodzenia) — Kalwaria Zebrzydowska. Mogę powiedzieć, że tam znajdowałem poniekąd to, co odkryłem w *Traktacie*, przetłumaczone na styl pobożności ludu tej ziemi, z której pochodzę. [3]

## Kobieta

Jak daleko sięgam pamięcią w przeszłość, nabożeństwo do Matki Chrystusa pomagało mi otaczać szczególną czcią kobietę. Pozwalało mi żywić pewien rodzaj uwielbienia dla „tajemnicy niewiasty". [1]

Jeżeli nasz wiek jest w społeczeństwach liberalnych okresem narastającego feminizmu, to można przypuszczać, że orientacja ta jest reakcją na brak tej czci, jaka należy się każdej kobiecie. Wszystko to, co napisałem na ten temat w *Mulieris dignitatem,* nosiłem w sobie od bardzo młodych lat, w pewnym sensie od dzieciństwa. Służył temu być może także klimat epoki, w którym się wychowywałem, nacechowany wielkim szacunkiem i czcią dla kobiety, zwłaszcza kobiety matki.

Myślę, że współczesny feminizm znajduje swoje korzenie właśnie w tym miejscu — w braku prawdziwej czci dla kobiety. Natomiast prawda objawiona w kobiecie jest inna. [2]

Kobieta (...) jest nade wszystko sercem wspólnoty rodzinnej. Ona daje życie — i ona też pierwsza wychowuje. Oczywiście wspomagana przez męża (...). Jednakże — wiadomo, że organizm ludzki przestaje żyć, gdy zabraknie pracy serca. Analogia jest dość przejrzysta. Nie może zabraknąć w rodzinie tej, która jest sercem rodziny. (...)

To naturalne posłannictwo kobiety matki bywa często podawane w wątpliwość z pozycji akcentujących przede wszystkim uprawnienia społeczne kobiety. Niekiedy patrzy się na jej pracę zawodową jako na awans społeczny, a oddanie się bez reszty sprawom rodziny i wychowania dzieci bywa uważane za rezygnację z rozwoju własnej osobowości, za jakieś zacofanie.

To prawda, że równa godność i równa odpowiedzialność mężczyzny i kobiety usprawiedliwia w pełni dostęp kobiety do zajęć publicznych. Jednakże prawdziwy awans kobiety domaga się od społeczeństwa szczególnego uznania dla zadań macierzyńskich i rodzinnych, ponieważ są one wartością nadrzędną wobec wszystkich innych zadań i zawodów publicznych. (...)

Czy to znaczy, że kobieta nie powinna pracować zawodowo? (...) Praca zawodowa kobiet musi być traktowana wszędzie i zawsze z wyraźnym odniesieniem do tego, co wynika z powołania kobiety jako żony i matki w rodzinie. (...) To jest wielka praca. I ta wielka praca nie może być społecznie deprecjonowana, musi być stale dowartościowywana. (...)

To jest „geniusz kobiecy". [3]

## Rodzina jest najważniejsza

... rodzina jest drogą pierwszą i z wielu względów najważniejszą. Jest drogą powszechną, pozostając za każdym razem drogą szczególną, jedyną i niepowtarzalną, tak jak niepowtarzalny jest każdy człowiek. Rodzina jest tą drogą, od której nie może on się odłączyć. Wszak normalnie każdy z nas w rodzinie przychodzi na świat, można więc powiedzieć, że rodzinie zawdzięcza sam fakt bycia człowiekiem. A jeśli w tym przyjściu na świat oraz we wchodzeniu w świat człowiekowi brakuje rodziny, to jest to zawsze wyłom i brak nad wyraz niepokojący i bolesny, który potem ciąży nad całym życiem. [1]

Wiemy, że rodzina jest pierwszą i podstawową ludzką wspólnotą. Jest środowiskiem życia i środowiskiem miłości. Życie całych społeczeństw, narodów, państw, Kościoła zależy od tego, czy rodzina jest pośród nich prawdziwym środowiskiem życia i środowiskiem miłości. [2]

Rodzina współczesna — tak jak zawsze — poszukuje „pięknej miłości". (...) Cywilizacja miłości oznacza radość — radość między innymi z tego, że się „człowiek rodzi na świat" (por. J 16, 21). A więc radość także i z tego, że małżonkowie stają się rodzicami. [3]

## Dar

To, że narodził się człowiek, wydaje się zwykłym faktem statystycznym, który rejestruje się jak tyle innych faktów. Przelicza się ten fakt w cyfrach i bilansach demograficznych. Z pewnością dziecko oznacza dla rodziców nowy trud, nowy zasób potrzeb i kosztów. Stąd też pokusa, ażeby go nie było. Pokusa bardzo mocna w niektórych środowiskach społecznych i kulturowych. Czy więc nie jest ono darem? Czy tylko przychodzi zabierać, nie dawać? Te pytania — to myśli natrętne, od których z trudem wyzwala się współczesny człowiek. Dziecko przychodzi zająć miejsce, którego i tak coraz mniej jest na świecie. Czy jednak naprawdę niczego nie wnosi do rodziny i społeczeństwa? Czyż nie jest cząstką tego wspólnego dobra, bez którego ludzkie wspólnoty rozpadają się i umierają? Trudno temu zaprzeczyć. Dziecko obdarowuje sobą rodzinę. Jest darem dla rodzeństwa i dla rodziców. Dar życia staje się równocześnie darem dla samych dawców. Nie mogą nie odczuć jego obecności, jego uczestnictwa w ich życiu, tego, co wnosi do dobra wspólnego małżeństwa i wspólnoty rodzinnej. [1] O tym przekonuję się stale, a początek tego przekonania sięga pierwszych lat mojego kapłaństwa, odkąd zacząłem zasiadać w konfesjonale, aby dzielić troski i obawy tylu małżonków. Spotykałem trudne przypadki buntu i odrzucenia, ale jednocześnie tak liczne osoby wspaniale odpowiedzialne i ofiarne. Wszyscy stają mi przed oczyma (...) i ogarniam ich swoją modlitwą. [2]

Trzeba najpierw zmienić stosunek do dziecka poczętego. Nawet jeśli pojawiło się ono nieoczekiwanie — mówi się tak: „nieoczekiwanie" — nigdy nie jest intruzem ani agresorem. Jest ludzką osobą. (...)

Świat zmieniłby się w koszmar, gdyby małżonkowie znajdujący się w trudnościach materialnych widzieli w swoim poczętym dziecku tylko ciężar i zagrożenie dla swojej stabilizacji; gdyby z kolei małżonkowie dobrze sytuowani widzieli w dziecku niepotrzebny a kosztowny dodatek życiowy. Znaczyłoby to bowiem, że miłość już się nie liczy w ludzkim życiu. [3]

## Też taki byłem

Drogie dzieci (...). Pragnę powtórzyć wam to, o czym same dobrze wiecie: Papież was bardzo kocha. Mówiłem to wiele razy dzieciom (...) ze wszystkich krajów. W wielkiej rodzinie, jaką jest Kościół katolicki, rodzinie złożonej z wielu osób, małych i dużych, najukochańszymi istotami są dzieci. [1] To wy przynosicie radość innym. To wy jesteście naszą radością i wy także naszą radością pozostaniecie.

Chłopcy i dziewczynki! Jesteście jeszcze mali... Ja też kiedyś taki byłem, ale teraz wszystko przeminęło. [2]

## Kocham dzieci

Chciałbym wam powiedzieć, że zawsze lubię patrzeć na wschodzące słońce (...), podczas wschodu słońca coraz wspanialszy staje się świat, domy, mieszkania, a także nasze życie. Wszystko staje się cieplejsze.

Bardzo lubię obserwować wschodzące słońce. (...) Każdy człowiek, każde dziecko jest słońcem, które wschodzi. [1]

Dzieci są nadzieją, która rozkwita wciąż na nowo, projektem, który nieustannie się urzeczywistnia, przyszłością, która pozostaje zawsze otwarta. Są owocem miłości małżeńskiej, która dzięki nim odżywa i umacnia się. Przychodząc na

*...i ja sam byłem przed wielu laty takim samym dzieckiem...*
Roczny Karol.

świat, przynoszą z sobą orędzie życia, które wskazuje na pierwszego Stwórcę życia. We wszystkim od nas uzależnione, zwłaszcza na wczesnych etapach życia, są naturalnym wezwaniem do solidarności.

Nieprzypadkowo Jezus wzywał uczniów, aby mieli dziecięce serca (por. Mk 10, 13–16). [2]

Każde dziecko przychodzące na świat jest „epifanią" Boga, jest darem życia, nadziei i miłości. (...) Modlę się za dzieci — nie narodzone i narodzone — we wszystkich krajach świata: niech każde z nich zostanie przyjęte i otoczone miłością. [3]

## Człowiek ma prawo żyć

Prawo do życia jest dla człowieka prawem najbardziej podstawowym (...). Prawo do życia to znaczy prawo do narodzenia, a potem prawo do istnienia aż do naturalnej śmierci: „dopóki żyję, mam prawo żyć".

Jednakże sprawa dziecka poczętego i nie narodzonego jest tutaj sprawą szczególnie delikatną i wyrazistą. Legalizacja przerywania ciąży jest to nic innego, jak uprawnienie dane człowiekowi dorosłemu, dane w autorytecie prawa stanowionego, ażeby mógł pozbawić życia człowieka nie narodzonego, czyli tego, który nie może się bronić. Trudno pomyśleć sytuację bardziej niesprawiedliwą i trudno tu naprawdę mówić o obsesji, gdy wchodzi w grę podstawowy nakaz prawego sumienia: to znaczy obrona prawa do życia ludzkiej istoty — niewinnej i bezbronnej.

(...) Żaden ludzki prawodawca nie może więc powiedzieć: wolno ci zabijać, masz prawo zabijać, czy nawet powinieneś zabijać. Niestety, w historii naszego stulecia taka dewiacja stała się rzeczywistością. W sposób demokratyczny dochodziły do władzy siły polityczne, które wydawały ustawy sprzeczne z prawem do życia, jakie posiada każdy bez wyjątku człowiek, a czyniły to w imię obłędnych racji, na przykład eugenicznych, etnicznych lub też innych. Zjawiskiem nie mniej niebezpiecznym są dzisiaj ustawodawstwa, które nie respektują prawa do życia od chwili poczęcia. Towarzyszy im, niestety, szerokie przyzwolenie lub zgoda opinii publicznej. Jakże można moralnie zaakceptować prawa, które dozwalają zabijać człowieka poczętego, a który już żyje w łonie matki? Prawo do życia staje się w ten sposób udziałem wyłącznie ludzi dorosłych, którzy mogą także w parlamentach przeprowadzać swoje plany i realizować własne interesy. Prawo do życia zostaje odmówione ludziom nie narodzonym. [1]

Jeśli wolno odebrać życie istocie ludzkiej wówczas, kiedy ona jest najsłabsza, całkowicie zdana na matkę, na rodziców, na środowisko ludzkich sumień, wówczas zabija się nie tylko niewinnego człowieka, ale sumienia. (...) Ci, którzy myślą i głoszą, że jest to sprawa prywatna, że należy bronić w tym wypadku ściśle osobistego prawa do decyzji — nie myślą i nie mówią całej prawdy. Sprawa odpowiedzialności za życie poczęte w łonie każdej matki jest sprawą jak najbardziej społeczną. Jest równocześnie sprawą każdego i wszystkich. Leży u podstaw kultury moralnej każdego społeczeństwa. Przyszłość ludzi i społeczeństw od tego zależy. Jeśli przyjmiemy prawo do odbierania daru życia nie narodzonemu, czy potrafimy z kolei obronić prawo do życia w każdej innej sytuacji? [2]

## Pozorny wybór

Bywa, że sprawa ta zostaje postawiona jako prawo kobiety do wolnego wyboru wobec życia, które już w niej zaistniało, które ona nosi już w swoim łonie: miałaby mieć ona prawo wyboru między urodzeniem dziecka, czyli daniem życia, a odebraniem życia poczętemu dziecku. Każdy widzi, że jest to alternatywa pozorna. Nie ma mowy o prawie wyboru wówczas, gdy chodzi o wyraźne zło moralne, gdy chodzi po prostu o przykazanie: „Nie zabijaj!” [1]

Nie można tutaj mówić o wolności człowieka, bo to jest wolność, która zniewala. (...) nie można stwarzać fikcji wolności, która rzekomo człowieka wyzwala, a właściwie go zniewala i znieprawia. Z tego trzeba zrobić rachunek sumienia (...)! Może dlatego mówię tak, jak mówię, ponieważ to jest moja matka, ta ziemia! (...) To są moi bracia i siostry! I zrozumcie, wy wszyscy, którzy lekkomyślnie podchodzicie do tych spraw, zrozumcie, że te sprawy nie mogą mnie nie obchodzić, nie mogą mnie nie boleć. Was też powinny boleć! Łatwo jest zniszczyć, trudniej odbudować. [2]

## Po stronie kobiety

Trudno nie dostrzec, że w tej dziedzinie jesteśmy świadkami wielu ludzkich tragedii. Wielokrotnie kobieta jest ofiarą męskiego egoizmu. Często się dzieje tak, że mężczyzna, który przyczynił się do poczęcia nowego życia, nie chce wziąć za nie odpowiedzialności, zrzuca ją na kobietę, tak jakby ona sama była „winna”. Wtedy gdy najbardziej ona potrzebuje oparcia w nim, on okazuje się cynicznym egoistą, który wykorzystał uczucie albo słabość kobiety, a z kolei nie chce przyjąć żadnej odpowiedzialności za swój czyn. [1]

Jakkolwiek za przerywaniem ciąży opowiadają się niekiedy kobiety, zwłaszcza międzynarodowy ruch feministyczny, to w gruncie rzeczy ukrywa się za tym mężczyzna, któremu jest wygodniej, jeśli sprawę tę podnosi sama kobieta, chociaż aborcja jest przeciwko niej. [2]

Tak więc odrzucając formułę *„pro choice"* (za wyborem), należy odważnie opowiedzieć się za formułą *„pro woman"* (za kobietą), to znaczy za wyborem rzeczywiście opowiadającym się po stronie kobiety. Przecież to ona sama zapłaci największą cenę, nie tylko za swoje macierzyństwo, ale jeszcze bardziej za zniszczenie tego macierzyństwa, za odebranie życia dziecku, które się w niej poczęło. Jedyna postawa godziwa w tym wypadku to jest postawa radykalnej solidarności z kobietą. Nie wolno jej w tym wypadku osamotniać. Doświadczenia różnych poradni mówią o tym, że kobieta nie chce odbierać życia dziecku, które nosi w sobie. Jeśli ją się w tej postawie umocni (...), wówczas zdolna jest nawet do heroizmu. 3

## Kiedyś oglądałem taki film...

Do (...) cmentarzyska ofiar ludzkiego okrucieństwa w naszym stuleciu dołącza się (...) wielki cmentarz: cmentarz nie narodzonych, cmentarz bezbronnych, których twarzy nie poznała nawet własna matka, godząc się lub ulegając presji,

*Dziecko jest radością nie tylko rodziców.*

aby zabrano im życie, zanim jeszcze się narodzą. A przecież już miały to życie, już były poczęte, rozwijały się pod sercem swych matek, nie przeczuwając śmiertelnego zagrożenia. A kiedy już to zagrożenie stało się faktem, te bezbronne istoty ludzkie usiłowały się bronić. Aparat filmowy utrwalił tę rozpaczliwą obronę nie narodzonego dziecka w łonie matki wobec agresji. Kiedyś oglądałem taki film — i do dziś dnia nie mogę się od niego uwolnić, nie mogę uwolnić się od jego pamięci. [1]

## To nie obsesja

Współczesna nauka potwierdza przekonanie, że embrion to istota ludzka, dowodząc, iż od momentu poczęcia jest on bytem niepowtarzalnym i biologicznie autonomicznym, rozwijającym się w sposób ciągły według wewnętrznego projektu aż do pełnej dojrzałości. Właśnie dlatego również do embrionów — tak samo jak do istot już narodzonych — odnosi się Boże przykazanie „Nie zabijaj!" (...)

Dlatego muszę powtórzyć, że kategorycznie odrzucam wszelkie oskarżenia lub podejrzenia dotyczące rzekomej „obsesji" papieża w tej dziedzinie. Tutaj chodzi o sprawę olbrzymiej wagi... [1]

Może tyle wystarczy na ten tak bardzo bolesny temat. [2]

## Młodzi są moją nadzieją

W dniu inauguracji pontyfikatu, 22 października 1978 roku, już po zakończeniu liturgii, powiedziałem do młodych ludzi na placu św. Piotra: „Wy jesteście nadzieją Kościoła i świata — wy jesteście moją nadzieją". [1]

Jesteście młodzi, a papież jest stary; mieć 82 czy 83 lata to nie to samo co 22 lub 23. Papież jednak nadal utożsamia się z waszymi nadziejami i aspiracjami. [2] Polskie przysłowie mówi: „Z kim przestajesz, takim się stajesz". To znaczy: jeśli obcujesz z młodymi, sam także musisz się stać młody. [3] Młodość ducha, młodość ducha!

Choć w życiu doświadczyłem wielu mrocznych chwil pod rządami bezwzględnych reżimów totalitarnych, widziałem dość przypadków pozytywnych, aby żywić niewzruszone przekonanie, że żadna trudność, żaden lęk nie są tak wielkie, aby całkowicie zdusić nadzieję, która jest wiecznie żywa w sercach młodych ludzi.

Wy jesteście naszą nadzieją. Nie pozwólcie umrzeć tej nadziei! Oprzyjcie na niej swoje życie! [4]

Młodzi dzisiaj — jacy są, czego szukają...? Można by powiedzieć, że są tacy jak zawsze. Jest coś w człowieku, co nie podlega zmianom (...). Równocześnie ci młodzi dzisiaj są inni. Są inni niż w przeszłości. W przeszłości młode pokolenia kształtowały bolesne doświadczenia wojny, obozów koncentracyjnych, ciągłego zagrożenia. Doświadczenia te wyzwalały również w młodych ludziach — sądzę, że wszędzie na świecie, choć mam na myśli młodzież polską — znamiona wielkiego heroizmu. Wystarczy przypomnieć powstanie warszawskie w roku 1944, które było jakimś straceńczym zrywem pokolenia moich rówieśników, którzy nie oszczędzali siebie. (...) Ja też należę do tego pokolenia i myślę, że heroizm moich rówieśników dopomógł mi w określeniu swojego własnego powołania. (...)

Pod tym względem pokolenie współczesne na pewno wzrasta w innych uwarunkowaniach (...). To pokolenie, z którym przyszło mi się zetknąć jako młodemu duszpasterzowi, wyrosło właśnie w tamtym klimacie. W Kościele i w Ewangelii widziało punkt odniesienia, wokół którego trzeba skoncentrować wewnętrzny wysiłek, ażeby sensownie ukształtować swoje życie. Pamiętam rozmowy z młodymi, którzy tak właśnie wyrażali swój stosunek do wiary.

Głównym moim odkryciem z tego okresu, kiedy w duszpasterstwie skoncentrowałem się przede wszystkim na młodzieży, było odkrycie istotnego znaczenia młodości. Co to jest młodość? Młodość to nie tylko pewien okres życia ludzkiego, odpowiadający określonej liczbie lat, ale to jest zarazem czas dany każdemu człowiekowi i równocześnie zadany mu przez Opatrzność. W tym czasie szuka on odpowiedzi na podstawowe pytania, jak młodzieniec z Ewangelii; szuka nie tylko sensu życia, ale szuka konkretnego projektu, wedle którego to swoje życie ma zacząć budować. I to właśnie jest najistotniejszy rys młodości. [5]

Z młodymi należy żartować. Ale trzeba też być i bardzo poważnym, i bardzo wymagającym. Oni sami chcą, by być wymagającym wobec nich. Będąc poważnym i będąc wymagającym, udzielając podstawowych odpowiedzi, musi się także umieć radować, cieszyć wraz z nimi z ich młodości: z wielkiej obietnicy, jaką stanowią poprzez ten prosty fakt, że są młodzi. [6]

## Ciągną mnie za sutannę

To wcale nie jest tak, że papież prowadzi młodych z jednego krańca globu ziemskiego na drugi. To oni go prowadzą. I choć mu przybywa lat, każą mu być młodym, nie pozwalają mu zapomnieć o jego własnym doświadczeniu, o jego własnym odkryciu młodości i jej wielkiego znaczenia dla życia każdego człowieka. Myślę, że to wiele tłumaczy. [1] ...objechałem już trochę świata i wszędzie, gdzie jadę, spotykam się z młodzieżą. W różnych językach jakoś do nich mówię i oni do mnie też mówią, i zachowują się podobnie (...). I jeżeli chodzi o porozumiewanie się z młodzieżą, to nawet bariery języka nie są takie ważne. Oczywiście, że trudno jest mówić do Anglików po polsku, ale jeżeli chodzi o to coś w środku, to cała młodzież jest do siebie podobna i otwiera się na to samo, oczekuje na to samo... [2]

Zresztą tak się młodzi na całym świecie przyzwyczaili (...), że gdzie papież przyjedzie, tam pierwsi pchają się do niego. Ja się z tego bardzo cieszę. (...) Gdybym dawniej nie nauczył się (...) — ale tego się nie da zapomnieć — gdybym nie nauczył się, co to znaczy być młodym, jakie to piękne i jakie to trudne, to prawdopodobnie bym nie potrafił, i nie ciągnęliby mnie tak wszędzie za sutannę: „Chodź, zostań z nami". [3]

Więc jest wielki pożytek z tych (...) spotkań z młodzieżą, gdziekolwiek się one odbywają, czy we Francji, czy w Anglii, czy w Niemczech, czy w Ameryce Środkowej (...). Tych spotkań nauczyłem się w Krakowie, nawet to mówię czasem tu i tam, ale tak bardzo głośno się nie chwalę, boby potem może chcieli mnie naśladować. (...) Tych spotkań z młodzieżą nauczyłem się (...) w duszpasterstwie akademickim, w oazach, przy różnych okazjach. Bardzo lubiłem to duszpasterstwo i bardzo lubiłem młodzież, i lubię dalej. [4]

## Zawsze kochałem młodzież

Zawsze kochałem młodzież: (...) podczas mojej posługi kapłańskiej i biskupiej, jak również teraz, gdy Pan polecił mi pełnić służbę na czele Kościoła. [1] Już pierwszego dnia mojego pontyfikatu powiedziałem, że młodzież jest nadzieją Kościoła; powtarzam to zawsze i przy każdej okazji. (...) Jestem przekonany, że Kościół Rzymu, podobnie jak każdy inny Kościół na świecie, musi być budowany wysiłkiem młodych. Oni są pokoleniem, które zawiera już w sobie przyszłość. Przyszłość buduje się za pośrednictwem ludzi młodych. [2]

Młodzi, których spotykałem, dali mi pewność, że dzięki nim świat nasz ma przyszłość. Odczułem to we Włoszech, w Meksyku, w Polsce, w Irlandii, w Stanach Zjednoczonych, we Francji, w Brazylii, w Niemczech, na Filipinach, w Japonii (...), w Afryce (...). Czemu zawdzięczam to wrażenie? Zawdzięczam je temu, że widzę tak wielu młodych, zdrowych, szlachetnych i, na szczęście, zaniepokojonych (...) ograniczeniami cywilizacji permisywizmu, marnotrawstwa, nierówności. Jeśli swego czasu wielu młodych poszło za tą cywilizacją, idąc śladem naturalnej tendencji doświadczenia w życiu wszystkiego, życia na fali panujących prądów, to dzisiaj wielu stamtąd powraca. Wszędzie po trosze rozkwitają małe wspólnoty młodych, którzy zastanawiają się i modlą, aby mieć odwagę pójść pod prąd stylu życia niszczącego osobę ludzką i społeczeństwo. [3]

Kiedy w odległym już 1985 roku zapoczątkowywałem tradycję Światowych Dni Młodzieży, myślałem o słowach Apostoła Jana (...): „Co było od początku, cośmy usłyszeli o Słowie życia, co ujrzeliśmy własnymi oczami, na co patrzyliśmy i czego dotykały nasze ręce (...) oznajmiamy wam" (1 J 1, 1–3). W wyobraźni widziałem Światowe Dni Młodzieży jako czas pełen mocy, w którym młodzi ludzie z całego świata będą mogli spotkać wiecznie młodego Chrystusa i uczyć się od Niego, jak być świadkami Ewangelii wobec innych dziewcząt i chłopców. Dzisiaj (...) wielbię Boga i składam Mu dziękczynienie za dar, jakim są dla Kościoła Światowe Dni Młodzieży. Wzięły w nich udział już miliony młodych ludzi, którzy z nich czerpali motywację do chrześcijańskiego zaangażowania i dawania świadectwa. [4]

# Uczyć miłości

Młodzi ludzie, tak chłopcy, jak i dziewczęta, wiedzą, że mają żyć dla drugich i z drugimi, wiedzą, że ich życie ma sens, jeśli staje się darem bezinteresownym dla drugich. Stąd pochodzą wszystkie powołania — zarówno powołania kapłańskie czy zakonne, jak też powołania do życia w małżeństwie i w rodzinie. Również małżeństwo jest powołaniem, jest darem od Boga. (...)

To powołanie do miłości jest oczywiście najbardziej podstawowym elementem kontaktu z młodzieżą. Zdałem sobie z tego sprawę bardzo szybko jako młody kapłan. Czułem jak gdyby wewnętrzne przynaglenie w tym kierunku. Trzeba młodych przygotowywać do małżeństwa, trzeba ich uczyć miłości. Miłość nie jest do wyuczenia, a jednocześnie nic nie jest tak bardzo do wyuczenia jak miłość! Jako młody kapłan nauczyłem się miłować ludzką miłość. To jest jedna z tych podstawowych treści, na której skupiłem swoje kapłaństwo, swoje posługiwanie na ambonie, w konfesjonale, a także używając słowa pisanego. Jeśli umiłuje się ludzką miłość, to wtedy rodzi się także żywa potrzeba zaangażowania wszystkich sił na rzecz „pięknej miłości". Bo miłość jest piękna. Młodzi w gruncie rzeczy szukają zawsze piękna w miłości, chcą, ażeby ich miłość była piękna (...), w głębi serca pragną pięknej i czystej miłości. Odnosi się to i do chłopców, i do dziewcząt. I ostatecznie wiedzą, że takiej miłości nikt im nie może dać, tylko Pan Bóg. I dlatego gotowi są pójść za Chrystusem bez względu na ofiary, jakie z tym mogą być związane.

Taki obraz młodzieży i młodości urobiłem sobie w latach, kiedy sam byłem młodym kapłanem i duszpasterzem, i ten obraz idzie ze mną przez wszystkie lata. Ten obraz pozwala mi też spotykać się z młodzieżą na każdym miejscu. Każdy proboszcz w Rzymie wie, że odwiedziny w parafii musi zakończyć spotkaniem biskupa Rzymu z młodzieżą. I nie tylko w Rzymie, ale także gdziekolwiek papież się pojawi, wszędzie szuka młodzieży i wszędzie jest przez tę młodzież szukany. Ale właściwie to nie on jest szukany! To jest szukany Chrystus...

## Ja poszedłem inną drogą

Pewnego dnia stało się dla mnie sprawą wewnętrznie oczywistą, że życie moje nie spełni się w tej miłości, której piękno skądinąd zawsze głęboko odczuwałem. (...) więcej w tej dziedzinie doznałem łaski, niż musiałem stoczyć walki. (...) Jako kapłan i duszpasterz byłem zawsze szczególnie blisko związany z ludźmi młodymi, chłopcami i dziewczętami, którzy wzajemnie znajdowali siebie, dokonywali wyboru, zakładali rodziny. Błogosławiłem ich małżeństwa, ale przedtem starałem się ich do tego wielkiego Sakramentu przygotować. Mieli do mnie zaufanie. Rozmawialiśmy wiele i o wszystkim. W tym samym duchu przeżywałem z nimi ich młode ojcostwo i macierzyństwo. Udzielałem chrztu dzieciom, które przychodziły na świat.

To, że poszedłem inną drogą niż oni, bynajmniej nie czyniło mi obcą ich drogi powołania. Wręcz przeciwnie. Szczególnie mnie do nich zbliżało — i ich do mnie również. Kiedyś przeczytałem u Schelera zdanie, że dziewictwo i celibat posiadają szczególne znaczenie dla zrozumienia wartości małżeństwa, rodzicielstwa, życia rodzinnego. Uważam, że jest to zdanie ogromnie wnikliwe i trafne. Miłość ludzka: narzeczeńska, małżeńska, rodzicielska, stała się w związku z całym doświadczeniem mojego życia — naprzód wyboru własnej drogi, a potem towarzyszenia ludziom, którzy wybierali drogę inną — szczególnym przedmiotem mojej refleksji, tematem wielu wypowiedzi. Tak było dawniej — i tak jest również teraz. Jest to wielki temat, którym poniekąd nie przestaję się zajmować. [1]

## Piękna miłość

Człowiek jest wolny przez miłość, gdyż miłość jest źródłem umiłowania wszystkiego, co dobre. [1]

Ta miłość, której Paweł Apostoł poświęcił słowa swego hymnu z Pierwszego Listu do Koryntian — ta, która jest „cierpliwa" i „łaskawa", ta, która wszystko przetrzyma (13, 4–7), jest z pewnością wymagająca. Piękno jej na tym właśnie polega, że jest wymagająca i w ten sposób kształtuje prawdziwe dobro człowieka oraz promieniuje prawdziwym dobrem. Dobro bowiem z natury swej dąży do „upowszechniania się", jak mówi św. Tomasz. Miłość jest prawdziwa wówczas, gdy tworzy dobro osób i wspólnot, gdy tym dobrem obdarowuje drugich. (...) Bo miłość jest wymagająca. Jest wymagająca w każdej sytuacji. [2]

## Nauczyłem się prawdy o miłości

Muszę wam wyznać, że, w dawniejszych zwłaszcza latach, bywałem nie tylko świadkiem tych doniosłych procesów, ale więcej jeszcze — człowiekiem, któremu młodzi ludzie zawierzali tajemnice serc, z którym chętnie rozmawiali o swoim powołaniu do małżeństwa i do życia w rodzinie. Nauczyłem się wtedy tej wielkiej prawdy o miłości i odpowiedzialności, której nawet poświęciłem osobną książkę. (...)

Wbrew temu, co się nieraz mniema, co się nawet niejednokrotnie propaguje na różne sposoby, miłość jest szczególnym wezwaniem do odpowiedzialności. Przede wszystkim jest to odpowiedzialność za drugą osobę, której nie mogę zawieść. Jest to z kolei odpowiedzialność „za naszą wspólną przyszłość" — nie tylko przyszłość osobistą dwojga, mężczyzny i kobiety, ale przyszłość tych dzieci, którym oni dadzą życie — przyszłość rodziny, jako wspólnoty życia i miłości. [1]

## Nie lękajcie się miłości

Wejść na drogę powołania małżeńskiego — to znaczy uczyć się miłości oblubieńczej z dnia na dzień, z roku na rok: miłości wedle duszy i ciała, (...) miłości, która umie współweselić się z prawdą, miłości, która wszystko przetrzyma (por. 1 Kor 13, 4–7) ...

Wielokrotnie w życiu dane mi było niejako z bliska towarzyszyć tej miłości młodych ludzi. Przez to doświadczenie pojąłem, o jak istotną sprawę tutaj chodzi, o jak doniosłą, o jak wielką... Myślę, że przyszłość człowieka waży się w znacznej mierze na szlakach tej zrazu młodzieńczej miłości, którą ty i ona... którą ty i on wykrywacie na szlakach waszej młodości. Jest to poniekąd wielka Przygoda, ale jest to też równocześnie wielkie Zadanie.

Dzisiaj zasady chrześcijańskiej moralności małżeńskiej bywają w wielu kręgach przedstawiane w krzywym zwierciadle. Usiłuje się narzucić środowiskom, a nawet całym społeczeństwom, model, który sam siebie ogłasza „postępowym" i „nowoczesnym". Nie zauważa się przy tym, że w tym modelu — człowiek, a chyba zwłaszcza kobieta, z podmiotu zamienia się w przedmiot (przedmiot swoistej manipulacji), a cała wielka treść miłości zostaje zredukowana do „użycia", które — choćby nawet było dwustronne — nie przestaje być w swej istocie egoistyczne. Wreszcie —

dziecko: owoc i nowe wcielenie miłości dwojga, coraz bardziej staje się „uciążliwym dodatkiem". Cywilizacja materialistyczna i konsumpcyjna wdziera się w cały ten wspaniały całokształt miłości małżeńskiej i rodzicielskiej i ogołaca go z owej dogłębnie ludzkiej treści, która od początku została przeniknięta Boskim również znamieniem i refleksem.

Drodzy młodzi przyjaciele! Nie pozwólcie sobie odebrać tego bogactwa! (...) Szukajcie tej prawdy tam, gdzie ona rzeczywiście się znajduje! Jeśli trzeba, bądźcie zdecydowani iść pod prąd obiegowych poglądów i rozpropagowanych haseł! Nie lękajcie się Miłości, która stawia człowiekowi wymagania. [1]

## To nieprawda

Ktoś napisał, iż w sprawach moralności, a przede wszystkim w kwestiach etyki seksualnej Kościół i papież rozmijają się z panującą we współczesnym świecie tendencją, zmierzającą do coraz większej swobody obyczajowej. Ponieważ świat rozwija się w tym właśnie kierunku, więc powstaje wrażenie, że Kościół się cofa, albo inaczej — że świat od niego się oddala. A więc świat oddalający się od papieża — świat oddalający się od Kościoła... Jest to pogląd bardzo rozpowszechniony. Jestem przekonany, że jest on głęboko niesłuszny. (...) Czy prawdą jest, że Kościół stoi w miejscu, a świat od niego się oddala? Czy można powiedzieć, że świat rozwija się tylko w kierunku większej swobody obyczajowej? Czy te słowa nie kamuflują owego relatywizmu, który jest zgubny dla człowieka? Nie tylko w dziedzinie aborcji, ale i w dziedzinie antykoncepcji chodzi ostatecznie o prawdę o człowieku. Odchodzenie od tej prawdy nie jest żadną tendencją rozwojową. Nie może być uznane za miarę „etycznego postępu". [1]

# Spełnione życie

Moralność chrześcijańska jest wymagająca. Owszem, stawia wymagania, które człowiek nieraz uczciwie musi uznać za „przekraczające" jego „poziom". (...) cóż powiedzieć o takim zdaniu z Ewangelii: „Miłujcie nieprzyjacioły wasze, dobrze czyńcie tym, którzy was nienawidzą" (Łk 6, 27), albo: „Jeśli cię kto uderzy w prawy policzek, nadstaw mu i drugi" (Mt 5, 39). Człowiek musi sobie wobec takich wymagań uczciwie powiedzieć: „przekraczają moje możliwości" — ale odpowiedzieć tak to nie znaczy jeszcze powiedzieć, że one „krępują". To znaczy tylko: „odwołuję się do czegoś więcej jeszcze niż to, na co wydaje mi się, że mnie stać". [1]

Ewangelia z pewnością jest wymagająca. Wiadomo, że Chrystus nigdy nie łudził swoich uczniów i słuchaczy co do tego. [2] Pamiętajmy o tym, że Chrystus nigdy swoim Apostołom i uczniom nie mówił, że będą mieli lekkie życie. Można powiedzieć nawet, że ich w pewnym sensie odstraszał... Chrystus mówił rzeczy bardzo twarde, proste, jasne i twarde. [3]

Jeżeli ten sam Chrystus mówi: „Nie lękajcie się!", to z pewnością nie mówi tych słów po to, ażeby w jakiś sposób unieważnić swoje wymagania. Wręcz przeciwnie, tymi słowami potwierdza całą prawdę Ewangelii i wszystkie wymagania w niej zawarte. Równocześnie jednak ujawnia, że wymagania te nie są ponad miarę możliwości człowieka. (...) Co więcej, życie ludzkie spełnione jest właśnie takie. (...) Jest rzeczą bardzo ważną, ażeby przekroczyć próg nadziei, nie zatrzymywać się przed nim, ale pozwolić się prowadzić. [4]

...od wczesnej młodości — od czasu, gdy te problemy stały się tematem mojej refleksji — uważałem zawsze, że moralność chrześcijańska jest wymagająca, i tak też nadal uważam. [5] Życie chrześcijanina jest piękne, chociaż może się zdawać

— i na pewno jest — trudne. Trud ten okupuje łaska spotkania z Bogiem. [6]

## To jest zwycięstwo nasze

W świecie zsekularyzowanym, w świecie konsumistycznym, (...) jeśli mamy iść „ku przodowi", jeżeli mamy iść w stronę trzeciego tysiąclecia chrześcijaństwa, jeżeli mamy podążać w stronę prawdziwego zwycięstwa człowieka, możemy zwyciężyć tylko w imię tych słów św. Jana: to jest zwycięstwo nasze — nasza wiara (por. 1 J 5, 4). Wiara jest źródłem zwycięstwa człowieka w nim samym, zwycięstwa nad sobą samym, nad tym wszystkim, co w nim jest niskie, co w nim jest grzeszne, co go niewoli wewnętrznie. Tylko wiara — czyli moc Ducha Świętego — może przyczynić się do zwycięstwa człowieka. [1]

## Moja wiara

Wyrosłem od dzieciństwa w atmosferze wiary i nigdy właściwie z tej atmosfery się nie wyłączyłem, nie wyobcowałem, chociaż sytuacje i konteksty mojej egzystencji, zwłaszcza w latach młodzieńczych, zmieniały się i nakładały na siebie z dużą intensywnością. O tym już zresztą mówiłem poprzednio. Problemem zatem istotnym było dla mnie nie nawrócenie od niewiary do wiary, tylko przejście od wiary odziedziczonej, przejętej, a zarazem bardziej „uczuciowej" niż „rozumowej" do wiary świadomej i dojrzałej w znaczeniu umysłowego pogłębienia i osobistego wyboru. Przejście powolne i stopniowe, przejście dokonujące się na wielu różnych drogach — przejście do pewnego tylko stopnia planowo przeze mnie sterowane, równocześnie zaś prowadzone jakby „od zewnątrz", poprzez bieg wydarzeń, a zarazem w takim wymiarze mojego wnętrza, które jest głębsze i pełniejsze od moich własnych refleksji, pytań, odpowiedzi, zrozumień, od moich wyborów i decyzji. [1]

Wspomniałem uprzednio o wierze „odziedziczonej i przejętej" — oczywiście od moich Rodziców, od środowiska, w którym żyłem i rozwijałem się, od mojej parafii, wychowawców, duszpasterzy, kolegów itd. Jednakże uznając te wszystkie zależności i uwarunkowania moich przekonań religijnych, nie uważam, że przekonania te, że moja wiara są czymś przede wszystkim „tradycyjnym" (w znaczeniu „konformistycznym") — że są owocem dostosowania się do innych, przejęcia od innych i wzięcia tego za swoje. Nie.

(...) Uznając bowiem w całej pełni wszystko, co w tej dziedzinie zawdzięczam innym ludziom (np. także dziejom mojej Ojczyzny), równocześnie z całą precyzją wewnętrznego osądu muszę stwierdzić, że ów zespół przekonań i postaw, dzięki któremu mam prawo i obowiązek uważać się za chrześcijanina, jest równocześnie, i to poniekąd w każdym calu, owocem własnego myślenia oraz osobistego wyboru. [2]

## „Pójdź za mną!"

Jednakże moja wiara (...) nie jest jedynie moim dziełem, moją wiernością prawdzie Chrystusa i Kościoła. Jest ona zasadniczo i przede wszystkim dziełem Ducha Świętego, darem Jego łaski. Bóg daje mnie, tak jak każdemu z was, swojego Ducha, abyśmy mówili „wierzę", a potem posługuje się nami, abyśmy dawali o Nim świadectwo wszędzie na ziemi. [1]

Istota wiary (...) tkwi nie tylko w poznaniu, ale także w powołaniu, w wezwaniu. Czym jest w gruncie rzeczy owo

„posłuszeństwo wiary", przez które człowiek okazuje „pełną uległość rozumu i woli wobec Boga objawiającego"? Jest nie tylko „usłyszeniem Słowa" (można by powiedzieć również „posłuchaniem Słowa" — zwrócić przy tym uwagę na związek pomiędzy „posłuchaniem" a „posłuszeństwem"!), ale jest równocześnie przyjęciem wezwania: jakiegoś równocześnie historycznego i eschatologicznego „Pójdź za mną"! [2]

## Modlę się

O co modli się papież? (...) *Gaudium et spes, luctus et angor hominum huius temporis* — radość i nadzieja, a zarazem smutek i trwoga ludzi współczesnych (...) są przedmiotem modlitwy papieża. [1]

Oczywiście, modlę się za Kościół wciąż, modlę się za różne jego sprawy, modliłem się za nie zawsze, dziś tym bardziej, gdy widzę je lepiej w perspektywie mojej posługi na rzymskiej Stolicy Piotra. (...) Był taki okres, w którym wydawało mi się, że należy ograniczyć modlitwę błagalną. Okres ten minął. Im dłużej idę drogą, którą Opatrzność mnie pro-

*Modlitwa jest szukaniem Boga, a jest także objawianiem się Boga.*

wadzi, tym bardziej rośnie potrzeba modlitwy błagalnej. Tym bardziej rozszerza się jej krąg. I tym bardziej też uświadamiam sobie, jakim kręgiem modlitwy błagalnej jestem otoczony. Jak wielkim jestem dłużnikiem. [2]

Modlić się można i trzeba na różne sposoby, tak jak obficie pouczyła nas o tym Biblia. [3] Święty Augustyn powiedział, że kto śpiewa, dwukrotnie się modli. To znaczy, że śpiewając, bardziej się łączy z Bogiem, niż tylko odmawiając modlitwę. I to ma chyba swój odpowiednik pomiędzy ludźmi. Piosenka, śpiew łączy ludzi. Rozmowa łączy, wymiana myśli łączy, ale śpiew jeszcze bardziej łączy i zespala. Kiedy ludzie zaczynają wspólnie śpiewać, powstaje w nich coś nowego. Ja to wiele razy w życiu przeżyłem z młodymi ludźmi, nie tylko w kościele. Tę właśnie wspólnotę, która się rodzi z modlitwy i która się rodzi ze śpiewu. [4]

## Radość wiary

Powiedziano kiedyś: smutny święty to święty smutny. Kapłan musi promieniować radością ze swojego powołania. Ta

*Wiara jest źródłem naszej radości...*

radość ma znaczenie apostolskie, bo ludzie dzisiaj są smutni. Bo te czasy wielkiego postępu w dziedzinie cywilizacji, w dziedzinie techniki — rzekomo w dziedzinie społecznej, te czasy czynią ludzi smutnymi. Brakuje ludziom pogody, brakuje radości. Trzeba, żeby kapłan miał radość ze swojego powołania, żeby nią promieniował. To jest także świadectwo — skuteczne świadectwo. [1]

Stwierdziłem wcześniej przy innej okazji: „Radość jest w prawdziwym tego słowa znaczeniu motywem przewodnim chrześcijańskiego oręża". Jak wtedy powiedziałem, jest moim pragnieniem, aby chrześcijańskie przesłanie przyniosło radość tym wszystkim, którzy otworzą przed nim swoje serca: „Radość dzieciom, radość rodzicom, radość rodzinom i przyjaciołom, radość robotnikom i uczonym, radość chorym i starym, radość całej ludzkości". (...) Wiara jest źródłem naszej radości. Wierzymy w Boga, który nas stworzył, abyśmy mogli cieszyć się ludzkim szczęściem — w pewnym stopniu na ziemi, w całej pełni w niebie. Zostaliśmy stworzeni, aby żyć naszymi ludzkimi radościami: radością istnienia, radością miłości i przyjaźni, radością płynącą z dobrze wykonywanej pracy. My, którzy jesteśmy chrześcijanami, mamy jeszcze inny powód do radości: wiemy, podobnie jak Jezus, że jesteśmy kochani przez Boga, naszego Ojca. Ta miłość przekształca nasze życie i napełnia nas radością. [2]

## Ukochane dzieci Boga

Bracia i siostry w Chrystusie! Jeśli przypominamy światu potrzebę tolerancji między kościołami, nie znaczy to, że sama tylko tolerancja wystarcza. To stanowczo za mało. Proste tolerowanie siebie nie może wystarczać chrześcijanom i kościołom Chrystusa. Toleruje się czasem przecież nawet zło — w imię większego dobra. Nie chciałbym, żebyście mnie tylko tolerowali. I nie chcę was, drodzy bracia i siostry, jedynie tolerować. Cóż to za bracia i siostry, którzy się jedynie tolerują? Cóż to za bracia i siostry w Chrystusie, którzy się jedynie tolerują?! Jesteśmy naprawdę umiłowanymi dziećmi Boga, ukochanymi synami w Synu, (...) jesteśmy wszczepieni w Chrystusa, napojeni Jego Duchem. [1]

## Więcej nas łączy, niż dzieli

Ekumenizm to nie tylko „szlachetna idea" (...) — to równocześnie wielka próba wiary, nadziei i miłości: wyjście w stronę tego, co jest „możliwe u Boga", na przekór temu, co po ludzku może zdawać się „niemożliwe".

...trzeba podejmować stopniowo różne kroki: nie tylko spotykać się w modlitwie o jedność, ale wszędzie, gdzie to możliwe, świadczyć w jedności i świadczyć o jedności — oraz usuwać przeszkody, zarówno te, które tkwią w mentalności napiętnowanej wiekami podziału i rozłączenia, jak też te najważniejsze, które tkwią w doktrynie i teologii. I to wszystko stale się dokonuje. Świadomość, że to, co nas łączy, jest mimo wszystko silniejsze od tego, co dzieli — że jest głębsze od tego, co dzieli — każe szukać głębiej, a to oznacza wielki wysiłek poznawczy, badawczy, to oznacza dialog teologiczny, to oznacza modlitwę i kontemplację. [1]

Nigdy nie zapomnę zdania, które wypowiedzieli na spotkaniu ekumenicznym przedstawiciele wspólnot protestanckich w Kamerunie: „Wiemy, że jesteśmy podzieleni, ale nie wiemy, dlaczego". [2]

## Dialog z islamem

...wielką rolę odegrały tu z pewnością modlitewne spotkania w Asyżu (szczególnie modlitwa o pokój w Bośni w 1993 roku), a także spotkania z wyznawcami islamu przy okazji moich licznych podróży apostolskich w Afryce czy w Azji, gdzie nieraz większość obywateli danego kraju stanowili właśnie muzułmanie, a mimo to papież przyjmowany był bardzo gościnnie i słuchany bardzo życzliwie.

Na miano wydarzenia historycznego zasługuje tu niewątpliwie wizyta w Maroku na zaproszenie króla Hasana II. Nie była to tylko wizyta grzecznościowa, ale prawdziwie duszpasterska. Niezapomniane było spotkanie z młodzieżą na stadionie w Casablance (1985). Uderzało otwarcie młodych na słowo papieża o wierze w jedynego Boga. Było to wydarzenie z pewnością bez precedensu. (...)

Przypominam sobie takie wydarzenie z młodych lat. Zwiedzaliśmy klasztor San Marco we Florencji — freski Fra Angelica. W pewnym momencie przyłączył się do nas człowiek, który podzielając z nami podziw dla sztuki tego wielkiego zakonnika artysty, nie omieszkał dodać: „Ale nic się nie da porównać z naszym wspaniałym monoteizmem muzułmańskim". Oświadczenie to nie przeszkodziło nam kontynuować zwiedzania i rozmowy w przyjaznym tonie. Był to jakby przedsmak tego dialogu między chrześcijaństwem a islamem, który próbuje się w sposób systematyczny rozwijać w okresie posoborowym. [1]

## Starsi bracia w wierze

Przymierze Nowe odnajduje w Starym swoje korzenie. O ile zaś Stare może odnaleźć w Nowym swoje spełnienie, to jest oczywiście sprawą Ducha Świętego. My, ludzie, staramy się temu tylko nie przeszkadzać. (...)

Wybrany na Stolicę Piotrową, kontynuuję tylko to, co w moim życiu ma bardzo głębokie korzenie. (...) Pamiętam naprzód szkołę podstawową w Wadowicach, gdzie w klasie co najmniej 1/4 uczniów stanowili chłopcy żydowscy. Trzeba by tutaj wspomnieć o mojej koleżeńskiej przyjaźni z jednym z nich, to znaczy z Jerzym Klugerem. Trwa ona od ławy szkolnej do dnia dzisiejszego. Mam żywo przed oczyma obraz Żydów podążających w dzień sobotni do synagogi, która znajdowała się na zapleczu naszego gimnazjum. Obie grupy religijne, katolików i żydów, łączyła, jak przypuszczam, świadomość, że modlą się do tego samego Boga. Mimo różnicy języka modlitwy w kościele i w synagodze w znacznej mierze opierały się na tych samych tekstach. [1]

Przypominam sobie lata dzieciństwa, kiedy to w kościele parafialnym w moich rodzinnych Wadowicach słuchałem psalmu śpiewanego podczas wieczornej Mszy św:

Chwal, Jerozolimo, Pana,
chwal Boga swego, Syjonie!
Umacnia bowiem zawory bram twoich
i błogosławi synom twoim w tobie
(Psalm 147)

Wciąż brzmią mi w uszach te słowa i ta melodia; zapamiętałem je na całe życie. A potem przyszło straszliwe doświadczenie drugiej wojny światowej i okupacja, a także Holokaust, czyli eksterminacja Żydów tylko dlatego, że byli Żydami. Był to potworny wstrząs, który pozostał w pamięci wszystkich ludzi, którzy znaleźli się blisko tamtych wydarzeń.

Lecz później, gdy tylko miałem po temu okazję, mówiłem wszędzie o tej tragedii — być może najmocniej wyraziłem to podczas spotkania z przedstawicielami wspólnoty żydowskiej w Warszawie w 1987 roku. Powiedziałem im, że muszą świadczyć o tym, co przydarzyło się ich narodowi.

A teraz wrócę jeszcze do tej synagogi wadowickiej. Została ona przez Niemców spalona i dzisiaj już nie istnieje. Oto przyszedł kiedyś do mnie Jerzy, aby mi powiedzieć, iż miejsce, na którym ona stała, ma zostać uczczone specjalną płytą pamiątkową. Muszę powiedzieć, że w tym momencie udzieliło się nam obu głębokie wzruszenie. Stanęły nam przed oczyma sylwetki osób znajomych i bliskich oraz te soboty dziecięcych i młodzieńczych lat, kiedy społeczność żydowska Wadowic udawała się na modlitwę. Powiedziałem wówczas Jerzemu, iż chętnie napiszę na tę okazję moje osobiste słowo, znak solidarności i duchowej łączności z tym znaczącym wydarzeniem. I tak się stało. Osobą, która przekazała treść tego listu moim rodakom z Wadowic, był właśnie Jerzy. Wiele go ten wyjazd kosztował. Trzeba bowiem zaznaczyć, iż cała jego rodzina, która pozostała w Wadowicach, zginęła

*Wybrany na Stolicę Piotrową kontynuję tylko to, co w moim życiu ma bardzo głębokie korzenie.*
Ojciec Święty przed Ścianą Płaczu w Jerozolimie, 26 marca 2000 r.

w Oświęcimiu, a przyjazd do Wadowic na odsłonięcie płyty pamiątkowej wadowickiej synagogi był pierwszym po pięćdziesięciu latach...

(...) Wracam pamięcią do okresu mojego pasterzowania w Krakowie. Kraków, a zwłaszcza jego dzielnica Kazimierz, pełen jest śladów żydowskiej tradycji i kultury. (...) Jako arcybiskup krakowski miałem żywe kontakty ze społecznością żydowską Krakowa. Bardzo serdeczne stosunki łączyły mnie z przewodniczącym gminy żydowskiej, co przetrwało jeszcze po moim przeniesieniu do Rzymu. (...)

Przy okazji moich podróży apostolskich staram się zawsze spotykać z przedstawicielami wspólnot żydowskich na całym świecie. Ale przeżyciem zupełnie wyjątkowym były dla mnie z pewnością odwiedziny w synagodze rzymskiej (...). Dane mi było w czasie tych pamiętnych odwiedzin wypowiedzieć słowa o starszych braciach w wierze.

(...) Kiedyś, po zakończeniu jednego z moich spotkań ze wspólnotami żydowskimi, ktoś z obecnych powiedział mi: „Pragnę podziękować papieżowi za wszystko, co Kościół katolicki w ciągu tych dwu tysięcy lat uczynił dla poznania prawdziwego Boga”. [3]

## Marzenie o jedności

...dobrze jest rozpocząć XXI wiek nie od rozłamów, ale od wspólnej wizji, w której wyraża się marzenie o jedności ludzkiej rodziny.

Tą wizją kierowałem się, gdy w październiku 1986 roku zaprosiłem do Asyżu mych braci chrześcijan i zwierzchników wielkich religii świata, aby każdy z nas modlił się o pokój razem z innymi, a nie przeciw innym. Pragnąłem bowiem, aby wszyscy — młodzież i dorośli, mężczyźni i kobiety — w świecie podzielonym jeszcze na dwa bloki i lękającym się wojny nuklearnej, poczuli się powołani do budowania przyszłości, która przyniesie pokój i pomyślność. Miałem przed oczyma wspaniałą wizję wszystkich narodów świata, które wyruszają w drogę z różnych miejsc na ziemi, aby zgromadzić się przed obliczem jedynego Boga niczym jedna rodzina. Owego pamiętnego popołudnia w rodzinnym mieście św. Franciszka ta wizja stała się rzeczywistością: po raz pierwszy znaleźli się tam razem przedstawiciele różnych religii świata. [1] W pewnym sensie udzieliliśmy głosu modlitwie wszystkich i Bóg przyjął błagania zanoszone przez Jego dzieci. Choć później wybuchły jeszcze groźne konflikty lokalne i regionalne, została nam oszczędzona wojna światowa, której widmo rysowało się na horyzoncie… [2]

Od tamtego czasu minęło piętnaście lat. (…) Te dni modlitwy przeżywane są w klimacie braterstwa, który nazwałem „duchem Asyżu". W minionych latach umocniły się więzi serdecznej przyjaźni, która ogarnęła wiele części świata i wydała liczne owoce pokoju. (…)

*Wszyscy musimy wybrać dialog i miłość…*
Spotkanie ekumeniczne w Asyżu, 26 października 1986 r.

W społeczeństwie, w którym żyją razem wyznawcy różnych religii, to spotkanie jest znakiem pokoju. Dzięki temu wszyscy mogą się przekonać, że pokój między narodami nie jest odległą utopią.

Dlatego nie waham się stwierdzić, że te spotkania stały się „znakiem czasu", jak powiedziałby świętej pamięci bł. Jan XXIII. W XXI w. i w trzecim tysiącleciu, gdy zjawiskiem coraz powszechniejszym staje się pluralizm kulturowy i religijny, taki znak jest bardzo potrzebny, aby ta epoka od samego początku była rozjaśniona przez braterski dialog i dzięki temu otwarła się na pokojowe spotkanie.

(...) Wszyscy musimy wybrać dialog i miłość jako jedyne drogi, które pozwalają nam szanować prawa wszystkich i podejmować wielkie wyzwania nowego tysiąclecia. [3]

# Pokój

...modlitwa o pokój nie jest elementem uzupełniającym wysiłki na rzecz pokoju. Przeciwnie, to ona rodzi inicjatywy budowania pokoju w porządku, w sprawiedliwości i wolności. Modlić się o pokój znaczy otworzyć ludzkie serce, by mogła je napełnić odnawiająca moc Boga. Ożywiającą mocą swej łaski Bóg może wzbudzić pragnienie pokoju tam, gdzie wydają się istnieć jedynie przeszkody i niechęć; może umocnić i pogłębić solidarność rodziny ludzkiej, choć ma ona za sobą długą historię podziałów i walk. Modlić się o pokój oznacza modlić się o sprawiedliwość, o zaprowadzenie odpowiedniego porządku wewnątrz państw i w stosunkach pomiędzy nimi; oznacza też modlić się o wolność, szczególnie o wolność religijną, która jest fundamentalnym, osobistym i cywilnym prawem każdej osoby. Modlić się o pokój znaczy błagać Boga o łaskę przebaczenia, a zarazem o wzrost odwagi, która jest niezbędna, by przebaczyć doznane zniewagi. [1]

## Wojna rodzi się w sercu

Jestem głęboko przekonany — jest to wątkiem przewodnim Biblii i myśli chrześcijańskiej, a także, mam nadzieję, intuicją wielu ludzi dobrej woli — że wojna bierze swój początek w sercu człowieka. To właśnie człowiek zabija, a nie jego miecz czy, jak dzisiaj, jego rakiety.

„Serce" w sensie biblijnym jest najgłębszym pokładem osoby ludzkiej, określającym jej stosunek do dobra, do innych, do Boga. Nie chodzi tu tyle o uczuciowość, ile raczej o sumienie, o przekonania, sposób myślenia, którym człowiek się kieruje, jak również o namiętności, które nim rządzą.

(...) Pokój będzie zawsze krótkotrwały i iluzoryczny, gdy zabraknie prawdziwej przemiany serca. [1]

## Sprawiedliwość i przebaczenie

Ogromne cierpienia narodów i jednostek, wśród nich także niemałej liczby moich przyjaciół i znajomych, spowodowane przez totalitaryzm nazistowski i komunistyczny, rodziły zawsze w mojej duszy pytania i pobudzały do modlitwy. Wiele razy zastanawiałem się nad pytaniem: w jaki sposób można przywrócić pełny porządek moralny i społeczny, tak barbarzyńsko pogwałcony? Rozważając rzecz w świetle Objawienia biblijnego, doszedłem do przekonania, że pogwałcony porządek można przywrócić w pełni jedynie wtedy, gdy powiążemy ze sobą sprawiedliwość i przebaczenie. Filarami prawdziwego pokoju są sprawiedliwość i ten szczególny rodzaj miłości, jakim jest przebaczenie.

(...) Przebaczenie jest przeciwieństwem żywienia urazy i pragnienia zemsty, ale nie sprawiedliwości. Prawdziwy pokój jest w rzeczywistości „dziełem sprawiedliwości" (Iz 32, 17).

(...) Skoro jednak sprawiedliwość ludzka jest zawsze krucha i niedoskonała, zdana na egoizm i ograniczenia zarówno osób, jak i całych grup, należy ją praktykować w duchu przebaczenia i w pewnym sensie uzupełniać przebaczeniem, które goi rany i odnawia zakłócone relacje pomiędzy ludźmi. (...) Przyjęcie i ofiarowanie przebaczenia umożliwia nadanie nowej jakości relacjom między ludźmi, przerywa spiralę nienawiści i zemsty, kruszy kajdany zła, krępujące serca przeciwników. Dla krajów dążących do pojednania i dla wszystkich, którzy pragną pokojowego współistnienia ludzi i narodów, nie ma innej drogi niż przebaczenie — przyjęte i darowane. Jakież bogactwo zbawiennych pouczeń znajdujemy w słowach Chrystusa: „Miłujcie waszych nieprzyjaciół i módlcie się za tych, którzy was prześladują; tak będziecie synami Ojca waszego, który jest w niebie; ponieważ On sprawia, że słońce Jego wschodzi nad złymi i nad dobrymi, i On zsyła deszcz na sprawiedliwych i niesprawiedliwych"! (Mt 5, 44–45). Miłość do tych, którzy nas skrzywdzili, rozbroi przeciwnika i może przemienić nawet pole bitwy w miejsce solidarnej współpracy. [1]

Nie ma pokoju bez sprawiedliwości, nie ma sprawiedliwości bez przebaczenia — pragnę powiedzieć (...) wierzącym i niewierzącym, ludziom dobrej woli, którym leży na sercu dobro ludzkiej rodziny i jej przyszłość.

Nie ma pokoju bez sprawiedliwości, nie ma sprawiedliwości bez przebaczenia — pragnę przypomnieć tym, którzy są odpowiedzialni za losy ludzkich wspólnot, aby trudne i poważne decyzje podejmowali zawsze w świetle prawdziwego dobra człowieka, w perspektywie dobra wspólnego.

Nie ma pokoju bez sprawiedliwości, nie ma sprawiedliwości bez przebaczenia — nieustannie będę ostrzegał wszystkich, których z tego czy innego powodu przepełnia nienawiść, pragnienie zemsty, żądza zniszczenia. [2]

# Lęk współczesny

...czasy, w których Bóg dał nam żyć, są w znacznej mierze mroczne i trudne, bo właśnie teraz toczy się gra o to, jaka będzie przyszłość ludzkości w tysiącleciu, które otwiera się przed nami. Wielu ludzi naszej epoki doznaje lęku i niepewności: Dokąd zmierzamy? Co czeka ludzkość w przyszłym stuleciu? Dokąd nas zaprowadzą niezwykłe odkrycia naukowe, zwłaszcza w dziedzinie biologii i genetyki, dokonane w ostatnich latach? Zdajemy sobie bowiem sprawę, że stoimy dopiero na początku drogi, o której nie wiadomo, dokąd może doprowadzić i czy przyniesie ludziom XXI w. pożytek, czy szkodę.

My, chrześcijanie tej epoki, budzącej zarazem lęk i zachwyt, choć podzielamy obawy, poczucie zagrożenia i wątpliwości współczesnego człowieka, nie mamy pesymistycznej wizji przyszłości, gdyż żywimy przekonanie, że Jezus Chrystus jest Panem historii, i znajdujemy w Ewangelii światło, które rozjaśnia naszą drogę nawet w chwilach trudnych i mrocznych. (...)

Pamiętam, że kiedy przed z górą dwudziestu laty pisałem swoją pierwszą encyklikę *Redemptor hominis*, mojej refleksji towarzyszyło pytanie o tajemnicę lęku, jaki przeżywa współczesny człowiek. Spośród wielu jego źródeł wydało mi się wtedy słuszne podkreślić jedno: poczucie stałego zagrożenia ze strony tego, co jest własnym wytworem człowieka, owocem pracy jego rąk, a zwłaszcza pracy jego umysłu i dążeń woli. Wydaje się, że dziś, na początku nowego tysiąclecia, to poczucie jeszcze bardziej narasta. Zbyt często zdarza się bowiem, że to, co człowiekowi udaje się wytworzyć dzięki wciąż nowym możliwościom myśli i techniki, podlega swoistej „alienacji" — jeśli nie całkowicie, to przynajmniej w jakiejś mierze wymyka się spod kontroli twórców i skierowuje się przeciw niemu (por. *Redemptor hominis*, 15). 1

# Praca — ciężar i błogosławieństwo

Praca jest też podstawowym wymiarem ludzkiego bytowania na ziemi. Dla człowieka posiada ona nie tylko znaczenie techniczne, ale także znaczenie etyczne. O tyle tylko można powiedzieć, że człowiek przez pracę czyni sobie ziemię „poddaną", o ile człowiek sam przez swoje postępowanie okazuje się panem, a nie niewolnikiem pracy.

Praca ma dopomagać człowiekowi do tego, aby stawał się lepszym, duchowo dojrzalszym, bardziej odpowiedzialnym... [1]

Potrzebna jest dziś „praca nad pracą"! Ale co to znaczy? To nie może znaczyć nic innego, jak: módl się i pracuj! Praca nad pracą to znaczy praca nad człowiekiem, który pracuje, ażeby ów człowiek przez pracę zmartwychwstał, jak mówi polski poeta Cyprian Norwid, ażeby odnajdywał pełnię swego człowieczeństwa. [2]

Na podstawie osobistego doświadczenia — przez cztery lata co najmniej byłem robotnikiem — mam wielkie zaufanie do uczciwości i zrozumienia zasad i wartości moralnych, etycznych, przez świat pracy. Praca jest oczywiście ciężarem naszej ludzkiej kondycji, lecz praca jest także czynnikiem, który naszą ludzką kondycję uszlachetnia. Fakt, iż owoc pracy pozwala człowiekowi utrzymywać własne życie i swojej rodziny, pokazuje, jak praca jest bliska prawdziwej ludzkiej miłości, tego, co człowiek kocha, tego, dla czego żyje, tego, co nadaje pozytywny, fundamentalny sens jego życiu osobistemu i we wspólnocie.

...niezmierzona jest jej wartość w życiu człowieka.

Odczuwają to zwłaszcza ci, którzy z różnych powodów nie mogą uzyskać miejsca pracy. [3]

## Dostrzec brata

...pragnę przypomnieć raz jeszcze słowa, które napisałem w encyklice o Bożym miłosierdziu: „Człowiek dociera do miłosiernej miłości Boga, do jego miłosierdzia, o tyle, o ile sam przemienia się wewnętrznie w duchu podobnej miłości w stosunku do bliźnich" (14). (...)

Trzeba spojrzenia miłości, aby dostrzec obok siebie brata, który wraz z utratą pracy, dachu nad głową, możliwości godnego utrzymania rodziny i wykształcenia dzieci doznaje poczucia opuszczenia, zagubienia i beznadziei. Potrzeba „wyobraźni miłosierdzia", aby przyjść z pomocą dziecku zaniedbanemu duchowo czy materialnie; aby nie odwracać się od chłopca czy dziewczyny, którzy zagubili się w świecie różnorakich uzależnień lub przestępstwa; aby nieść radę, pocieszenie, duchowe i moralne wsparcie tym, którzy podejmują wewnętrzną walkę ze złem. Potrzeba tej wyobraźni miłosierdzia wszędzie, wszędzie tam, gdzie ludzie w potrzebie wołają do Ojca miłosierdzia: „Chleba naszego powszedniego daj nam dzisiaj". Oby dzięki bratniej miłości tego chleba nikomu nie brakowało! „Błogosławieni miłosierni, albowiem oni miłosierdzia dostąpią" (Mt 5,7). [1]

## Bóg bogaty w miłosierdzie

„Bóg bogaty w miłosierdzie" (...). W krakowskich Łagiewnikach ta prawda znalazła swoje szczególne objawienie. Z nich bowiem, dzięki pokornej posłudze niezwykłego świadka — św. siostry Faustyny — rozchodzi się orędzie o miłosiernej miłości Boga.

...wiele moich osobistych wspomnień wiąże się z tym miejscem. Przychodziłem tutaj zwłaszcza w czasie okupacji, gdy pracowałem w pobliskim Solvayu. Do dzisiaj pamiętam tę drogę, która prowadziła z Borku Fałęckiego na Dębniki, którą odbywałem codziennie, przychodząc na różne zmiany do pracy, przychodząc w drewnianych butach. Takie się wtedy nosiło. Jak można sobie było wyobrazić, że ten człowiek w drewniakach kiedyś będzie konsekrował bazylikę Miłosierdzia Bożego w krakowskich Łagiewnikach...?

Cieszę się, że powstała ta piękna świątynia poświęcona Miłosierdziu Bożemu. [1]

Orędzie miłosierdzia Bożego zawsze było mi bliskie i drogie. Historia jakby wpisała to orędzie w tragiczne doświadczenia drugiej wojny światowej. W tych trudnych latach było ono szczególnym oparciem i niewyczerpanym źródłem nadziei nie tylko dla krakowian, ale dla całego narodu. Było to i moje osobiste doświadczenie, które zabrałem ze sobą na Stolicę Piotrową i które niejako kształtuje obraz tego pontyfikatu. [2]

## Cierpienie mnie onieśmielało

...cierpienie pozostaje fundamentalną rzeczywistością ludzkiego życia. W pewnym sensie jest ono tak głębokie jak sam człowiek i dotyka samej jego istoty... [1]

Wiem z własnego doświadczenia, (...) z okresu mojej młodości, że cierpienie ludzkie przede wszystkim mnie onieśmielało. Trudno mi było przez pewien czas zbliżać się do cierpiących, gdyż odczuwałem jakby wyrzut, że oni cierpią, podczas gdy ja jestem od tego cierpienia wolny. Prócz tego czułem się skrępowany, uważając, że wszystko, co mogłem im powiedzieć, nie ma pokrycia po prostu dlatego, że to oni cierpią, a nie ja. Jest coś z prawdy w (...) powiedzeniu „Nie zrozumie zdrowy cierpiącego", choć można by też odwrócić to twierdzenie, bo i chory jakoś może nie zrozumieć zdrowego; nie może zwłaszcza zrozumieć tego, że on także w inny sposób cierpi z powodu jego cierpienia.

Ale ten okres onieśmielenia przeszedł, gdy posługi duszpasterskie coraz częściej prowadziły do spotkania z cierpiącymi — i to na różne sposoby. Muszę tu dodać, że ów okres dominującego onieśmielenia przeszedł przede wszystkim dlatego, że dopomogli mi w tym sami cierpiący. Spotykając się z nimi, przekonywałem się stopniowo, a w końcu przekonałem się definitywnie, że pomiędzy ich cierpieniem jako faktem obiektywnym a ich własną osobistą świadomością tegoż cierpienia zachodzą relacje zupełnie nieoczekiwane. Szczytem moich doświadczeń w tej dziedzinie było, gdy raz usłyszałem z ust człowieka, którego stan obiektywnie był ogromnie ciężki, takie wyznanie:

„Ksiądz nie wie, jak bardzo jestem szczęśliwy"...

Miałem przed sobą człowieka, który stracił wszystko w powstaniu warszawskim, sam zaś pozostawał przykuty do łóżka jako ciężki inwalida. I ten człowiek, zamiast skarżyć się na swój los, mówi mi „jestem szczęśliwy". Nawet nie py-

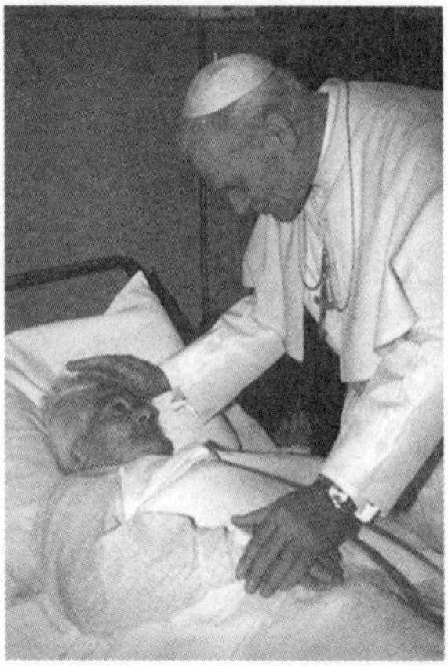

*Osoba walcząca ze śmiercią potrzebuje obok siebie przede wszystkim kogoś, kto ją kocha.*

tałem, dlaczego. Zrozumiałem bez słów, co się musiało dokonać w duszy mojego rozmówcy, jak mógł przebiegać ten proces — a przede wszystkim: Kto mógł go w nim dokonać. Odtąd spotykałem się z cierpiącymi bardzo często, odwiedzałem ich po domach, w szpitalach — i często trafiałem na ślady tego samego procesu, rozpoznając różne jego stadia, poniekąd też różne jego modyfikacje. Prócz tego poznałem ludzi, którzy należąc do służby zdrowia: pielęgniarki, lekarze, a także inni... umieli torować drogi dla tego wewnętrznego procesu. [2]

Zawsze miałem głębokie odczucie tej prawdy, że Chrystus jest w szczególny sposób obecny w ludziach cierpiących. [3] Kiedy spotykałem chorych w Rzymie czy podczas moich podróży, zawsze chciałem zatrzymać się przy każdym z osobna, każdego wysłuchać i pobłogosławić, by okazać, że każdy z nich jest przedmiotem Bożej czułości. Tak właśnie czynił Jezus. Bóg pozwolił, że obecnie i ja w mym własnym ciele doświadczam cierpienia i słabości. [4] Wiem także z osobistego doświadczenia, co to znaczy być chorym i przebywać w szpitalu przez dłuższy czas, i jak można pocieszać i podnieść na duchu innych, którym przypada w udziale odosobnienie i cierpienie, jak trzeba modlić się za chorych i okazywać im szczerą troskę. [5]

## Cierpienie ma sens

Cierpienie jest tajemnicą szczególnie nieprzeniknioną i dlatego jakże często trudną do zrozumienia, do przyjęcia przez człowieka. Człowiek dotknięty chorobą, dotknięty jakimkolwiek cierpieniem, często pyta samego siebie: „Dlaczego ja muszę znosić ból", i prawie natychmiast stawia sobie inne pytanie: „Po co, jaki jest sens tego cierpienia, które mnie dotknęło?" A gdy nie znajduje odpowiedzi, często się załamuje, bo cierpienie staje się silniejsze od niego. [1]

Jednakże nieraz bywałem świadkiem tego, jak ów stan zostaje ostatecznie przyjęty nie tylko jako „los", ale jako prawdziwe „wybranie" i powołanie: Boży „projekt" własnego życia, w którym człowiek odnajduje siebie, utożsamia się z nim, odnajduje wewnętrzny pokój, a nawet radość i szczęście. Nieraz uderzało mnie to szczęście i pokój w rozmowach z ludźmi po ludzku bardzo doświadczonymi. Upośledzonymi w swym ludzkim „losie". Widziałem w tym namacalny dowód działania Łaski i obecności Ducha Świętego w sercu człowieka. [2]

Cierpienie nie jest karą za grzechy ani nie jest odpowiedzią Boga na zło człowieka. Można je zrozumieć tylko i wyłącznie w świetle Bożej miłości, która jest ostatecznym sensem wszystkiego, co na tym świecie istnieje. [3]

Odpowiedzi na pytanie o sens cierpienia „udzielił Bóg człowiekowi w Krzyżu Jezusa Chrystusa" (...). Przez swoje cierpienie na krzyżu Chrystus zwyciężył zło i nas też uzdolnił do pokonania go. Nasze cierpienia nabierają znaczenia i wartości, gdy są zjednoczone z Jego cierpieniem. Jako Bóg i człowiek, Chrystus wziął na siebie cierpienia ludzkości, w Nim zatem także ludzkie cierpienie zyskuje odkupieńczy sens. Przez to zjednoczenie człowieczeństwa z Bóstwem cierpienie rodzi dobro i zwycięża zło (...). Wiara uczy nas szukać ostatecznego sensu cierpienia w męce, śmierci i zmartwychwstaniu Chrystusa. [4] Ewangelia i wiara nie uśmierzają wprawdzie fizycznego bólu, ale czynią go łatwiejszym do zniesienia, ponieważ otwierają nam drogę do jego głębszego sensu i zrozumienia. [5]

Ludzie cierpiący, na których dane mi było natrafić w mojej duszpasterskiej posłudze, na różny sposób dawali temu świadectwo. I stale dają. Stale spotykam się z tym świadectwem.

Chrystus niektórym chorym przywrócił zdrowie, ślepym wzrok, głuchym słuch, kilku zmarłych powołał z powrotem do życia. Natomiast wszystkim, którzy cierpią, wszystkim, którzy dotknięci są złem — naprzód „moralnym", potem fizycznym — „ofiarował i ofiaruje stale ów szczep odkupienia", który objawił się w Jego krzyżu i zmartwychwstaniu. [6]

## Mówię z przekonaniem

Ja sam miałem udział w cierpieniu i doświadczyłem słabości fizycznej, która pochodzi z niemocy i choroby. Otóż dlatego właśnie, że doświadczyłem cierpienia, mogę mówić z jeszcze większym przekonaniem to, co św. Paweł powiada w drugim czytaniu: „ani śmierć, ani życie, ani aniołowie, ani Zwierzchności, ani rzeczy teraźniejsze, ani przyszłe, ani Moce, ani co wysokie, ani co głębokie, ani jakiekolwiek inne stworzenie nie zdoła nas odłączyć od miłości Boga, która jest w Chrystusie Jezusie, Panu naszym" (Rz 8, 38–39). (...) Nie ma żadnej mocy ani siły, która może powstrzymać miłość Boga wobec nas. [1]

## Zbliżamy się ku śmierci

Śmierć jest doprawdy wielką tajemnicą. Wydarzeniem, które należy otoczyć miłością i szacunkiem. [1]

Od samych narodzin zbliżamy się ku śmierci, ale w wieku podeszłym jesteśmy z roku na rok coraz bardziej świadomi jej bliskości — jeżeli tylko siłą nie usuwamy od siebie takich myśli i uczuć. Stwórca tak sprawił, że starość niemal w naturalny sposób oswaja człowieka ze śmiercią. (...)

Wielka szkoła życia i umierania przyprowadzi nas także do czyjegoś grobu, każe nam stać przy niejednym łożu śmiertelnym, zanim my sami będziemy tymi, wokół których — dałby Bóg — inni zgromadzą się, żeby się modlić. [2]

Staję więc w duchu — pamięcią i sercem — przy grobach moich Rodziców, rodzeństwa, krewnych, przyjaciół, znajomych, rodaków. Zstępuję — jak przez wiele lat to czyniłem w katedrze wawelskiej — do podziemi, które kryją prochy królów narodu, jego wodzów, wieszczów.

Nawiedzam — jak również czyniłem przez lata — wielki cmentarz oświęcimski: mogiłę czterech milionów ofiar nieludzkiego okrucieństwa.

I w duchu ogarniam wszystkie na mojej ziemi ojczystej cmentarze, pobojowiska, pola śmierci i mogił, które kryją prochy poległych za Ojczyznę lub pomordowanych za słuszną sprawę, wszystkich zmarłych.

Błagam dla nich o wieczny odpoczynek, a zarazem (...) o Życie: o pełne prawdy i nadziei Życie dla żyjących. [3]

## Starość

Starość wieńczy życie. Jest czasem żniw. Żniw tego, czego się nauczyliśmy, co przeżyliśmy; żniw tego, co zdziałaliśmy i osiągnęliśmy, a także tego, co wycierpieliśmy i wytrzymaliśmy. Jak w końcowej partii wielkiej symfonii, te wielkie tematy współbrzmią potężnie. Owo współbrzmienie użycza mądrości (...). Mądrość daje dystans, ale nie dystans wyrażający się stronieniem od świata. Mądrość taka pozwala człowiekowi stać ponad rzeczami, ale bez gardzenia nimi; pozwala oglądać świat oczyma — ale także sercem! — Boga. Pozwala mówić nam wraz z Bogiem „tak" również wobec naszych ograniczeń, również wobec naszej przeszłości —

z wieloma jej rozczarowaniami, zaniedbaniami i grzechami (...). Mądrość ta użycza mocy, z której rodzi się dobroć, cierpliwość, zrozumienie i owa wspaniała ozdoba sędziwego wieku — humor... [1]

Właśnie jako ludzie tzw. „trzeciego wieku" możecie wnieść szczególny wkład w rozwój autentycznej „kultury życia" — możecie, a raczej możemy, bo ja też należę do waszego pokolenia — dając świadectwo o tym, że każda chwila życia jest darem Bożym oraz że człowiek na każdym etapie życia posiada szczególne bogactwa, którymi może się dzielić z wszystkimi. [2]

Ale (...) jak jesieni, którą przeżywamy, nie tylko właściwy jest zbiór plonów i przepych barw, lecz także ogołocenie konarów, opadanie i butwienie liści (...), tak i starość jest nie tylko mocnym akordem końcowym albo podsumowaniem życia, lecz także czasem więdnięcia, czasem, w którym zdarza się, że świat staje się obcy, życie — ciężarem, a ciało — udręką. (...) Zgodnie ze słowami św. Pawła: „chociaż bowiem niszczeje nasz człowiek zewnętrzny, to jednak ten, który jest wewnątrz, odnawia się z dnia na dzień" (2 Kor 4, 16). [3]

*Dzisiaj myślę o latach, które minęły, a które nie były tylko mijaniem, ale także były tworzeniem.*

# Pielgrzymujemy w tym świecie

„Pamiętaj, że prochem jesteś i w proch się obrócisz". (...) przywołuje to prawdę o przemijalności ziemskiego życia: wszystko przemija i przeznaczone jest na obumarcie. Pielgrzymujemy w tym świecie i jesteśmy wędrowcami, którzy nie mogą zapominać o swoim prawdziwym i ostatecznym przeznaczeniu: o niebie. Jeżeli bowiem jesteśmy prochem i w proch się mamy obrócić, to jednak nie wszystko się kończy. Człowiek, stworzony na obraz i podobieństwo Boga, przeznaczony jest do życia wiecznego. Jezus, umierając na krzyżu, otworzył do niego dostęp każdemu człowiekowi. 1

Życie ludzkie jest przejściem. Nie jest to życie całością do końca zamkniętą pomiędzy datą urodzin i datą śmierci. Jest otwarte ku ostatecznemu spełnieniu w Bogu. Każdy z nas odczuwa boleśnie zamknięcie życia, granicę śmierci. Każdy z nas jakoś jest świadom tego, że człowiek nie mieści się bez reszty w tych granicach, że bez reszty nie może umrzeć.

*Człowiek, stworzony na obraz i podobieństwo Boga, przeznaczony jest do życia wiecznego. Jezus, umierając na krzyżu, otworzył do niego dostęp każdemu człowiekowi.*

Chrystus (...) dokonał zasadniczego przewrotu w rozumieniu życia. Ukazał, że życie jest przejściem, nie tylko przez granicę śmierci, ale i do nowego życia. [2]

Bez zawierzenia Bogu śmierć odarta jest ze wszelkiej pociechy. Gdyż zgodnie z Jego wolą sens śmierci polega na tym, abyśmy przynajmniej w tej ważnej chwili naszego życia całkowicie zawierzyli Jego miłości, bez jakichkolwiek innych gwarancji poza właśnie tą jedną — Jego miłością. Jakże inaczej moglibyśmy okazać Mu naszą niezachwianą wiarę, nadzieję, miłość!

(...) Śmierć sama jest pocieszeniem! (...) I tak cisną się na usta zawsze aktualne słowa św. Augustyna: „Stworzyłeś nas bowiem jako skierowanych ku Tobie. I niespokojne jest serce nasze, dopóki w Tobie nie spocznie" (*Wyznania*, I, 1,1) [3]

Więc w tej ciszy ukryty ja — liść,
oswobodzony od wiatru,
już się nie troskam o żaden z upadających dni,
gdy wiem, że wszystkie upadną.

*Pieśń o Bogu ukrytym* [4]

# Teksty, z których pochodzą wypowiedzi Ojca Świętego

Wyboru cytatów dokonano z całego dorobku pisarskiego Karola Wojtyły — Jana Pawła II, głównie z pism pochodzących z okresu pontyfikatu, zwłaszcza z przemówień, kazań i wspomnień. Znalazły się tu również fragmenty utworów poetyckich i dramaturgicznych oraz wywiadów i listów. Kryterium doboru stanowiła koncepcja książki — osobista opowieść Ojca Świętego o własnym życiu. Tytuły rozdziałów są w przeważającej części słowami Jana Pawła II.


1. *Halo, urwisy! Tu mówi Papież*, Kielce 2000, s. 11.
2. *Promieniowanie ojcostwa*, 1. Album, Wrocław 2002, s. 22.

**Chrzest Święty**

1. *Pielgrzymka Jana Pawła II do Polski, 5–17 czerwca 1999*, Poznań–Warszawa 1999, s. 139, przemówienie z 13 VI 1999.
2. „L'Osservatore Romano" (wyd. pol.) 1994, nr 1, s. 63, przemówienie z 4 XI 1993.
3. *Jan Paweł II o Matce Bożej 1978–1998, Anioł Pański*, Warszawa 1999, s. 69, Anioł Pański z 22 V 1983.
4. *Jan Paweł II w Polsce 1979, 1983, 1987*, Warszawa 1989, s. 194, przemówienie z 7 VI 1979.
5. *Jan Paweł II o Matce Bożej 1978–1998, Anioł Pański*, s. 69.
6. *Moc w słabości się doskonali*, Poznań 1982, s. 20, audiencja ogólna z 4 XI 1981.
7. „L'Osservatore Romano" 1994, nr 1, s. 63.
8. *Jubileuszowy rok odkupienia*, Rzym 1985, s. 259, homilia z 8 I 1984.
9. *Kazania i przemówienia kardynała Karola Wojtyły o kapłaństwie (1963–1978)*, Kraków 1995, s. 159, przemówienie z 14 XI 1971.

**Komunia Święta**

1. *Halo, urwisy! Tu mówi Papież*, s. 11, 30, 29, 30.

**Moi najbliżsi**

1. A. Frossard, *Nie lękajcie się*, Rzym 1982, tłum. A. Turowiczowa, s. 14.

2. *Trzecia pielgrzymka Jana Pawła II do Polski*, Poznań–Warszawa 1987, s. 172, przemówienie z 13 VI 1987.
3. A. Frossard, *Nie lękajcie się*, s. 14.
4. J. Szczypka, *Jan Paweł II. Rodowód*, Warszawa 1989, s. 16.
5. A. Frossard, *Nie lękajcie się*, s. 14–15.

## Wadowice, miasto mojego dzieciństwa

1. *Jan Paweł II w Polsce 1979, 1983, 1987*, s. 192.
2. *Pielgrzymka Jana Pawła II do Polski, 5–17 czerwca 1999*, s. 188, 190, 188, 194, 192–193, przemówienie z 16 VI 1999.
7. *Jan Paweł II w Polsce*, s. 195.
8. *Pielgrzymka...*, s. 189.

## W ochronce

1. „L'Osservatore Romano" 1989, nr 7, s. 21, przemówienie z 2 VII 1989.
2. *Jan Paweł II w Polsce 1979, 1983, 1987*, s. 195.
3. „L'Osservatore Romano", s. 21, przemówienie z 27 VI 1998.

## Szkoła

1. *Jan Paweł II w Polsce 1979, 1983, 1987*, s. 192.
2. *Pielgrzymka Jana Pawła II do Polski, 5–17 czerwca 1999*, s. 192.
3. *Jan Paweł II w Polsce*, s. 192.
4. *Pielgrzymka...*, s. 192–193, 195.
5. *Jan Paweł II w Polsce*, s. 192.
6. *Pielgrzymka...*, s. 150, 193, przemówienie z 14 VI 1999.
7. „L'Osservatore Romano" 1988, nr 8, s. 26.

## Domowe seminarium

1. *Dar i tajemnica*, Kraków 1996, s. 21–22.

## Ksiądz Kazimierz Figlewicz

1. A. Frossard, *Nie lękajcie się*, s. 20.
2. *Dar i tajemnica*, s. 26.
3. A. Frossard, *Nie lękajcie się*, s. 20.
4. *Dar i tajemnica*, s. 26–27.

## Matka Boża

1. *Dar i tajemnica*, s. 28–29.
2. *Pielgrzymka Jana Pawła II do Polski, 5–17 czerwca 1999*, s. 189, przemówienie z 16 VI 1999.
3. *Dar i tajemnica*, s. 29.

**Spotkanie z księciem kardynałem**

1. *Dar i tajemnica*, s. 8–9.

**Wybrałem literaturę**

1. A. Frossard, *Nie lękajcie się*, s. 16.
2. *Dar i tajemnica*, s. 9.
3. *Jan Paweł II w Polsce 1979, 1983, 1987*, s. 194, przemówienie z 7 VI 1979.

**Krakowska młodość**

1. *Dar i tajemnica*, s. 9.
2. *Jan Paweł II w Polsce 1979, 1983, 1987*, s. 14, przemówienie z 2 VI 1979.

**Uniwersytet Jagielloński**

1. *Uniwersytety w nauczaniu Jana Pawła II*, t. 1, Warszawa 1999, s. 410–411, przemówienie z 9 VI 1987; s. 324–325, przemówienie z 22 VI 1979.

**Jeden rok polonistyki**

1. *Dar i tajemnica*, s. 10–11.
2. *Uniwersytety w nauczaniu Jana Pawła II*, s. 100, przemówienie z 8 VI 1979.

**Moi profesorowie**

1. *Szósta podróż apostolska Jana Pawła II do Ojczyzny*, Kraków 1997, s. 144, przemówienie z 8 VI 1997.
2. *Uniwersytety w nauczaniu Jana Pawła II*, przemówienie z 8 VI 1979.
3. *Szósta podróż apostolska...*, s. 143–144.
4. *Uniwersytety w nauczaniu Jana Pawła II*, s. 101–102.
5. *Bóg bogaty w miłosierdzie*, Marki 2002, s. 41, przemówienie z 17 VIII 2002.

**Wybuch wojny**

1. *Dar i tajemnica*, Kraków 1996, s. 11.
2. *Szósta podróż apostolska Jana Pawła II do Ojczyzny*, s. 149, przemówienie z 8 VI 1997.
3. A. Frossard, *Nie lękajcie się*, s. 15.
4. *Dar i tajemnica*, s. 11.

**Robotnik w kamieniołomie**

1. *Dar i tajemnica*, s. 12.
2. A. Frossard, *Nie lękajcie się*, s. 15.
3. *Dar i tajemnica*, s. 12.

4. *Tworzywo*, w poemacie *Kamieniołom*, w: *Poezje. Poesie*, Kraków 1999, s. 89–90.
5. *Uczestnictwo*, w poemacie *Kamieniołom*, s. 89–90.
6. *Dar i tajemnica*, s. 12.
7. *Pamięci towarzysza pracy*, w poemacie *Kamieniołom*, s. 101.
8. *Dar i tajemnica*, s. 12–13.

**Fabryka sody**

1. *Dar i tajemnica*, s. 22–23.

**Wspaniali ludzie**

1. *Dar i tajemnica*, s. 23–24.
2. *Nauczanie społeczne 1982*, Warszawa 1986, s. 526, przemówienie z 19 II 1982.
3. „L'Osservatore Romano" 1981, nr 3, s. 5, przemówienie z 19 III 1981.
4. *Uczestnictwo*, w poemacie *Kamieniołom*, s. 97.
5. „L'Osservatore Romano" 1981, nr 3, s. 5.

**Dar Opatrzności**

1. A. Frossard, *Nie lękajcie się*, s. 16.
2. *W służbie Polonii i Kościołowi Powszechnemu*, Kraków 1999, s. 132, wywiad z 25 III 1971.

**Teatr Mieczysława Kotlarczyka**

1. *Dar i tajemnica*, s. 13.
2. M. Kotlarczyk, *Sztuka żywego słowa*, Rzym 1975, s. 7 (wstęp).
3. *Dar i tajemnica*, s. 13–14.
4. M. Kotlarczyk, *Sztuka żywego słowa*, s. 8.
5. *Dar i tajemnica*, s. 14.
6. *Uniwersytety w nauczaniu Jana Pawła II*, s. 101, przemówienie z 8 VI 1979.
7. *Halo, urwisy! Tu mówi Papież*, s. 32.

**Tajemnica powołania**

1. *Dar i tajemnica*, s. 7–8.
2. „L'Osservatore Romano" 1981, nr 3, s. 5, przemówienie z 19 III 1981.

**Seminarium**

1. A. Frossard, *Nie lękajcie się*, s. 16.
2. *Dar i tajemnica*, s. 15.
3. A. Frossard, *Nie lękajcie się*, s. 18.

### Na Franciszkańskiej 3

1. *Dar i tajemnica*, s. 15–17.
2. *Uniwersytety w nauczaniu Jana Pawła II*, s. 325–326, przemówienie z 22 VI 1983.
3. *Dar i tajemnica*, s. 17.

### Książę Niezłomny

1. *Dar i tajemnica*, s. 19–20.
2. *Przemówienia i wywiady w Radio Watykańskim*, Rzym 1987, s. 67–70, 12 V 1967.
3. *Pielgrzymka Jana Pawła II do Polski, 5–17 czerwca 1999*, s. 196, przemówienie z 16 VI 1999.
4. *Dar i tajemnica*, s. 20.
5. *Przemówienia i wywiady w Radio Watykańskim*, s. 71.
6. *Pielgrzymka...*, s. 196.
7. *Naucz nas być wolnymi. Czwarta pielgrzymka Jana Pawła II do Ojczyzny*, Warszawa 1995, s. 326, słowo przed błogosławieństwem 13 VIII 1991.
8. *Pielgrzymka...*, s. 196.

### Młody kleryk na wakacjach

1. *Dar i tajemnica*, s. 18–19.

### Salezjanie na Dębnikach

1. *Dar i tajemnica*, s. 24–25.

### Jan, święty krawiec

1. *Dar i tajemnica*, s. 25.
2. A. Frossard, *Nie lękajcie się*, s. 20–21.
3. *Dar i tajemnica*, s. 25.
4. A. Frossard, *Nie lękajcie się*, s. 20–21.

### Nowe zrozumienie świata

1. A. Frossard, *Nie lękajcie się*, s. 63, 18–19, 63, 19.

### Już wtedy: *Totus Tuus*

1. *Dar i tajemnica*, s. 29.
2. A. Frossard, *Nie lękajcie się*, s. 152–154.
3. *Dar i tajemnica*, s. 30–31.

### Wstąpić do Karmelu?

1. *Dar i tajemnica*, s. 26.

2. A. Frossard, *Nie lękajcie się*, s. 39.

### Katedra księdza Figlewicza

1. *Dar i tajemnica*, s. 27–28.

### Wzór Brata Alberta

1. A. Frossard, *Nie lękajcie się*, s. 22.
2. *Druga pielgrzymka do Polski 1983. Jan Paweł II. Nauczanie społeczne*, t. VI, Warszawa 1986, s. 150, homilia z 22 VI 1983.
3. *Dar i tajemnica*, s. 32–34.
4. A. Frossard, *Nie lękajcie się*, s. 23.

### Szkoccy, Kydryńscy... przyjaciele

1. *Dar i tajemnica*, s. 39–40.

### Sens koszmaru

1. *Dar i tajemnica*, s. 34–36.

### Dlaczego nie ja?

1. *Wskazania na nowe tysiąclecie*, Kraków 2001, s. 208, homilia z 7 V 2000.
2. *Dar i tajemnica*, s. 36.
3. *Trzecia pielgrzymka Jana Pawła II do Polski*, Poznań–Warszawa 1987, s. 85, przemówienie z 10 VI 1987.

### Święcenia kapłańskie

1. *Kazania i przemówienia kardynała Karola Wojtyły o kapłaństwie*, s. 43, list z 16 II 1964.
2. *Dar i tajemnica*, s. 41–42.

### Stać się kapłanem

1. *Dar i tajemnica*, s. 43–44.

### Na posadzce

1. *Dar i tajemnica*, s. 44–45.

### Wawelskie prymicje

1. *Dar i tajemnica*, s. 45–46, 28, 47.

### Duch katedry wawelskiej

1. *Dar i tajemnica*, s. 46.

2. *Kazania 1962–1978*, Kraków 1979, s. 5, homilia w katedrze na Wawelu z 8 III 1964.
3. *Dar i tajemnica*, s. 46.

**Czekają na zmartwychwstanie**

1. *Dar i tajemnica*, s. 46–47.

**Pierwsze msze**

1. *Dar i tajemnica*, s. 48.

**Jak matka syna**

1. *Druga pielgrzymka do Polski 1983*, s. 173, przemówienie z 23 VI 1983.
2. *Kazania i przemówienia kardynała Karola Wojtyły o kapłaństwie*, s. 43, list z 16 II 1964.
3. *Druga pielgrzymka do Polski 1983*, s. 173.

**Brat w powołaniu**

1. *Dar i tajemnica*, s. 42–43.

**Nieznana Europa**

1. *Dar i tajemnica*, s. 49.
2. *Stanisław*, w: *Poezje. Poesie*, s. 257.
3. *Dar i tajemnica*, s. 49.

**Jechać do Rzymu**

1. *Dar i tajemnica*, s. 49–50.

**Śladami *Quo vadis?***

1. „L'Osservatore Romano" 1984, nr 3, s. 9, rozmowa z młodzieżą z 7 III 1984.

**Odkrywanie Wiecznego Miasta**

1. *Dar i tajemnica*, s. 50–52.

**Seminarzysta robotnik**

1. *Dar i tajemnica*, s. 52–53.

**Europejskie wakacje**

1. *Dar i tajemnica*, s. 53.
2. A. Frossard, *Nie lękajcie się*, s. 246.
3. *Dar i tajemnica*, s. 53.

4. A. Frossard, *Nie lękajcie się*, s. 246.
5. *Dar i tajemnica*, s. 54.
6. A. Frossard, *Nie lękajcie się*, s. 246–249.
7. *Dar i tajemnica*, s. 54.

**Wśród polskich górników**

1. *Dar i tajemnica*, s. 54–55.

**Wielki proboszcz z Ars**

1. *Dar i tajemnica*, s. 55–56.
2. A. Frossard, *Nie lękajcie się*, s. 22–23.
3. *Dar i tajemnica*, s. 56.

**W drodze do Polski**

1. *Dar i tajemnica*, s. 57–58.
2. *Dar i tajemnica*, s. 53.

**Niegowić — w wiejskiej parafii**

1. *Dar i tajemnica*, s. 59–60.
2. *Myśląc Ojczyzna...*, w: *Poezje. Poesie*, s. 201.
3. *Dar i tajemnica*, s. 60–61.

**Mój Kraków**

1. *Trzecia pielgrzymka Jana Pawła II do Polski*, s. 77, przemówienie z 10 VI 1987.
2. *Uniwersytety w nauczaniu Jana Pawła II*, s. 97, 100, przemówienie z 8 VI 1979.

**W świecie nauki i kultury**

1. *Uniwersytety w nauczaniu Jana Pawła II*, s. 100, 97–98.
2. *Szósta podróż apostolska...*, s. 154, przemówienie z 9 VI 1997.
3. *Uniwersytety w nauczaniu Jana Pawła II*, s. 98.

**Humanista w świecie nauk ścisłych**

1. *Uniwersytety w nauczaniu Jana Pawła II*, s. 101.
2. *Szósta podróż apostolska...*, s. 146, przemówienie z 8 VI 1997.

**U Świętego Floriana**

1. „L'Osservatore Romano" 1989, nr 7, s. 21, przemówienie z 2 VII 1989.
2. *Dar i tajemnica*, s. 61.
3. „L'Osservatore Romano", s. 32.

**Duszpasterskie początki**

1. *Uniwersytety w nauczaniu Jana Pawła II*, s. 101, przemówienie z 8 VI 1979.
2. *Dar i tajemnica*, s. 61.
3. „L'Osservatore Romano" 1989, nr 7, s. 21, przemówienie z 2 VII 1989.

**Czasy stalinowskie**

1. *Zapis drogi. Wspomnienia o nieznanym duszpasterstwie Karola Wojtyły*, Kraków 1999, s. 323, list do środowiska z 8 I 1997.

**Turystyczne duszpasterstwo**

1. *Zapis drogi...*, s. 11–12, list do redakcji „Homo Dei" z V–VI 1957.
2. *Uniwersytety w nauczaniu Jana Pawła II*, s. 104–105, przemówienie z 8 VI 1979.

**Spotkanie z Bogiem**

1. *Zapis drogi...*, s. 12, list do redakcji „Homo Dei" z V–VI 1957.
2. *Katechezy papieskie Roku Świętego 2000*, Częstochowa 2001, s. 198, katecheza z 17 I 2001.
3. *Kazania 1962–1978*, s. 220, rekolekcje z 21–25 III 1972.

**Ksiądz na wycieczce**

1. *Zapis drogi...*, s. 12–15, list do redakcji „Homo Dei" z V–VI 1957.

**„Środowisko"**

1. *Zapis drogi...*, s. 323–326, list do środowiska z 8 I 1997.
2. *Uniwersytety w nauczaniu Jana Pawła II*, s. 106, przemówienie z 8 VI 1987.

**Jerzy Ciesielski**

1. *Przekroczyć próg nadziei*, Lublin 1994, s. 102.

**A „środowisko" trwa**

1. *Zapis drogi...*, s. 326, list do środowiska z 8 I 1997.

**Wyprawy, wycieczki, wędrówki**

1. *Zapis drogi...*, s. 323–326, list do środowiska z 8 I 1997.

**Mogłem modlić się**

1. *Jan Paweł II o Matce Bożej 1978–1998, Anioł Pański*, s. 394, Anioł Pański z 30 VIII 1992.

2. *Promieniowanie ojcostwa*, Wrocław 2002, s. 53–54.
3. *Anioł Pański z papieżem*, t. VII, Rzym 2001, s. 215, Anioł Pański z 11 VII 1999.

**Jestem człowiekiem gór**

1. *Trzecia pielgrzymka Jana Pawła II do Polski*, s. 117, przemówienie z 11 VI 1987.
2. „L'Osservatore Romano" 1984, nr 1–2, s. 28, przemówienie z 31 I 1984.

**W Tatrach**

1. *Jan Paweł II w Polsce 1979, 1983, 1987*, s. 203, homilia z 8 VI 1979.
2. *Kazania i przemówienia kardynała Karola Wojtyły o kapłaństwie*, s. 284, kazanie z 22 V 1977.
3. *Jan Paweł II o Matce Bożej 1978–1998, Anioł Pański*, s. 460, Anioł Pański z 13 VII 1997; s. 394, Anioł Pański z 30 VIII 1992.
4. *Jan Paweł II w Polsce*, s. 203.
5. „L'Osservatore Romano" 1988, nr 8, s. 26, przemówienie z 26 VI 1988.
6. *Jan Paweł II w Polsce*, s. 203.

**Sądecczyzna**

1. *Nauczanie społeczne 1982*, Warszawa 1986, s. 763, przemówienie z 27 VII 1982; s. 767.
2. *Szósta podróż apostolska...*, s. 104, homilia z 7 VI 1997.
3. *Trzecia pielgrzymka...*, s. 58, homilia z 10 VI 1987.

**W Beskidzie**

1. *Nauczanie społeczne 1982*, s. 766, przemówienie z 30 VII 1982.
2. *Szósta podróż apostolska...*, s. 160–161, przemówienie z 10 VI 1997.
3. *Sonety*, I, w: *Poezje*, Kraków 1998, s. 15.

**Beskid Śląski i Żywiecki**

1. *Nauczanie społeczne 1982*, s. 766, przemówienie z 30 VII 1982.
2. *Jezus Chrystus wczoraj, dziś i na wieki...*, s. 46–47, 49, homilia z 22 V 1995.
3. *Nauczanie społeczne 1982*, s. 766.
4. *Jezus Chrystus wczoraj, dziś i na wieki...*, s. 49.

**Powtórka z geografii**

1. *Pielgrzymka Jana Pawła II do Polski, 5–17 czerwca 1999*, s. 186–187, homilia z 16 VI 1999.

### Mazury

1. *Naucz nas być wolnymi...*, s. 122–123, słowo przed błogosławieństwem w Łomży z 4 VI 1991.
2. *Pielgrzymka Jana Pawła II do Polski, 5–17 czerwca 1999*, s. 67, 61, homilia z 8 VI 1999.

### Warmia

1. *Naucz nas być wolnymi...*, s. 176–177, słowo przed błogosławieństwem w Olsztynie z 6 VI 1991.

### Kajaki na Brdzie

1. *Pielgrzymka Jana Pawła II do Polski, 5–17 czerwca 1999*, s. 28, słowo na zakończenie z 6 VI 1999; s. 47, słowo na zakończenie z 7 VI 1999.

### Pozdrówcie Czarną Hańczę

1. *Naucz nas być wolnymi...*, s. 145–146, przemówienie z 5 VI 1991.

### Błękit nieba, zieleń lasów

1. *Pielgrzymka Jana Pawła II do Polski, 5–17 czerwca 1999*, s. 123, rozważanie z 12 VI 1999.
2. *Naucz nas być wolnymi...*, s. 46, słowo na Anioł Pański z 2 VI 1991.
3. *Pielgrzymka Jana Pawła II do Polski*, s. 123.
4. *Jan Paweł II do ludu Bożego*, Rzym 1979, s. 20–21, przemówienie z 23 X 1978.
5. *Uniwersytety w nauczaniu Jana Pawła II*, s. 104, przemówienie z 8 VI 1979.

### Naukowiec

1. *Dar i tajemnica*, s. 62, 90–91.

### *Miłość i odpowiedzialność*

1. *Przekroczyć próg nadziei*, s. 149.
2. *Miłość i odpowiedzialność*, Lublin 2001, s. 13, 17.
3. *Przekroczyć próg nadziei*, s. 149–150.

### *Osoba i czyn*

1. *Przekroczyć próg nadziei*, s. 147–149.

### Katolicki Uniwersytet Lubelski

1. *Przemówienia i wywiady w Radio Watykańskim*, s. 73, przemówienie z 19 X 1968.

2. *Uniwersytety w nauczaniu Jana Pawła II*, s. 321, przemówienie z 17 VI 1983.

**Zostałem wezwany...**

1. *Dar i tajemnica*, s. 94.
2. *Nauczyciel i pasterz, listy pasterskie — komunikaty — zarządzenia, 1959–1978*, Rzym 1987, s. 10, odezwa po śmierci abp. E. Baziaka z 19 VI 1962.
3. „L'Osservatore Romano" 1987, nr 9–10, s. 14, telegram z 9 VIII 1987.
4. *Uniwersytety w nauczaniu Jana Pawła II*, s. 104, przemówienie z 9 VI 1979.

**...i poślubiony**

1. *Kazania i przemówienia kardynała Karola Wojtyły o kapłaństwie*, s. 46, list z 16 II 1964.
2. *Halo, urwisy! Tu mówi Papież*, s. 17.
3. *Stanisław*, w: *Poezje. Poesie*, s. 251.

**Metropolita krakowski**

1. *Nauczyciel i pasterz...*, s. 80–81, list pasterski na niedzielę wielkiego postu.

**Arcybiskup Eugeniusz Baziak**

1. *Nauczyciel i pasterz...*, s. 10, odezwa z 19 VI 1962.
2. *Naucz nas być wolnymi...*, s. 67, homilia z 2 VI 1991.
3. *Nauczyciel i pasterz...*, s. 10.
4. *Naucz nas być wolnymi...*, s. 67.

**Długi wdzięczności**

1. *Jan Paweł II w Polsce 1979, 1983, 1987*, s. 107, przemówienie z 5 VI 1979.

**Rozpocząłem wizytacje parafii**

1. A. Frossard, *Nie lękajcie się*, s. 186–187.

**Spotkania z małżeństwami**

1. *Jan Paweł II o małżeństwie i rodzinie*, Warszawa 1983, s. 19, przemówienie z 12 X 1980.

**Wśród krakowskiej inteligencji**

1. *Uniwersytety w nauczaniu Jana Pawła II*, s. 99, 105, przemówienie z 8 VI 1979.

**W obronie teologii**

1. *Uniwersytety w nauczaniu Jana Pawła II*, s. 109, przemówienie z 9 VI 1979.
2. *Szósta podróż apostolska...*, s. 142–143, przemówienie z 8 VI 1997.

**Z oazowiczami**

1. *Szósta podróż apostolska...*, s. 130, Anioł Pański z 8 VI 1997.
2. *Bóg bogaty w miłosierdzie*, Marki 2002, s. 55, przemówienie z 18 VIII 2002.

**W Kalwarii Zebrzydowskiej**

1. *Jan Paweł II w Polsce 1979, 1983, 1987*, s. 187–189, homilia z 7 VI 1979.
2. *Bóg bogaty w miłosierdzie*, s. 65, homilia z 19 VIII 2002.

**Święty Maksymilian**

1. *Patron naszych trudnych czasów*, Niepokalanów 1991, s. 17, kazanie z 2 XI 1968; s. 90, kazanie z 14 VIII 1972; s. 198, homilia z 10 X 1982.

**Kościoły w Nowej Hucie**

1. *Druga pielgrzymka do Polski 1983*, s. 161, przemówienie z 22 VI 1983.
2. *Jan Paweł II w Polsce 1979, 1983, 1987*, s. 326, przemówienie z 9 VI 1979.
3. *Druga pielgrzymka do Polski*, s. 161.
4. *Jezus Chrystus wczoraj, dziś i na wieki. Piąta i szósta pielgrzymka Jana Pawła II do Ojczyzny*, Warszawa 1998, s. 41, przemówienie z 22 V 1995.

**Podróże**

1. *Przemówienia do Polaków i Polonii za granicą*, Londyn 1988, s. 169, przemówienie z 19 XI 1987.

**Sobór Watykański II**

1. *Przekroczyć próg nadziei*, s. 123–124.
2. A. Frossard, *Nie lękajcie się*, s. 209.
3. *Jan Paweł II o Matce Bożej 1978–1998, Anioł Pański*, s. 11, Anioł Pański z 10 XII 1979.

**W pielgrzymce do Ziemi Świętej**

1. *Nauczyciel i pasterz...*, s. 69, list z 18 I 1964.

**Śladami Zbawiciela**

1. *List o pielgrzymowaniu do miejsc związanych z historią zbawienia*, Poznań 1999, s. 7–8.

**Prymas Tysiąclecia**

1. *Naucz nas być wolnymi...*, s. 118, homilia z 4 VI 1991.
2. „L'Osservatore Romano" 1994, nr 6–7, s. 9, 8, Anioł Pański z 29 V 1994; 1984, nr 8, s. 25, msza dla polskich pielgrzymów z 4 VIII 1984; 1988, nr 10–11, s. 15, audiencja dla Polaków z 16 X 1988.
3. *Druga pielgrzymka do Polski 1983...*, s. 10, homilia z 16 VI 1983.
4. „L'Osservatore Romano" 2002, nr 3, s. 55, przemówienie z 15 XII 2001.

**Spotkania z Pawłem VI**

1. *Przemówienia i wywiady w Radio Watykańskim*, s. 158–162, relacja wspomnieniowa z 21 VIII 1978.
2. *Jan Paweł II w Polsce 1979, 1983, 1987*, s. 33, homilia z 2 VI 1979.
3. *Jan Paweł II o Matce Bożej 1978–1998, Anioł Pański*, s. 392, Anioł Pański z 9 VIII 1992.
4. *Przemówienia i wywiady w Radio Watykańskim*, s. 158–162.

**Trzydzieści trzy dni pontyfikatu**

1. *Nauczyciel i pasterz...*, s. 753, komunikat kardynałów polskich z 27 VIII 1978.
2. *Przemówienia i wywiady w Radio Watykańskim*, s. 163–165, słowo po wyborze Jana Pawła I z 4 IX 1978.
3. *Jan Paweł II do ludu Bożego*, Rzym 1979, s. 58, przemówienie z 15 XI 1978; s. 47, przemówienie z 25 X 1978; s. 64, przemówienie z 22 XI 1978.

**16 października 1978**

1. *Przemówienia i wywiady w Radio Watykańskim*, s. 163–165, słowo po wyborze Jana Pawła I z 4 VIII 1978.
2. *Jan Paweł II w Polsce 1979, 1983, 1987*, s. 66, homilia z 4 VI 1979; s. 19, przemówienie z 23 X 1978.

**Przyjmuję!**

1. A. Frossard, *Nie lękajcie się*, s. 30.
2. *Wskazania na nowe tysiąclecie*, Kraków 2001, s. 269–270, przemówienie z 15 VIII 2000.
3. *Redemptor hominis*, w: *Encykliki*, Kraków 1996, s. 4.

**Pomoc Prymasa Wyszyńskiego**

1. „L'Osservatore Romano" 1988, nr 10–11, s. 15, audiencja dla Polaków z 16 X 1988.
2. *Szósta podróż apostolska...*, s. 51–52, homilia z 2 VI 1997.

***Barka***

1. *Bóg bogaty w miłosierdzie*, s. 57–58, przemówienie z 18 VIII 2002.

**Skąd mogłem wiedzieć**

1. *Jan Paweł II do ludu Bożego*, s. 22–23, list z 23 X 1978.

**Milczenie przed Bogiem**

1. *Jan Paweł II do ludu Bożego*, s. 15–16, 14, inauguracja pontyfikatu z 22 X 1978.

**Trudno opuścić Kraków**

1. *Jan Paweł II w Polsce 1979, 1983, 1987*, s. 180, powitanie na Błoniach w Krakowie z 6 VI 1979.

**Służyć Polsce**

1. *Uniwersytety w nauczaniu Jana Pawła II*, s. 102, przemówienie z 8 VI 1979.
2. *Myśląc Ojczyzna...*, w: *Poezje. Poesie*, s. 199.

**Przede wszystkim: biskup Rzymu**

1. A. Frossard, *Nie lękajcie się*, s. 33.
2. *Jan Paweł II do ludu Bożego*, s. 12–14, inauguracja pontyfikatu z 22 X 1978.
3. „L'Osservatore Romano" 2002, nr 2, s. 3, list z 14 XII 2001.

**Opieram się na polskich sercach**

1. *Jubileuszowy rok odkupienia*, s. 484–485, przemówienie z 19 II 1984.

**Moje polskie dziedzictwo**

1. *Przemówienia do Polaków i Polonii za granicą*, s. 21, przemówienie z 4 V 1980.
2. „L'Osservatore Romano" 1988, nr 10–11, s. 15, audiencja dla Polaków z 16 X 1988; 1994, nr 1, s. 25, wywiad z „La Stampa".
3. *Przemówienia do Polaków i Polonii za granicą*, s. 21.
4. „L'Osservatore Romano" 1988, nr 10–11.
5. Przemówienie w UNESCO 2 VI 1980.
6. „L'Osservatore Romano" 1994, nr 1, s. 25.

**Wizja kapłaństwa**

1. *Jan Paweł II w Polsce 1979, 1983, 1987*, s. 152–154.

### Gotów do podróży

1. *Droga neokatechumenalna w wypowiedziach Pawła VI i Jana Pawła II*, Lublin 1993, s. 127.
2. „L'Osservatore Romano" 1989, nr 4, s. 1, 32, wywiad z „Il Tempo".
3. A. Frossard, *Nie lękajcie się*, s. 237.
4. „L'Osservatore Romano" 1989, nr 4, s. 1, 32.
5. A. Frossard, *Nie lękajcie się*, s. 238.
6. „L'Osservatore Romano" 1989, nr 4, s. 1, 32.
7. A. Frossard, *Nie lękajcie się*, s. 238.

### Myślę kategoriami proboszcza

1. A. Frossard, *Nie lękajcie się*, s. 238.
2. „L'Osservatore Romano" 1982, nr 2, s. 23, wywiad z „Il Tempo".
3. *Przemówienia do Polaków i Polonii za granicą*, s. 212–213, przemówienie z 4 V 1980.

### Wędrujący pasterz

1. „L'Osservatore Romano" 1989, nr 4, s. 1, 32, wywiad z „Il Tempo"; 1980, nr 1–2, s. 12, przemówienie do korpusu dyplomatycznego z 14 I 1980; 1980, nr 7, s. 19, przemówienie do współpracowników Kurii rzymskiej z 28 VI 1980; 1982, nr 2, s. 23, wywiad z „Il Tempo".
2. *Trzecia pielgrzymka Jana Pawła II do Polski*, s. 150–151, przemówienie z 13 VI 1987.
3. „L'Osservatore Romano" 1989, nr 4, s. 1, 32.

### Chciałem wrócić do Polski

1. „L'Osservatore Romano" 1989, nr 4, s. 1, 32, wywiad z „Il Tempo".
2. *Pielgrzymka Jana Pawła II do Polski, 5–17 czerwca 1999*, s. 83, przemówienie w parlamencie z 11 VI 1999.
3. *Jan Paweł II w Polsce 1979, 1983, 1987*, s. 36–37, 39, msza św. na pl. Zwycięstwa w Warszawie z 2 VI 1979; s. 254–255, msza św. na Błoniach w Krakowie z 10 VI 1979.
4. *Pielgrzymka Jana Pawła II do Polski*, s. 127, homilia w Warszawie z 13 VI 1999; s. 83, 127.

### Moc Ducha Świętego

1. *Szósta podróż apostolska...*, s. 59–60, homilia z 3 VI 1997.

### Przyszło nowe

1. *Bóg bogaty w miłosierdzie*, s. 20, przemówienie z 16 VI 2002.
2. *Pielgrzymka Jana Pawła II do Polski, 5–17 czerwca 1999*, s. 17–18, msza św. z 5 VI 1999.

**Uważajcie**

1. *Trzecia pielgrzymka Jana Pawła II do Polski*, s. 87, przemówienie z 10 VI 1987; s. 149, homilia z 13 VI 1987.
2. *Pielgrzymka Jana Pawła II do Polski, 5–17 czerwca 1999*, s. 84, przemówienie w parlamencie z 11 VI 1999.
3. *Naucz nas być wolnymi...*, s. 280–281, homilia w Warszawie z 9 VI 1991.
4. „L'Osservatore Romano" 1992, nr 8–9, s. 49, homilia z 28 VI 1992.

**Głos Boga**

1. *Przekroczyć próg nadziei*, s. 108.

**13 maja 1981**

1. „L'Osservatore Romano" 1994, nr 8, s. 24, medytacje na zakończenie Konferencji Episkopatu Włoch z 19 V 1994.
2. A. Frossard, *Nie lękajcie się*, s. 304–305.

**Pan posłał swego anioła**

1. *Moc w słabości się doskonali*, Poznań 1982, s. 9, audiencja ogólna z 7 X 1981; s. 18, audiencja ogólna z 28 X 1981.

**W poliklinice Gemelli**

1. „L'Osservatore Romano" 1981, nr 7, s. 12, przemówienie przed opuszczeniem kliniki z 14 VIII 1981; nr 5, s. 9, *Regina coeli* z 24 V 1981.
3. *Jan Paweł II o Matce Bożej 1978–1998, Anioł Pański*, s. 451, Anioł Pański z 13 X 1996.

**Jestem dłużnikiem**

1. *Moc w słabości się doskonali*, s. 9.

**W Fatimie**

1. *Jan Paweł II w Portugalii, Hiszpanii i Lourdes. Przemówienia i homilie*, Warszawa 1986, s. 44–46, przemówienie z 12 V 1983.

**W Ostrej Bramie**

1. „L'Osservatore Romano" 1994, nr 8, s. 24–25, medytacja na zakończenie Konferencji Episkopatu Włoch z 19 V 1994.

**Na Krzeptówkach**

1. *Szósta podróż apostolska...*, s. 106–107, homilia z 7 VII 1997.

**To była Łaska**

1. *Moc w słabości się doskonali*, s. 22, audiencja ogólna z 4 XI 1981; s. 11, audiencja ogólna z 14 X 1981.

**„Moc w słabości się doskonali"**

1. *Moc w słabości się doskonali*, s. 13, audiencja ogólna z 14 X 1981.

**Tajemnica serca**

1. *Moc w słabości się doskonali*, s. 14, audiencja ogólna z 21 X 1981; s. 15, audiencja ogólna z 21 X 1981.

**Modlę się za brata, który mnie zranił**

1. *Moc w słabości się doskonali*, s. 14, audiencja ogólna z 21 X 1981.

**Cały Twój**

1. *Przekroczyć próg nadziei*, s. 157–158.

**U Królowej Polski**

1. *Jan Paweł II o Matce Bożej 1978–1998, Anioł Pański*, s. 269, Anioł Pański z 28 VIII 1988.
2. *Przekroczyć próg nadziei*, Lublin 1994, s. 157–158.
3. *Jan Paweł II o Matce Bożej, Anioł Pański*, s. 269–270.
4. *Jan Paweł II o Matce Bożej 1978–1998, Homilie i przemówienia*, Warszawa 1999, s. 210, homilia w Lewoczy z 3 VII 1995.
5. *Jan Paweł II o Matce Bożej 1978–1998, Anioł Pański*, s. 269–270.
6. *Przekroczyć próg nadziei*, s. 161–162.
7. A. Frossard, *Nie lękajcie się*, s. 155.
8. *Przekroczyć próg nadziei*, s. 158.

**Moje sanktuarium**

1. *Jan Paweł II o Matce Bożej 1978–1998, Homilie i przemówienia*, s. 178, homilia z 1 I 1994; z 10 IX 1984; s. 73, homilia z 30 IX 1979.
2. *Jan Paweł II o Matce Bożej 1978–1998, Anioł Pański*, s. 185, Anioł Pański z 5 VII 1987.
3. A. Frossard, *Nie lękajcie się*, s. 155.

**Kobieta**

1. A. Frossard, *Nie lękajcie się*, s. 155.
2. *Przekroczyć próg nadziei*, s. 159.
3. *Trzecia pielgrzymka Jana Pawła II do Polski*, s. 167–168, przemówienie z 13 VI 1987; s. 172, przemówienie z 13 VI 1987.

**Rodzina jest najważniejsza**

1. *Rodzino, co mówisz o sobie?*, Kraków 1995, s. 59–60, list do rodzin z 2 II 1994.
2. *Jan Paweł II w Polsce 1979, 1983, 1987*, s. 139, Jasna Góra, apel z 5 VI 1979.
3. *Rodzino, co mówisz o sobie?*, s. 84.

**Dar**

1. *Rodzino, co mówisz o sobie?*, s. 75–76, list do rodzin z 2 II 1994; s. 81.
2. *Naucz nas być wolnymi...*, s. 97, homilia w Masłowie z 3 VI 1991.

**Też taki byłem**

1. *Dziecko w nauczaniu Jana Pawła II*, Kraków 1985, s. 105, przemówienie z 8 I 1984.
2. *Halo, urwisy! Tu mówi Papież*, s. 38, 42.

**Kocham dzieci**

1. *Halo, urwisy! Tu mówi Papież*, s. 41.
2. *Wskazania na nowe tysiąclecie*, s. 316, przemówienie z 14 X 2000.
3. *Anioł Pański z papieżem*, t. VII, Rzym 2001, s. 41, Anioł Pański z 11 I 1998.

**Człowiek ma prawo żyć**

1. *Rodzino, co mówisz o sobie?*, s. 113–114, list do rodzin z 2 II 1994.
2. *Dziecko w nauczaniu Jana Pawła II*, s. 26, Anioł Pański z 5 IV 1981.

**Pozorny wybór**

1. *Przekroczyć próg nadziei*, s. 152.
2. *Naucz nas być wolnymi...*, s. 98, homilia z 3 VI 1991.

**Po stronie kobiety**

1. *Przekroczyć próg nadziei*, s. 153.
2. *Naucz nas być wolnymi...*, s. 241, przemówienie z 8 VI 1991.
3. *Przekroczyć próg nadziei*, s. 153.

**Kiedyś oglądałem taki film...**

1. *Naucz nas być wolnymi...*, s. 107–108, homilia z 4 VI 1991.

**To nie obsesja**

1. *Rodzino, co mówisz o sobie?*, s. 421, list do rodzin z 2 II 1994.
2. *Przekroczyć próg nadziei*, s. 154, 156.

**Młodzi są moją nadzieją**

1. *Przekroczyć próg nadziei*, s. 104.
2. „L'Osservatore Romano" 2002, nr 9, s. 53, homilia z 28 VII 2002.
3. *Wskazania na nowe tysiąclecie*, s. 277, przemówienie z 19 VIII 2000.
4. „L'Osservatore Romano" 2002, nr 9, s. 53.
5. *Przekroczyć próg nadziei*, s. 100.
6. „L'Osservatore Romano" 1980, nr 7, s. 17, wywiad.

**Ciągną mnie za sutannę**

1. *Przekroczyć próg nadziei*, s. 104.
2. *Druga pielgrzymka do Polski 1983*, s. 139, słowo do młodzieży z 21 VI 1983.
3. *Trzecia pielgrzymka Jana Pawła II do Polski*, s. 83, przemówienie z 10 VI 1987.
4. *Druga pielgrzymka do Polski 1983*, s. 139.

**Zawsze kochałem młodzież**

1. *Nauczanie społeczne 1982*, s. 528, przemówienie z 17–19 II 1982.
2. „L'Osservatore Romano" 1984, nr 3, s. 10, rozmowa z młodzieżą.
3. *Nauczanie społeczne 1982*, s. 528.
4. „L'Osservatore Romano" 2002, nr 9, s. 51, homilia z 27 VII 2002.

**Uczyć miłości**

1. *Przekroczyć próg nadziei*, s. 102–103.

**Ja poszedłem inną drogą**

1. A. Frossard, *Nie lękajcie się*, s. 16–17.

**Piękna miłość**

1. *Przekroczyć próg nadziei*, s. 164.
2. *Rodzino, co mówisz o sobie?*, s. 85, list do rodzin z 2 II 1994.

**Nauczyłem się prawdy o miłości**

1. *Rodzino, co mówisz o sobie?*, s. 262, przemówienie z 15 XII 1984.

**Nie lękajcie się miłości**

1. *Wy jesteście moją nadzieją*, Warszawa 1991, s. 30–31, list do młodych z okazji Międzynarodowego Roku Młodzieży 1985.

**To nieprawda**

1. *Przekroczyć próg nadziei*, s. 132–133.

**Spełnione życie**
1. A. Frossard, *Nie lękajcie się*, s. 136.
2. *Przekroczyć próg nadziei*, s. 163.
3. *Uniwersytety w nauczaniu Jana Pawła II*, s. 94, przemówienie z 6 VI 1979.
4. *Przekroczyć próg nadziei*, s. 163.
5. A. Frossard, *Nie lękajcie się*, s. 133.
6. *Nauczyciel i pasterz...*, s. 336, list do młodzieży z 31 VIII 1970.

**To jest zwycięstwo nasze**
1. *Jan Paweł II o Matce Bożej 1978–1998, Audiencje generalne*, s. 80–81, audiencja generalna z 21 VIII 1991.

**Moja wiara**
1. A. Frossard, *Nie lękajcie się*, s. 58–59.

**„Pójdź za mną!"**
1. *Wskazania na nowe tysiąclecie*, s. 269, przemówienie z 15 VIII 2000.
2. A. Frossard, *Nie lękajcie się*, s. 80.

**Modlę się**
1. *Przekroczyć próg nadziei*, s. 36.
2. A. Frossard, *Nie lękajcie się*, s. 213–214, 41.
3. *Przekroczyć próg nadziei*, s. 43.
4. „L'Osservatore Romano" 1987, nr 8, s. 16, przemówienie do polskich pielgrzymów z 16 VII 1987.

**Radość wiary**
1. *Kazania i przemówienia Karola Wojtyły o kapłaństwie*, s. 266, homilia z 2 VI 1976.
2. *Jan Paweł II o Matce Bożej 1978–1998, Anioł Pański*, s. 169, Anioł Pański z 30 XI 1986.

**Ukochane dzieci Boga**
1. *Naucz nas być wolnymi...*, s. 274, przemówienie z 9 VI 1991.

**Więcej nas łączy, niż dzieli**
1. A. Frossard, *Nie lękajcie się*, s. 211.
2. *Przekroczyć próg nadziei*, s. 210–211.

**Dialog z islamem**
1. *Przekroczyć próg nadziei*, s. 83, 82.

**Starsi bracia w wierze**

1. *Przekroczyć próg nadziei*, s. 85–87.
2. *Jan Paweł II i dialog międzyreligijny*, Kraków 2001, s. 90, wywiad dla magazynu „Parade" z 3 IV 1994.
3. *Przekroczyć próg nadziei*, s. 86–88.

**Marzenie o jedności**

1. „L'Osservatore Romano" 2002, nr 11–12, s. 47–48, przesłanie do uczestników XV Światowego Dnia Modlitwy o Pokój.
2. *Wskazania na nowe tysiąclecie*, s. 146, homilia z 1 I 2000.
3. „L'Osservatore Romano" 2002, nr 11–12, s. 47–48.

**Pokój**

1. *Orędzie na XXXV Światowy Dzień Pokoju 1 stycznia 2002*, 8 XII 2001, „Dokumenty Papieskie" 2002, nr 2, s. 7.

**Wojna rodzi się w sercu**

1. *Jubileuszowy Rok Odkupienia*, Rzym 1985, s. 55–57, orędzie na XXVII Światowy Dzień Pokoju 1 stycznia 1984, Watykan 8 XII 1983.

**Sprawiedliwość i przebaczenie**

1. „L'Osservatore Romano" 2002, nr 2, s. 4, orędzie na Światowy Dzień Pokoju 1 I 2002 z 8 XII 2001; nr 3, s. 8, orędzie na wielki post z 7 I 2001.
2. *Orędzie na XXXV Światowy Dzień Pokoju 1 stycznia 2002*, 8 XII 2001, „Dokumenty Papieskie" 2002, nr 2, s. 7.

**Lęk współczesny**

1. „L'Osservatore Romano" 2001, nr 1, s. 24–25, jubileusz parlamentarzystów, Eucharystia z 4 XI 2000; nr 10, s. 12, przemówienie z 3 VIII 2001.

**Praca – ciężar i błogosławieństwo**

1. *Jan Paweł II w Polsce 1979, 1983, 1987*, s. 171, homilia z 6 VI 1979.
2. *Rodzino, co mówisz o sobie?*, s. 211, przemówienie z 19 III 1994.
3. „L'Osservatore Romano" 1980, nr 7, s. 17, wywiad; nr 7–8, s. 59, telegram z 26 V 2001.

**Dostrzec brata**

1. *Bóg bogaty w miłosierdzie*, s. 53, homilia z 18 VIII 2002.

**Bóg bogaty w miłosierdzie**

1. *Bóg bogaty w miłosierdzie*, s. 18, przemówienie z 16 VI 2002; s. 33, słowo przed błogosławieństwem z 17 VIII 2002.
2. *Szósta podróż apostolska...*, s. 116.

**Cierpienie mnie onieśmielało**

1. *Aby mieli życie i mieli je w obfitości. Orędzie Jana Pawła II na X Światowy Dzień Chorego AD 2002*, Poznań 2002, s. 9–10.
2. A. Frossard, *Nie lękajcie się*, s. 99–100.
3. *Jan Paweł II w Polsce 1979, 1983, 1987*, s. 227, przemówienie z 9 VI 1979.
4. „L'Osservatore Romano" 1981, nr 7, s. 11, orędzie z 22 VII 1981.
5. *Nauczanie społeczne 1982*, s. 489, przemówienie z 13 II 1982.

**Cierpienie ma sens**

1. *Naucz nas być wolnymi...*, s. 164, przemówienie z 6 VI 1991.
2. A. Frossard, *Nie lękajcie się*, s. 31.
3. *Naucz nas być wolnymi*, s. 164.
4. *Aby mieli życie i mieli je w obfitości...*, s. 9–10.
5. *O cierpieniu. Wypowiedzi Ojca Świętego do chorych i pracowników służby zdrowia*, Niepokalanów 1993, s. 50, przemówienie z 16 VI 1984.
6. A. Frossard, *Nie lękajcie się*, s. 103.

**Mówię z przekonaniem**

1. *Nauczanie społeczne 1982*, s. 614, liturgia sakramentu chorych z 28 V 1982.

**Zbliżamy się ku śmierci**

1. „L'Osservatore Romano" 1992, nr 7, s. 38, przemówienie z 17 III 1992.
2. *Jan Paweł II w kraju reformacji*, s. 253, przemówienie z 19 XI 1980.
3. *Nauczanie społeczne 1982*, s. 582, Anioł Pański z 24 XI 1982.

**Starość**

1. *Jan Paweł II w kraju reformacji*, Warszawa 1984, s. 248, przemówienie z 19 XI 1980.
2. *Wskazania na nowe tysiąclecie*, s. 301–302, homilia z 17 IX 2000.
3. *Jan Paweł II w kraju reformacji*, s. 248.

**Pielgrzymujemy w tym świecie**

1. *Katechezy papieskie Roku Świętego 2000*, Częstochowa 2001, s. 216, katecheza z 28 II 2001.
2. *Jan Paweł II do ludu Bożego*, s. 126–127.
3. *Jan Paweł II w kraju reformacji*, s. 253–254, przemówienie z 19 XI 1980.
4. *Pieśń o Bogu ukrytym*, w: *Poezje. Poesie*, s. 11.

# Spis ilustracji

# Spis treści

Redaktor prowadzący
Barbara Górska

Wybór ilustracji
Justyna Kiliańczyk-Zięba

Adiustacja i korekta
Alina Doboszewska, Henryka Salawa, Teresa Szarek
Lidia Timofiejczyk, Małgorzata Wójcik

Projekt okładki i stron tytułowych
Marek Pawłowski

Zdjęcie na okładce
Fot. Marian Hałasa

Redaktor techniczny
Bożena Korbut

Printed in Poland
Wydawnictwo Literackie Sp. z o.o., 2016
ul. Długa 1, 31-147 Kraków
bezpłatna linia telefoniczna: 800 42 10 40
księgarnia internetowa: www.wydawnictwoliterackie.pl
e-mail: ksiegarnia@wydawnictwoliterackie.pl
fax: (+48-12) 430 00 96
tel.: (+48-12) 619 27 70
Skład i łamanie: Infomarket
Druk i oprawa: Drukarnia Skleniarz, Kraków

Wydawnictwo Literackie pragnie podziękować za życzliwość i współpracę wszystkim osobom i instytucjom, które przyczyniły się do nadania ostatecznego kształtu tej książce.

**Papież Jan Paweł II w edycjach Wydawnictwa Literackiego**

W sprzedaży:

Karol Wojtyła
**Poezje. Poems**

**Jan Paweł II. Autobiografia**

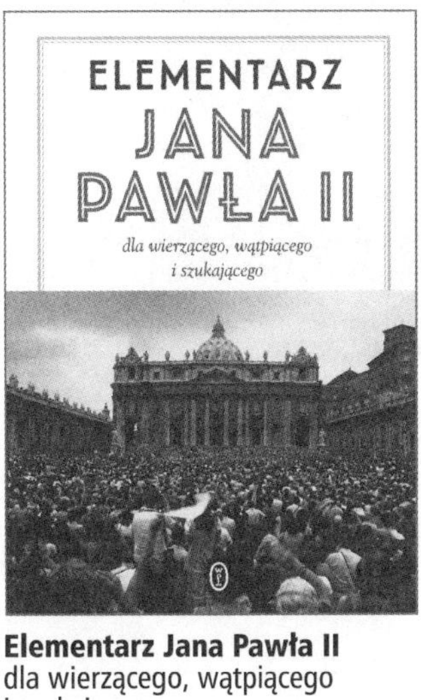


**Elementarz Jana Pawła II**
dla wierzącego, wątpiącego
i szukającego

Karol Wojtyła
**Poezje**
**Poesie**

W przygotowaniu:

Karol Wojtyła
**Miłość mi wszystko wyjaśniła**